英米の文化と背景がわかる
ビジュアル英語博物誌

英語の教養

*A Cultured
Study of English*

大井光隆
Oi Mitsutaka

ベレ出版

はじめに

　本書のタイトルは、最終的に『英語の教養』となりましたが、最初は「英語博物誌」という仮題のもとに執筆を開始しました。2015年のことです。「博物誌」ということばは英語の natural history から来ているようで、本来は動植物や鉱物について書いたものです。

　しかし、「博物誌」の定義は必ずしも一定していないようで、自然界の事物だけでなく、歴史や宗教など、もろもろの事象を扱った百科全書的な書物も「博物誌」と名乗っても許されそうです。本書は、英語にまつわる知識や情報を集めた、言わばことばの「テーマパーク」のようなものです。ことばと文化に関心のあるすべての人に楽しんでいただけるよう、さまざまなテーマを取り上げました。

　タイトルが内定し、おぼろげな全体像は浮かんでも、具体的な章立て（構成）がなかなか決まらず、とりあえず、動植物や年中行事といった身近な項目から着手したのですが、最終的には、歴史、神話、聖書、キリスト教といった難物にも手を伸ばすことになってしまいました。いずれも、素人にはうかつには近寄れない分野ですが、英語の中での文化的側面に比重を置くというスタンスが決まってからは、少し肩の力が抜けました。どんな分野のことばも、「文化」という視点から見ると、実に興味深いものです。

　さらに本書では、原則としてすべての項目に図版を入れるという、少々欲張った目標を立てました。これは結果的には非常な困難を伴う作業でした。できればカラー写真を使いたかったのですが、コスト等の理由でかなわなかったのは残念です。しかし、図版があるのとないのとでは、情報量に大差があります。編集サイドの皆様には多大なご迷惑をおかけしましたが、これによって本書の「魅力」は倍増したのではないかと自負しています。

　そもそも私は出版社で英和辞典や和英辞典などの編集作業に長年携わってきた人間ですが、何か特定の分野において深い蘊蓄を持っているわけではありません。そんな私が、おこがましくも歴史、神話、宗教から動植物まで、幅広い分野の英語に関して語ろうとしたのは、まさに「蟷螂の斧」でありました。しかし、辞書の編集に携わりながら常々痛感していたのは、「訳語」だけではその語の一面しか伝わらないということです。たとえば、fairy は「妖精」、witch は「魔女」、angel は「天使」として日本語化していますが、はたしてどれだけの人がこれらの語の本当の意味をご存じでしょうか？　Halloween は「ハロウィーン」とし

てだれもが知っていますが、はたして本来の Halloween についてどこまで理解されているでしょうか？ また、bell、key、tea などといった日常語が持つ文化的側面も、あまり知られていないのではないでしょうか？

このように、どんな語にも、「訳語」だけでは伝わらない側面があります。私はそれについて述べてみたいと思い、非力を顧みず書き進めました。

また、聖書やキリスト教といった分野の語は、西洋の文化を理解する上できわめて重要であることは言うまでもありませんが、個々の単語の持つ本当の意味やイメージは「訳語」だけではとうてい理解できません。さらに、スポーツのような分野について書くのは、運動オンチの私にとっては、まさに身の程知らずの暴挙でしたが、今まで敬遠してきた分野への挑戦は、私にとってスリリングな経験でもありました。その結果わかったのは、自分の知識がいかに貧弱で不正確なものであるかということです。いろいろな書物やインターネットのおかげで、何とか本書を書き上げることができました。

本書は 10 章から成っていますが、配列に特別な意味はありません。どの章から読んでいただいても結構です。ご興味のない分野でも、それなりに楽しんでいただけるのではないかと思っています。本書によって、「知ること」の楽しさを知っていただき、英語を学ぶ上での「教養」が高まれば、著者にとってこれ以上の喜びはありません。

執筆の段階では、以下の方々にもご協力をいただきました。
第 4 章の「聖書とキリスト教」では、佐藤昇男さん、平野靖雄さん、平野美都子さんに、第 7 章の「スポーツの文化」では、山崎喜世雄さん、渡辺洋一さんにお世話になりました。ありがとうございました。

最後になりましたが、最大の感謝を妻の直子に捧げます。彼女は、データの打ち込みから、原稿照合、図版の調達に至るまで、私の不得手とする分野において、前著『英語の常識力 チェック & チャレンジ 1800 問』（ベレ出版）同様、献身的に協力してくれました。心からの謝意を表します。

2021 年 2 月
大井 光隆

Index

第4章　聖書とキリスト教

第5章　伝説と民間伝承

第6章　生活のことば

第7章　スポーツの文化

第8章　架空の人物と民間のヒーロー

第9章 動物の世界

第10章 植物の世界

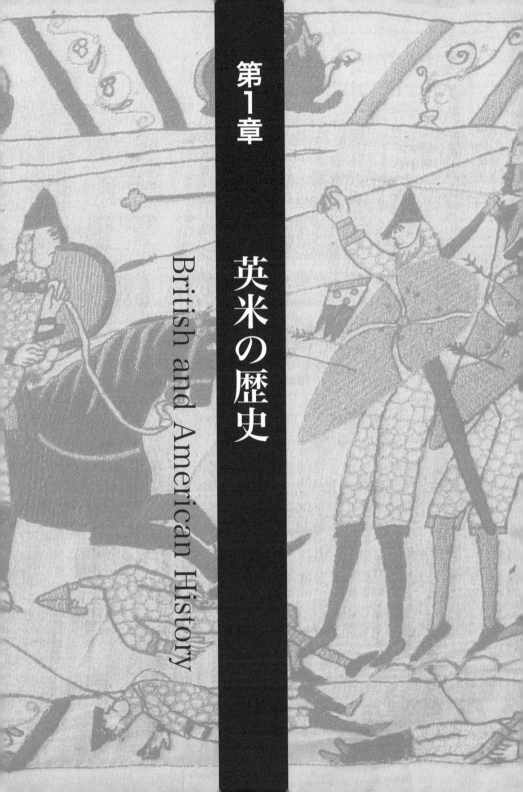

第1章

英米の歴史

British and American History

Timeline of British and American History
英米史略年表

（紀元前）	
600 年頃	**ブリテン島に大陸からケルト人が移住（→p.12）**
55 年～4	ローマの将軍カエサル、ブリテン島に侵攻（～ 54）
	このころ、イエス・キリスト誕生
（紀元後）	
43	**ローマによるブリテン島支配が始まる（→p.13）**
409	ローマ軍、ブリテン島より撤退
597	ローマの宣教師アウグスティヌスによるキリスト教の布教始まる
800	**このころからバイキングの侵攻が始まる（→p.14）**
871	アルフレッド王即位
1016	デンマーク王クヌート（Canute）がイングランドを征服、王位に就く
1066	**「ノルマン征服」で、ウィリアム 1 世即位（→p.15）**
1215	ジョン王、マグナカルタを認める
1337	**英仏間の「百年戦争」始まる（～ 1453）（→p.16）**
1348	**黒死病、猛威を振るう（→p.17）**
1455	**「ばら戦争」始まる（～ 85）（→p.16）**
1509	ヘンリー 8 世即位（～ 47）
1534	国教会（Church of England）成立、ローマ・カトリック教会と絶縁
1558	エリザベス 1 世即位（～ 1603）
1588	**ドレイク、スペインの無敵艦隊を破る（→p.18）**
	このころ、劇作家シェイクスピアが活躍
1600	東インド会社が設立され、東洋との直接貿易始まる
1607	イギリス人が初めてアメリカに入植し、現在のバージニアに植民地ジェームズタウン（Jamestown）を設立
1620	**ピルグリム・ファーザーズがアメリカに移住（→p.19）**

1640	ピューリタン革命（〜60）
1649	チャールズ1世が処刑され、イングランド共和国成立
1660	王政復古（the Restoration）で、チャールズ2世即位（〜85）
1665	**ロンドンで黒死病が大流行（→p.17）**
1666	ロンドン大火で、市街の80%が焼失
1688	名誉革命（the Glorious Revolution）始まる（〜89）
1707	イングランドとスコットランドが合同し、グレートブリテン連合王国が成立
1775	**アメリカ独立戦争始まる（→p.20）**
1776	**アメリカ独立宣言が採択される（→p.20）**
1789	フランス革命勃発
1801	イギリス、アイルランドと合同
1815	ウェリントン、ワーテルローの戦いでナポレオン軍を破る
1830	リバプール・マンチェスター間に鉄道が開業し、鉄道時代がスタート
1837	ビクトリア女王即位（〜1901）
1840	アヘン戦争勃発（〜42）
1845	アイルランドで大飢饉（〜46）
1851	ロンドンで第1回万博（ロンドン大博覧会）開催
1861	**アメリカで南北戦争始まる（→p.21）**
1914	第一次世界大戦始まる（〜18）
1939	第二次世界大戦始まる（〜45）
1952	エリザベス2世即位
1960	**アメリカで公民権運動（→p.23）**
1965	ベトナム戦争（〜75）
1989	「ベルリンの壁」崩壊
2019	世界各地で「新型コロナウイルス感染症」（COVID-19）が発生

Celtic Migration
ケルト人の移住

１）現在のブリテン島（Britain）には、古代から中世にかけて何度も大陸の異民族が侵入した。紀元前からブリテン島に移住していたのはケルト人（Celts）で、のちに「ブリトン人」（Britons）と総称された。彼らの土地の大部分は１世紀半ばから５世紀初めまでにローマの属州となり、彼らの末裔は現在、スコットランド、アイルランド、ウェールズ、イングランド南西端のコーンウォール（Cornwall）、そして北フランスのブルターニュ地方などに残存している。

２）ケルト人は紀元前６世紀から３世紀にかけてヨーロッパ大陸の広い地域に分布していた。彼らは鉄器を使うなど、優れた文化を持っていたが、文字を持たなかったので、詳しいことはわかっていない。霊魂不滅の信仰や、妖精伝説、そして美しい工芸品などの独特の文化でも知られる。

３）ケルト文化の中心にはドルイド（Druid）という司祭がいた。ドルイドは預言者であり、妖術師、詩人でもあったとされる。ドルイドによる祭礼は森で行われ、大樹となるオーク（oak）やヤドリギ（mistletoe）などが神聖視された。
→ oak、mistletoe〈ともに第10章〉

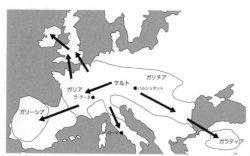

ケルト人の移動

現在、ケルト民族の末裔が住んでいるところ

Roman Rule of Britain
ローマによるブリテン島支配

1）紀元前 55 年と 54 年にローマの将軍カエサル（Julius Caesar）はブリテン島へ遠征する。しかし、ブリトン人を完全に打ち破ることはできなかった。それから約 100 年後の紀元 43 年、ローマの皇帝クラウディアスが大軍を率いて侵攻し、紀元 1 世紀末にはローマはブリテン島の大半を支配し、ローマの属州とした。ただ、現在のスコットランドを含む北方地域までは支配できず、北方のピクト人（Picts）などの侵入に備えるために、全長 118 キロに及ぶ「ハドリアヌスの防壁」（Hadrian's Wall）を築いた（Hadrian とはローマ五賢帝の 1 人である Hadrianus の英語名）。この防壁は、のちにイングランドとスコットランドの境界線になった。ローマはすぐれた土木技術によってブリテン島全土に都市を築き、道路や橋を整備したが、ローマ帝国の瓦解とともにブリテン島から撤退した（409年）。

2）ブリテン島からローマが引き揚げた後、5〜6 世紀末にブリテン島に入ってきたのは、大陸の民族大移動の余波に乗ったゲルマン系の諸部族である。具体的にはアングル人（Angles）、サクソン人（Saxons）、ジュート人（Jutes）を指す。彼らはほぼ現在のドイツ北部からデンマークのあたりに住んでいて、類似した言語を話していた。この言語がブリテン島に持ち込まれ、のちに English（英語）と呼ばれるようになった。English とは Angle（アングル人）に接尾辞 -ish を付けたもの。また England は「アングル人の土地」の意味である。

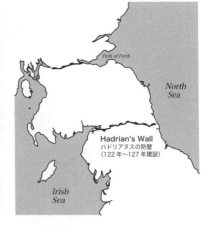

ハドリアヌスの防壁

Viking Invasion
バイキングの侵攻

1）Viking とは 8 世紀から 11 世紀にかけて、北欧のノルウェー、スウェーデン、デンマークから海を渡って断続的にヨーロッパに侵入したノルマン人（Norman；「北方の人」の意）の別称。彼らは略奪行為もさかんに行ったため、「海賊」のイメージも強いが、本来は交易や植民などの商業活動が目的だったとされる。アメリカ大陸の発見も 1492 年のコロンブスより 500 年も早かったという。

2）9 世紀にはデンマークの Viking がイングランドに侵入した。彼らは「デーン人」（Dane）と呼ばれた。Dane とは「デンマーク人」の意である。1016 年には、デンマーク王のクヌート（Canute）が全イングランドの王になるという事態も起こった。

3）バイキングのふるさとはノルウェーのフィヨルド（fjord 峡湾）である。氷河によって浸食されてできた入り組んだ地形で、バイキングはこのフィヨルドを嵐の海からの避難所としたとされる。

バイキング船（オスロ、バイキング博物館）

フィヨルド（ノルウェー）

the Norman Conquest
ノルマン征服

1）フランス北西部のノルマンディー（Normandy）の公爵だったウィリアム（William）はイングランドの王位継承権を主張し、1066年、有名な「ヘイスティングズの戦い」(the Battle of Hastings) において当時のイングランド王ハロルド（Harold Ⅱ）を破り、「ウィリアム1世」として王位についた。これがいわゆる「ノルマン征服」(the Norman Conquest) である。ウィリアムはフランス国王から領地を与えられたノルウェーのバイキング（Viking）の子孫で、イングランド王室とは縁続きだったのである。彼はWilliam the Conqueror（征服王ウィリアム）と称された。

2）ウィリアム1世の母語はフランス語だったので、その後約200年間は征服者の言語であるフランス語が宮廷や議会などで用いられることになった。その結果、イギリスでは何代にもわたり、フランス語しか話せない王の時代が続いた。「ノルマン王朝」と呼ばれるこの時代（1066〜1154）、フランス語から借用された英語は約1万語ともいわれる。日常語も多いが、政治、宗教、法律、軍事、芸術など支配階級が用いた語が圧倒的に多い。parliament, religion, judge, enemy, art などがその1例だが、特に興味深いのは家畜名と食肉の関係である。家畜名である cow, bull, swine, sheep などは本来の英語であるのに対し、それらの肉はフランス語由来の beef, pork, mutton などとなったのである。

3）下の図はフランス北部のノルマンディーの古都バイユー（Bayeux）に伝えられている壁掛で、Bayeux tapestry（バイユーのタペストリー）と呼ばれる。長さ約70m、幅約50cm で、the Norman Conquest の諸場面が約70以上の情景に分けて8色の糸で刺しゅうされている。

the Hundred Years' War and the Wars of the Roses
「百年戦争」と「ばら戦争」

　1）1337〜1453年にイギリスとフランスの間で断続的に行われた戦争が「百年戦争」である。フランスがスコットランドを援助したことや、羊毛産業の盛んなフランドル地方における両国商人の利権争いなどが原因だったとされる。

　2）この戦争で、イングランドはフランスの領地をほぼ失い、完全にブリテン島を本拠とする国になった。またこの戦争のさ中、the Black Death（黒死病）と呼ばれるペストがヨーロッパ全域で何度も大流行し、ヨーロッパの人口の約3分の1が犠牲になったといわれる（→次項）。なお、この戦争の末期にはフランスのオルレアンの少女ジャンヌ・ダルク（Joan of Arc；1412〜31）が神がかりの活躍をしたことでも知られる。

　3）「百年戦争」の終結からわずか2年後の1455年、ランカスター（Lancaster）家とヨーク（York）家の間で、王位継承権をめぐる権力闘争が勃発した。百年戦争とは異なり、こちらはイングランドを舞台にした内戦だった。この内戦で貴族は疲弊し、相対的に強力な王が支配する絶対王政への基礎ができたとされ、勝者であるヘンリー7世が「チューダー（Tudor）朝」を開いた。
　この戦争（1455〜85）は、ランカスター家の紋章が赤バラ、ヨーク家のそれが白バラであったことから「ばら戦争」（the Wars of the Roses）と呼ばれるが、これは俗説とされる。命名者は19世紀の作家スコット（Walter Scott）らしい。

（赤いバラ）ランカスター家の紋章

（白いバラ）ヨーク家の紋章

● **ジャンヌ・ダルクのこと**

　ジャンヌ・ダルク（Joan of Arc）は「百年戦争」のとき、祖国フランスの危機を救ったとされる少女。Maid of Orleans（オルレアンの少女）とも呼ばれる。彼女はフランス北東部の農家に生まれたが、「フランスを救え」という神のお告げを聞いたと確信し、イギリス軍に負け続けていたフランスを救うために立ち上がり、神がかりの活躍をしたとされる。

　しかし、1430年に捕らえられてイギリス軍に売り渡され、宗教裁判にかけられて「異端」の宣告を受け、火刑に処せられた。のち、ナポレオンは彼女を愛国者として復活させた。ジャンヌ・ダルクは、1920年にローマ教皇庁により「聖女」に列せられた。

ジャンヌ・ダルク像（パリ）

the Black Death
黒死病

1）14世紀の半ばにはヨーロッパ各地に「黒死病」（the Black Death）と呼ばれる伝染病が大流行した。これはノミ（flea）を媒介としたペスト菌の感染によって発生する急性の感染症で、死亡率がきわめて高い。この疫病でヨーロッパ総人口の3分の1以上が病死したという。

2）その後もこの疫病（plague）は大流行したが、イギリスでは1665年に「ロンドンの大疫」（the Great Plague of London）が発生し、10万人近くの人が死亡したとされる。イギリスの小説家デフォー（Daniel Defoe）は *A Journal of the Plague Year*（「疫病流行記」、1722年）でこの大疫をつぶさに描写した。なお、「黒死病」という名の由来は、患者の皮膚が皮下出血のために黒ずんで見えたことからとされる。

Defeat of the Spanish Armada
スペイン無敵艦隊の撃破

1）エリザベス 1 世の時代（1558 〜 1603）、いち早く海洋進出をしていたのは
スペインとポルトガルだった。後れを取ったイングランドはフランシス・ドレイ
ク（Francis Drake）などの名だたる航海家を使ってカリブ海海上でスペイン船
を待ち伏せし、スペインの財宝である銀を略奪するという手を使った。いわば、
国王公認の海賊行為である。

2）これに腹を立てたスペインのフェリペ 2 世は 130 隻の大型帆船による艦隊
を編成し、イングランド侵攻作戦を計画した。この艦隊はのちに「無敵艦隊ア
ルマダ」（the Invincible Armada）と呼ばれた。そして 1588 年イングランド艦
隊と戦ったが、機動力に勝るイングランド軍に勝てず、折からの嵐にも遭って、
130 隻のうち 44 隻を失い、イングランド侵攻を断念した。スペインの艦隊はガ
レオン（galleon）船という大型の帆船だったが、そのためにかえって機動力に
欠け、イングランドの艦隊に勝つことができなかったのである。イングランドは
この勝利により競争力と自信を取り戻したとされる。

● エリザベス 1 世とシェイクスピア

エリザベス 1 世（1533 〜 1603）
チューダー朝イングランドの女王。1558
年即位。治世 45 年間にイギリス絶対王政
の最盛期を生んだ。生涯結婚しなかった。

シェイクスピア（1564 〜 1616）
エリザベス女王時代の劇作家・詩人。ストラットフォード・
アポン・エイボン（Stratford-upon-Avon）で生まれた。若
いころロンドンに出て演劇に関係し、37 編の戯曲と 7 編の
詩を書いた。50 歳に達する前に故郷の町に引退し、そこで
死んだ。

the Pilgrim Fathers
ピルグリム・ファーザーズ

1）Pilgrim Fathers とは、17 世紀半ばにイギリスからメイフラワー（Mayflower）号という船に乗ってアメリカ大陸に渡り、ニューイングランド最初の植民地を開いた 102 人のピューリタン（Puritan）の一団のこと。彼らは 1620 年 9 月 16 日にイギリスのサザンプトンを出航し、12 月 21 日にマサチューセッツのプリマス（Plymouth）に着いた。Pilgrim Fathers は「巡礼父祖」という意味で、ウェブスター（Daniel Webster）という政治家が命名したとされる。

2）彼らは信仰の自由を求めて渡米したとされるが、それはむしろ少数派で、大半は経済的な理由から新大陸で働くことを目的としていたともいわれる。なお、アメリカ大陸へは Pilgrim Fathers よりも早い 1607 年に、バージニアのジェームズタウンにイギリス人が入植している。

Mayflower in Plymouth Harbor

COLUMN

Puritan（ピューリタン）について

　16 〜 17 世紀のイングランドでアングリカン・チャーチ（Anglican Church）の制度や儀式などに満足せず、教会を purify（浄化）しようとしたプロテスタントの改革派の人々を指す（日本では「清教徒」とも訳される）。厳格な信仰心を持ち、簡素な生活を信条とする。Puritan の中でも一部の過激な人々は、1620 年、さらなる信仰の自由を求めてメイフラワー号でアメリカに渡った。彼らは聖書に基づく理想の国家を新大陸に建設しようとした。やがて Puritanism（清教主義、ピューリタニズム）はアメリカ社会に深く浸透し、民主主義などの思想の形成を促進したとされる。

　なお、幕末から明治初期に来日したアメリカ人教師や宣教師もほとんどがピューリタンで、中でも有名なのが札幌農学校の初代教頭を務めたクラーク博士（William Smith Clark；1826 〜 1886）である。そして、彼に感化されたのが無教会主義を唱えた内村鑑三（1861 〜 1930）や、思想家の新渡戸稲造（1862 〜 1933）などである。

American War of Independence
アメリカ独立戦争

1）イギリスの植民地であったアメリカがイギリスからの独立を勝ち取った戦争（1775 ～ 1783）。the War of American Independence とも言う。戦争は 8 年間続き、1783 年にパリで講和条約が結ばれ、アメリカ合衆国の独立が正式に承認された。

2）戦争前、イギリスはヨーロッパでの戦争によって悪化した財政状態を立て直すために、砂糖法、印紙税法など、従来より厳しい植民地政策をとった。これが植民地側の反発を招き、1773 年の「ボストン茶会事件」（the Boston Tea Party）などを引き起こし、1775 年 4 月にはボストン近郊のレキシントン（Lexington）とコンコード（Concord）でイギリス本国軍と植民地の民兵が衝突し、独立戦争が始まった。アメリカ植民地はジョージ・ワシントン（George Washington）を総司令官に推し、1776 年、独立を宣言。フランス軍の援助もあって、植民地軍が勝利を得た。→ **tea**〈第 6 章〉

3）この戦争は、アメリカ人にとっては単に植民地からの独立というだけでなく、戦って勝ち取った「革命」という意識があり、the American Revolution（アメリカ革命）とか the Revolutionary War（革命戦争）とも呼ばれる。

4）独立戦争最中の 1776 年 7 月 2 日、フィラデルフィアで行われた大陸会議で、のちの第 3 代大統領ジェファソン（Thomas Jefferson）の起草した独立宣言（the Declaration of Independence）が採択され、7 月 4 日に公布された。今ではこの日が独立記念日（Independence Day）として祝われている。これはアメリカの法定休日の中で最も重要な日とされる。なお、この日のことを 7 月 4 日の日付通りに the Fourth of July と呼ぶこともある。

George Washington

Thomas Jefferson

the American Civil War
南北戦争

1) 1861 年から 65 年にかけて、アメリカの北部諸州と南部諸州の間で起こった戦争。アメリカ国内の戦争なので、civil war（内戦）と言うが、南部では今でも the War between the States（諸州間の戦争）と呼ぶ人々も多い。

2) 戦争の原因は、主にアメリカ北部と南部の利害の対立だった。産業革命の進んだ北部では奴隷制度の必要性が弱まったが、黒人奴隷を使った綿花やたばこの栽培が中心の南部では奴隷制は不可欠だった。

3) 1861 年、南部の利益を守ろうとする 11 州がアメリカ南部連合政府（the Confederate States of America）を作り、61 年 4 月、南部連合軍（Confederate Army;「南軍」とも言う）として北軍（Union Army）と本格的な戦争に入った。戦争はアメリカを北と南に二分し、1865 年、北部の勝利に終わったが、この戦争で両軍合わせて 60 万人以上の人命が失われた。これは現在までアメリカが関係した戦争のうち、最大の犠牲者数である。

4) 戦中の 62 年に「奴隷解放宣言」(the Emancipation Proclamation) をしたリンカーン（Lincoln）大統領は、北軍の勝利が確実になり南軍が降伏を始めた直後の 65 年 4 月に暗殺された。リンカーンは積極的な奴隷解放論者ではなく、国を南と北に二分しないという考えで南部と一戦を交える決意をしたのだった。結局、奴隷解放は不十分な結果となり、真の解放は 100 年後のキング牧師 (Martin Luther King, Jr.; 1929 〜 1968) らによる「公民権運動」(the civil rights movement; → p.23) を待たねばならなかった。

5) 南北戦争をテーマにした小説としては、1936 年に出版されたマーガレット・ミッチェル（Margaret Mitchell）作の『風と共に去りぬ』(Gone with the Wind) が有名。出版された年に大ベストセラーとなり、1939 年には映画化もされた。なお、この映画は今日に至るまで、最も多くのアメリカ人が見た映画とされる。

リンカーン
(Abraham Lincoln；1809 ～ 65) アメリ
カ第 16 代大統領。南北戦争中に奴隷解放を
宣言した。

リー
(Robert Edward Lee；1807 ～ 70)
南北戦争で南軍の総司令官を務めた。

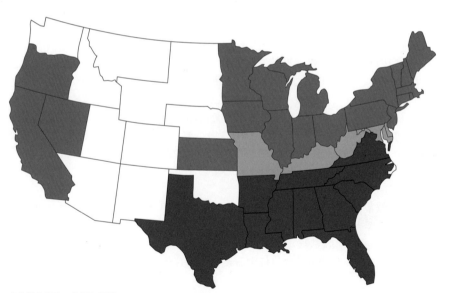

南北戦争当時の北部と南部

■が北部諸州、■が南部諸州。■は合衆国に留まった奴隷州 (slave state)。

the Civil Rights Movement
公民権運動

1）1950〜60年代にアメリカで行われた人種差別等の撤廃をめざす運動は the civil rights movement（公民権運動）と呼ばれる。civil rights とは市民が人種・宗教・性別などに関係なく平等に扱われる権利のことである。

2）この運動を主導したのはジョージア州アトランタの黒人牧師だったマーティン・ルーサー・キング（Martin Luther King, Jr.；1929〜68）。彼は1963年に、首都ワシントンに約25万人を集めた大行進を成功させ、平等なアメリカ社会の実現を訴える演説を行った。この演説での "I have a dream."（私には夢がある）という彼のことばは有名である。

3）この運動の結果、1964年には the Civil Rights Act（公民権法）が制定され、キング牧師はノーベル平和賞を受賞したが、4年後の1968年、テネシー州メンフィスのホテルで銃によって暗殺された。その後、1986年に彼の誕生日である1月15日が連邦の祝日と定められた（祝日としては1月の第3月曜日）。

ワシントン大行進（1963）　　キング牧師

～アメリカ先住民の歴史と文化～

1）北米大陸には 2 万年以上前から、日本人と同じモンゴロイド系の人々がアジアから移り住んでいた。ヨーロッパ人として初めてアメリカ大陸に到達したコロンブスは新大陸をインドだと信じ、原住民を Indian（インド人）と呼んだ。そのため、彼らは長らく American Indian（アメリカインディアン）と呼ばれていたが、1960 年代後半の復権運動によって、Native American（アメリカ先住民）と呼ばれるようになった。しかし、この呼称も白人から押し付けられたものとして嫌う人々も多いという。

2）ヨーロッパ人が本格的に植民を始めた 17 世紀には、現在の合衆国領土内にも 100 万人以上の先住民が住んでいたと推定されるが、白人の西部開拓とともに、しだいに西部の辺境へ追いやられた。先住民はもともと自然に対する感謝の精神を持ち、土地や財産を私有するという観念を持たなかったが、白人は先住民をだますようなやり方で土地を略奪し、彼らを虐殺した。

3）現在、先住民の多くは全米に約 300 か所近くある reservation と呼ばれる「指定保留地」に住んでいるが、どこも砂漠や荒地などの不毛の土地である。彼らは今なお、経済的にも文化的にも全国レベルに比べはるかに低水準の生活を強いられている。

4）先住民がアメリカに寄与したものは多大で、たとえばアメリカの農産物の 3 分の 2 近くは、白人が先住民から教えられたものとされる。corn（トウモロコシ）、skunk（スカンク）、squash（カボチャ）などは、すべて先住民のことばに由来する。また地名の多くも先住民のことばに由来し、州名の約半分は先住民のことばから来ている。たとえば、Alabama（アラバマ）は「茂みを切り開く」の意の、Arizona（アリゾナ）は「小さな泉」の意の先住民のことばの借用である。

●主な部族
Apache アパッチ　もともとはアメリカ南西部の平原で狩猟生活を送っていた戦闘的な部族だったが、のちに多くの支族に分かれ移動した。チリカウワ・アパッチの戦士ジェロニモ（Geronimo ; 1829 ～ 1909）は合衆国と戦った最後の武力抵抗者として有名。
Cherokee チェロキー　早くから白人と交わり、先住民の中では最も近代的な生活を送っていたが、1838 年に約 16000 人のチェロキーが現在のテネシー州からオクラホマ州までの 1300 キロを徒歩で強制移動させられた。この行程で約 4000 人が死亡したとされる。苦難に満ちたこの「旅」は the Trail of Tears（涙の旅路）として今も語り伝えられている。

Cheyenne シャイアン　北方部族と南方部族がいた。北方シャイアンは敵対関係にあったスー族（Sioux）と同盟を結び、白人と戦った。現在は北シャイアン族はモンタナ州に、南シャイアン族はオクラホマ州の保留地に住んでいる。

Comanche コマンチ　アメリカ南部に住んでいた狩猟部族。乗馬に優れ、バッファロー（buffalo）を狩る生活をしていた。

Hopi ホピ　アリゾナ州北部に住む農耕部族で、手工業に優れる。信仰心が厚く、カチーナダンス（kachina dance）と呼ばれる宗教儀式や、生きたガラガラヘビを使うスネークダンス（snake dance）は特に有名。

Iroquois イロコイ　初め、現在のニューヨーク州北部にいた部族。他の部族とともに強力な部族連合（the Six Nations）を築いた。

Navaho ナバホ　北米最大の部族で、Navajo とも書く。略奪インディアンとして周囲の部族から恐れられた。織物などの工芸品の美しさでも知られる。

Sioux スー　アメリカ北部の平原地帯に住んでいた部族で、勇猛さで知られた。白人による土地の略奪に抵抗し、首長のクレージー・ホース（Crazy Horse）とシッティング・ブル（Sitting Bull）はシャイアン族と連合し、1876年、「リトルビッグホーン（Little Bighorn）の戦い」でカスター将軍の率いる第七騎兵隊264人を全滅させた。

ジェロニモ（アパッチ族の戦士）　　　シッティング・ブル（スー族の指導者）

25

ホピ族の女性

ホピ族の陶芸家（1900 年）

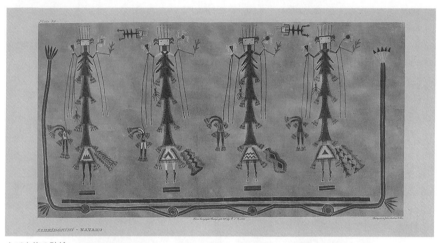

ナバホ族の砂絵

ナバホ族の岩絵

●住居とトーテム

tepee ティーピー バッファロー（buffalo）などの皮で作った円錐形のテント小屋。簡単に組み立てられ、移動に便利。

wigwam ウィグワム 東部の森林地帯に住む先住民が用いたドーム型の住居。木の皮やイグサをふいて作ったもので、基本的に永住型。

pueblo プエブロ アドービ（adobe）と呼ばれる日干しれんがや石で作った数階建ての集合住宅。ニューメキシコ州やアリゾナ州に住む先住民の住居で、彼らは Pueblo Indian と呼ばれた。

totem pole トーテムポール アメリカ北西海岸の先住民によって立てられる彫刻をほどこした柱。尊崇の対象となる動植物などが刻んである。なお、totemとは、先住民が部族の象徴として神聖視する動植物または自然物を指す。

スー族のティーピー

オジブワ族のウィグワム

タオス族のプエブロ

トーテムポール

27

〈掲載画像一覧〉
第1章
p.13　Steven Fruitsmaak；Shutterstock.com
p.14　（上）Larry Lamsa - Oslo, Norway, CC 表示 2.0, https://commons.wikimedia.org/w/index.php?curid=44944588 による
　　（下）Worldtraveller, - en:Image:Sognefjord, Norway.jpg, CC 表示 - 継承 3.0, https://commons.wikimedia.org/w/index.php?curid=226474 による
p.15　jorisvo / Shutterstock.com
p.16　Jane Rix / Shutterstock.com
p.17　icestylecg / Shutterstock.com
p.18　（左）Attributed to ウィリアム・シーガー - http://www.artfund.org/what-to-see/exhibitions/2013/10/elizabeth-i-and-her-people, パブリック・ドメイン, https://commons.wikimedia.org/w/index.php?curid=17871 による
　　（右）John Taylor - パブリック・ドメイン, https://commons.wikimedia.org/w/index.php?curid=3601641 による
p.19　By William Halsall - Pilgrim Hall Museum, Public Domain, https://commons.wikimedia.org/w/index.php?curid=308115
p.20　（左）ギルバート・ステュアート -https://www.clarkart.edu/artpiece/detail/george-washington, パブリック・ドメイン, https://commons.wikimedia.org/w/index.php?curid=591229 による
　　（右）By Rembrandt Peale - https://www.whitehousehistory.org/galleries/presidential-portraits, Public Domain, https://commons.wikimedia.org/w/index.php?curid=72792044
p.22　（左）Alexander Gardner - http://www.britannica.com/bps/media-view/112498/1/0/0, パブリック・ドメイン, https://commons.wikimedia.org/w/index.php?curid=17639208 による
　　（右）Julian Vannerson - This image is available from the United States Library of Congress's Prints and Photographs divisionunder the digital ID cwpb.04402.This tag does not indicate the copyright status of the attached work. A normal copyright tag is still required. See Commons:Licensing for more information., パブリック・ドメイン, https://commons.wikimedia.org/w/index.php?curid=576225
p.23　（左）Photo by Warren K. Leffler - This image is available from the United States Library of Congress's Prints and Photographs divisionunder the digital ID ppmsca.03130.This tag does not indicate the copyright status of the attached work. A normal copyright tag is still required. See Commons:Licensing for more information., パブリック・ドメイン, https://commons.wikimedia.org/w/index.php?curid=1442847
　　（右）Dick DeMarsico, World Telegram staff photographer - パブリック・ドメイン, https://commons.wikimedia.org/w/index.php?curid=1299509
p.25　（左）Dick DeMarsico, World Telegram staff photographer - This image is available from the United States Library of Congress's Prints and Photographs divisionunder the digital ID cph.3c26559.This tag does not indicate the copyright status of the attached work. A normal copyright tag is still required. See Commons:Licensing for more information., パブリック・ドメイン, https://commons.wikimedia.org/w/index.php?curid=1299509
　　（右）https://commons.wikimedia.org/w/index.php?curid=540213
p.26　（左上）Henry Peabody - https://commons.wikimedia.org/w/index.php?curid=395988
　　（右上）Henry Peabody - https://commons.wikimedia.org/w/index.php?curid=17068922
　　（中）エドワード・カーティス -https://commons.wikimedia.org/w/index.php?curid=90458
　　（下）Mona Makela; shutterstock.com
p.27　（左上）Karl Bodmer (1809-1893) - Watercolor on paper by Karl Bodmer from his travel to the U.S. 1832-1834., パブリック・ドメイン, https://commons.wikimedia.org/w/index.php?curid=2351330
　　（右上）Paul Kane (1810-71), パブリック・ドメイン, https://commons.wikimedia.org/w/index.php?curid=1336538
　　（左下）I, Luca Galuzzi, CC 表示 2.5, https://commons.wikimedia.org/w/index.php?curid=2689097
　　（右下）photoAC

第2章
p.32　PradaBrown / Shutterstock.com
p.34　Hannah Rudd / Shutterstock.com
p.35　Sheila Fitzgerald / Shutterstock.com
p.36　Alexander Image / Shutterstock.com
p.37　Bild von Corina Selberg auf Pixabay
p.39　（左）Jill Wellington による Pixabay からの画像
　　（右）Yuganov Konstantin / Shutterstock.com
　　（左）a katz / Shutterstock.com
p.40　FamVeld / Shutterstock.com

第3章
p.42　Salonica84 - https://commons.wikimedia.org/w/index.php?curid=1801177
p.44　（上）パブリック・ドメイン, https://commons.wikimedia.org/w/index.php?curid=913510
　　（右）ドミニク・アングル - Jupiter et Thétis, Museo Granet., パブリック・ドメイン, https://commons.wikimedia.org/w/index.php?curid=45445991
p.45　（上）https://commons.wikimedia.org/w/index.php?curid=692964
　　（下）CC 表示 - 継承 3.0, https://commons.wikimedia.org/w/index.php?curid=280806
p.47　Dennis Jarvis from Halifax, Canada - Austria-00892 - Pallas Athene Statue, CC 表示 - 継承 2.0, https://commons.wikimedia.org/w/index.php?curid=66922041
p.48　（左上）After レオカレス, パブリック・ドメイン, https://commons.wikimedia.org/w/index.php?curid=487606
　　（右上）ジャン・ロレンツォ・ベルニーニ -CC 表示 - 継承 4.0, https://

（下）QuartierLatin1968 QuartierLatin1968 - https://www.flickr.com/photos/22174859@N00/382153782/, CC 表示 - 継承 2.0, https://commons.wikimedia.org/w/index.php?curid=1745234
p.50　（上）Adjusted levels from File:Sandro Botticelli - La nascita di Venere - Google Art Project.jpg, originally from Google Art Project. Compression Photoshop level 9., パブリック・ドメイン, https://commons.wikimedia.org/w/index.php?curid=22507491
　　（下）Plp, CC 表示 - 継承 3.0, https://commons.wikimedia.org/w/index.php?curid=194265
p.51　（左）Morphart Creation / Shutterstock.com
　　（右）国立大学法人一橋大学シンボルマーク
p.52　（上）Lalupa -CC 表示 - 継承 4.0, https://commons.wikimedia.org/w/index.php?curid=3155470
　　（左下）By Parmigianino - Web Gallery of Art:　Image Info about artwork, Public Domain, https://commons.wikimedia.org/w/index.php?curid=15885026
　　（右下）photoAC
p.53　Paul Pecora / Shutterstock.com
p.54　（左）By Glycon of Athens (copy), Lysippos (original type) - Marie-Lan Nguyen (2011), CC BY 2.5, https://commons.wikimedia.org/w/index.php?curid=16486388
　　（右）Jastrow (2006), パブリック・ドメイン, https://commons.wikimedia.org/w/index.php?curid=1481936
p.55　（左上）Perseus and Andromeda, Wallace Collection., パブリック・ドメイン, https://commons.wikimedia.org/w/index.php?curid=45402782 による
　　（右上）nightowl による Pixabay からの画像
　　（下）Three-Line Stone - User:Bibi Saint-Pol, own work, 2007-02-13, パブリック・ドメイン, https://commons.wikimedia.org/w/index.php?curid=2949275
p.56　http://latin.bestmoodle.net/index.php/legenda/2006/ (source is not online anymore), パブリック・ドメイン, https://commons.wikimedia.org/w/index.php?curid=3725150
p.57　（上）Nordisk familjebok (1906) - Nordisk familjebok (1906), vol.5 p.203 [1] via Swedish Wikipedia., パブリック・ドメイン, https://commons.wikimedia.org/w/index.php?curid=924680 による
　　（左下）Lenjiro (ja:User:Lenji) - Illustrated by the author, CC 表示 - 継承 3.0, https://commons.wikimedia.org/w/index.php?curid=251690
　　（右下）パブリック・ドメイン, https://commons.wikimedia.org/w/index.php?curid=629709
p.58　（左上）Radomil -https://commons.wikimedia.org/w/index.php?curid=209591
　　（右上）Cattallina / shutterstock.com
　　（左下）By John La Farge - Online Collection of Brooklyn Museum; Photo: Brooklyn Museum, 2007, 11.511_PS1.jpg, Public Domain, https://commons.wikimedia.org/w/index.php?curid=9991771
　　（右下）Clicgauche - パブリック・ドメイン, https://commons.wikimedia.org/w/index.php?curid=8264402
p.59　（上）http://www.ibiblio.org/wm/paint/auth/caravaggio/medusa.jpg, パブリック・ドメイン, https://commons.wikimedia.org/w/index.php?curid=136501
　　（下）1. Kunsthistorisches Museum Wien, Bilddatenbank.2. 不明 3. GalleriX, パブリック・ドメイン, https://commons.wikimedia.org/w/index.php?curid=628753
p.60　jigboxx.com, パブリック・ドメイン, https://commons.wikimedia.org/w/index.php?curid=9684835
p.61　delcarmat / Shutterstock.com

第4章
p.66　（左）1. The Yorck Project (2002 年) 10.000 Meisterwerke der Malerei (DVD-ROM), distributed by DIRECTMEDIA Publishing GmbH. ISBN: 3936122202., [2]2./3. Museo del Prado, Madrid, パブリック・ドメイン, https://commons.wikimedia.org/w/index.php?curid=159569
　　（右）Städel, パブリック・ドメイン, https://commons.wikimedia.org/w/index.php?curid=2586179
p.67　The Courtauld Gallery, London, パブリック・ドメイン, https://commons.wikimedia.org/w/index.php?curid=18279148
p.69　bAGKOdJfvfAhYQ at Google Cultural Institute, zoom level maximum, パブリック・ドメイン, https://commons.wikimedia.org/w/index.php?curid=22178101
p.71　（上）LoggaWiggler による Pixabay からの画像
　　（下）The Yorck Project (2002 年) 10.000 Meisterwerke der Malerei (DVD-ROM), distributed by DIRECTMEDIA Publishing GmbH. ISBN: 3936122202., パブリック・ドメイン, https://commons.wikimedia.org/w/index.php?curid=157868
p.73　パブリックドメイン Q
p.75　（左）DEZALB による Pixabay からの画像
　　（右）Jörg Bittner Unna - 投稿者自身による作品, CC 表示 3.0, https://commons.wikimedia.org/w/index.php?curid=46495986
p.76　By William Blake - The William Blake Archive, Public Domain, https://commons.wikimedia.org/w/index.php?curid=6269326
p.77　（左）[: http://www.bjumg.org/the-benjamin-west-collection/], パブリック・ドメイン, https://commons.wikimedia.org/w/index.php?curid=2921190
　　（右）The Yorck Project (2002 年) 10.000 Meisterwerke der Malerei (DVD-ROM), distributed by DIRECTMEDIA Publishing GmbH. ISBN: 3936122202., パブリック・ドメイン, https://commons.wikimedia.org/w/index.php?curid=2411820
p.79　The Yorck Project (2002 年) 10.000 Meisterwerke der Malerei (DVD-ROM), distributed by DIRECTMEDIA Publishing GmbH. ISBN: 3936122202., パブリック・ドメイン, https://commons.wikimedia.org/w/index.php?curid=147540
p.80　Renata Sedmakova / Shutterstock.com

第2章

年中行事と祝日

Annual Events and Holidays

●祝日と休日について

1）「祝日」には public holiday（公休日）または legal holiday（法定休日）が相当する。英語の holiday（祝日、休日）は holy day（神聖な日）からきている。したがって、英米の祝祭日には宗教に関係したものが多い。また、同じイギリスの中でも、イングランドとスコットランドでは祝日が異なることがあるし、アメリカでも州によって祝日の日に違いがあったりする。「国民の祝日」に相当するのは national holiday だが、日本のような全国統一的な祝日というのはむしろ数が少ない。

2）アメリカには国で定めた休日というものはなく、各州が議会の審議を経てその州の休日を決める。主な公休日は下表のとおり。なお、イギリスでは年 8 回の法定休日を bank holiday と呼ぶ。最初は bank（銀行）だけに実施されたために、この名が残されている。のちに全国的な行事として、一般の会社や商店も休むようになった。

British and American Holidays
英米の祝日一覧

1 月 1 日	**New Year's Day** 元旦（→p.32）
1 月の第 3 月曜	**Martin Luther King Jr. Day** キング牧師誕生日 ▶Martin Luther King, Jr.（1929 ～ 68）はアメリカの牧師で、公民権運動の指導者。非暴力の抵抗により人種差別撤廃を訴えた。なお、実際の誕生日は 1 月 15 日。（→p.23）
2 月の第 3 月曜	**Presidents' Day** 大統領の日 ▶Washington's Birthday ともいうが、今日多くの州では Lincoln's Birthday（リンカーン誕生日）と併せて 1 つの法定休日としている。
2 月 14 日	**St. Valentine's Day** 聖バレンタインデー（→p.32） 〈移動祝日〉 carnival カーニバル（→p.33） Good Friday 聖金曜日（→p.34） Easter イースター、復活祭（→p.34）
3 月 17 日	**St. Patrick's Day** 聖パトリックの日（→p.36）
4 月 1 日	**April Fools' Day** エープリル・フール（→p.37）
5 月 1 日	**May Day** 五月祭、メーデー（→p.37）
5 月の最終月曜	**Memorial Day** 戦没者追悼記念日 ▶元来は南北戦争の戦死者を追悼する日だったが、現在では母国のために戦死した人々を追悼する日となっている。
7 月 4 日	**Independence Day** 独立記念日 ▶1776 年のこの日にアメリカが独立したことを祝う日。全米で各種の祝賀行事が行われる。the Fourth (of July) ともいう。

9月の第1月曜	Labor Day 労働者の日 ▶その前の土曜日から3連休になるので、多くの人が遠出をする。この3連休はアメリカやカナダでは夏の終わりを告げるしるしとなる。
10月の第2月曜	Columbus Day コロンブス記念日 ▶アメリカ大陸の「発見者」とされるクリストファー・コロンブスを記念する日。主に、コロンブスの祖国であるイタリア系の人々が中心になって祝う。
10月31日	Halloween ハロウィーン（→p.38）
11月11日	Veterans Day 復員軍人の日 ▶第一次世界大戦が1918年11月11日に終わったのを記念する日。今では第二次世界大戦も含める。なお、イギリスやカナダではRemembrance Dayという。毎年11月11日の午前11時に2分間の黙祷を捧げる。
11月の第4木曜	Thanksgiving Day 感謝祭（→p.39）
12月25日	Christmas クリスマス（→p.40）
12月26日	Boxing Day ボクシングデー ▶イギリスではクリスマスの翌日の12月26日はBoxing Dayという法定休日になっている（その日が日曜日であれば27日）。かつて、この日に使用人や郵便配達人などにChristmas boxと呼ばれる祝儀を渡したことからこう呼ばれるが、しだいにすたれつつある。

～ カーニバルからイースターまで ～

カーニバル（謝肉祭） 詳しくは → p.33
四旬節（レント Lent） イエスの受難と復活をしのび、悔い改めをする40日間。
●**灰の水曜日（Ash Wednesday）**
　▶四旬節の初日。カトリック教会では、各人の額に灰（ash）で十字架のしるしをつける儀式を行う。
●**シュロの日曜日（Palm Sunday）**
　▶イエスのエルサレム入りを記念する日。「枝の主日」ともいう。
●**聖木曜日（Holy Thursday）**
　▶イエスの最後の晩さんを記念する日。カトリックでは「洗足（せんそく）木曜日」ともいう。なお、現在のカトリック教会では、この日のミサをもって四旬節は終了する。
●**聖金曜日（Good Friday）**
　▶イエス受難の日。詳しくは → p.34
●**聖土曜日（Holy Saturday）**
　▶イエスが墓で安息した日。
イースター（復活祭）
イエスの復活を記念するキリスト教最大の行事。詳しくは → p.34

● New Year's Day　元旦（1 月 1 日）

１）英米では、1 月 1 日はクリスマスの季節（Christmastime）の 1 日と考えられていて、日本と異なり特別な祝い方はしない。New Year's Eve（大晦日）には、イギリスでは教会や時計台が鐘を鳴らして「行く年を送り、来る年を迎える」。これを Ring out the Old (Year) and ring in the New (Year) という。12 時の鐘が鳴り終わると、"Happy New Year!" を交わす。これはもともと I wish you a Happy New Year!（良い新年をお迎えください）という意味なので、年内に言うことが多い。

２）ニューヨークのタイムズスクエア（Times Square）では、集まった人々がお互いの肩を抱き、キスをし合ったり、『蛍の光』(Auld Lang Syne) を歌ったりする。元旦は大学のアメリカンフットボールの全米決勝戦である「ローズボウル」(Rose Bowl) がテレビ中継されるので、これを楽しむ人が多い。

元日に行われる Rose Parade
（Rose Bowl を祝って行われる。カリフォルニア州パサデナ）

● Saint Valentine's Day　バレンタイン・デー（2 月 14 日）

１）聖バレンタイン (Saint Valentine) を祭る 2 月 14 日のカトリック教会の祝日。単に Valentine's Day ともいう。この日は愛のしるしとしてカードや贈り物を取り交わす習慣がある。贈り物はチョコレートに限らず、花（特に赤いバラ）を贈ることが多い。なお日本では、もっぱら女性が男性にチョコレートを贈る日ということになっているが、欧米では男性が女性に贈ってもいいし、親や友人に贈るのもふつう。

2）名前の由来となった Saint Valentine は西暦 269 年のこの日にローマ皇帝の迫害を受けて殉教したとされるローマの司教だが、贈り物をする習慣はこの聖人とは関係がない。中世のヨーロッパには、この日に小鳥たちが交尾を始めるという言い伝えがあり、そこから恋人を選ぶ日になったようだ。

3）普通名詞としての valentine には「バレンタインカード」(valentine card) の意味のほかに、「バレンタインの贈り物」「バレンタインデーの恋人」の意味もある。"Be my valentine."（私の恋人になってください）はカードに書く愛の告白の文句の定番。 なおバレンタインカードはしばしば匿名で送られ、ユーモアで、"Guess Who."（だれだか当てて）と書くこともある。また、カードにはしばしば Cupid（キューピッド）の絵が用いられる。これは Cupid がローマ神話で「愛の神」とされるからである（ギリシャ神話では Eros）。

4）女性が男性にチョコレートを贈る習慣は、1980 年代に神戸の製菓会社が広めたものとされ、日本独特のものである。したがって、1 か月後の 3 月 14 日に男性が女性にお返しをする「ホワイトデー」なども欧米にはない。

● carnival　カーニバル、謝肉祭

1）カトリック教国で、「四旬節」(Lent) 直前の 3 日間〜 1 週間にわたって行われる祝祭。四旬節はイースター（Easter）の 40 日前から始まり、その期間中はイエスの荒野における断食苦行をしのび、肉食を絶って精進する。この四旬節に入る前に、たらふく肉を食べて騒ごうというのが carnival である。時期はだいたい 2 月の終わりから 3 月にかけてである。

2）carnival は古くからの行事だが、今では街頭で仮装パレードなどが行われる華やかな祭りとして残っている。中でも、ブラジルのリオ・デ・ジャネイロのそれは「リオのカーニバル」として世界的に有名。また、独特の仮面をつけた人々が町をねり歩くイタリアのベネチアのカーニバルも人気が高い。なお、カーニバルは同じキリスト教国でも、イギリスやプロテスタントの国では行われない。

3）アメリカ、ルイジアナ州のニューオーリンズ（New Orleans）のカーニバルは 18 世紀にフランスの入植者が持ち込んだもので、マルディグラ（Mardi Gras）と呼ばれる。float と呼ばれる色はなやかな山車（だし）のパレードが見もの。なお、Mardi Gras はフランス語で「脂っこい火曜日」という意味である。

4）carnival は比喩的に「ばか騒ぎ」「お祭り騒ぎ」という意味でも用いられる。日本語の「カーニバル」も同様。

ニューオーリンズのカーニバル（マルディグラ）

● Good Friday　聖金曜日

　イースター（Easter）の前の金曜日。イエスが十字架にかけられた金曜日を記念する日で、「受苦日」ともいう。この日、カトリック教会などでは、教会全体がイエスの死を悼んで喪に服する。イングランドとアイルランドでは、この日は法定休日となる。アメリカでも州によっては休日。この日は砂糖などで十字の刻み（十字架を表す）を入れた hot cross bun と呼ばれる丸パンを食べる習慣がある。なお、Good Friday の good は「良い」という意味ではなく、「教会によって聖別された」「神聖な（holy）」の意である。

● Easter　イースター、復活祭

1）新約聖書によれば、イエス・キリストは金曜日に十字架にかけられて死んだが、3 日目の日曜日によみがえったという。このイエスの「復活」を祝うのが Easter である。イースターはキリスト教徒にとって、ある意味ではクリスマス以上に重要な祝日で、どのキリスト教国でも、美術館や博物館などはすべて休みとなる。イースターの当日は Easter Day または Easter Sunday と呼ばれる。なお、イースターの日は「春分（3 月 21 日）以降の満月の直後の日曜日」と定められているため、年によって異なるが、ほぼ 3 月末から 4 月にかけての期間に当たる。

2）Easter という語は、ゲルマン神話の光と春の女神 Eostre（エオストレ）に由来するとされる。冬の厳しい寒さが去り、春の暖かい太陽の訪れを喜ぶ「生命

再生の春祭り」である。この日、世界のキリスト教会では彩色された鶏の卵が贈り物として使われる（この卵を Easter egg という）。ひよこが生まれ出ることから、卵は古くから生命と再生の象徴とされてきたが、Easter egg はキリスト復活の象徴でもある。なお、卵はアメリカでは彩色したゆで卵が、イギリスでは卵型のチョコレート菓子が一般的。また、卵とともにウサギ（Easter bunny）もイースターのシンボルである。

3）イースター直前の 1 週間は Holy Week（聖週間）と呼ばれ、イースターに始まる 1 週間は Easter Week（イースターウィーク）と呼ばれる。この期間には、教会でさまざまな特別礼拝が行われる。また、このころ英米の学校は 1 ～ 3 週間の休みになり、各地でにぎやかな行事が行われる。なお、Easter のように年によって日取りが変わる祝日を movable feast（移動祝日）という。

イースターパレード（ニューヨーク）

● Saint Patrick's Day　聖パトリックの日（３月17日）

１）アイルランドの守護聖人である聖パトリックを記念する日。アイルランドでは法定休日で、クリスマスをしのぐほどのにぎわいになる。アメリカでもこの日は、各地でアイルランド系の人々が盛大なパレードをする。人びとはアイルランドの国の色である緑色の衣装や、国花であるシャムロック（shamrock、クローバーの類の草）のワッペンなどを身につけて祝う。特に、ニューヨークの５番街はこの日、緑一色に包まれる。→ clover〈第10章〉

　また、アイルランドでは、世界中に散らばったアイルランド系の人びとがこの日のために里帰りしてくる。

２）聖パトリックの生没年ははっきりしないが、４世紀後半にウェールズで生まれたという説が有力。伝道者として、それまでケルト民族のドルイド教が支配していたアイルランドにキリストの福音を伝えた。その際、三つ葉のシャムロックを使ってキリスト教の「三位一体」（the Trinity）の教義を説明したとされる。

聖パトリックの日（ニューヨーク、マンハッタン５番街のパレード）
▶バグパイプ（bagpipe）という吹奏楽器を持ち、キルト（kilt）という巻きスカートをはいている。

● April Fools' Day　エープリル・フール、四月ばかの日（4月1日）

１）April Fool's Day とも書く。またイギリスでは All Fools' Day（万愚節）ともいう。この日は、いたずらや冗談で人をかついでもよいとされる。ただし、うそやいたずらは正午までとされ、正午を過ぎたいたずらは嫌われる。罪のないことばによるものが多いが、車に落書きをするなどといった、ちょっとした「わるさ」が行われることもある。なお、April fool は、この日にうそをつかれたり、からかわれた「人」を指すので注意。

２）この風習の起源については諸説があり、はっきりしないが、イギリスでは 18 世紀に定着したとされる。英米では、この日、テレビなどのマスコミが「うそのニュース」（hoax / ホウクス / と呼ばれる）を流すことがある。

● May Day　五月祭、メーデー（5月1日）

１）もともとは、ヨーロッパの春の到来を祝う祭りだった。この日は「五月の女王」（May Queen）を選び、広場で「メイポールダンス」（Maypole dance）を踊ったりして楽しんだが、今日ではあまり行われない。

２）今では「労働者の日（メーデー）」として世界各地で労働祭が行われる。イギリスでは 5 月の第 1 月曜日が公休日だが、アメリカやカナダでは 9 月の第 1 月曜日が Labor Day として休日になっている。

Maypole dance

● Halloween　ハロウィーン（10 月 31 日）

1）11 月 1 日の All Saints' Day（万聖節、諸聖人の祝日）の前夜、すなわち 10 月 31 日の夜に行われる祭り。この日、子どもたちはカボチャ（パンプキン）をくりぬき、目、鼻、口をつけた「カボチャちょうちん」(jack-o'-lantern)を窓ぎわに飾ったり、幽霊や魔女などの仮装をして町中を練り歩いたり、家々を回って "Trick or treat!"（お菓子をくれなきゃ、いたずらするぞ）と言ってお菓子やお金などをもらい歩く。特にアメリカで盛んな行事である。

2）Halloween はもともとヨーロッパの先住民族である古代ケルト人の風習に由来するとされる。10 月 31 日はケルト人の暦ではおおみそかに当たり、前の年に死んだ人の霊が成仏できずにこの日に戻ってくると信じられていた。この、さまよう死霊を退治するために、彼らは悪鬼などに扮し、大声を出しながら家の内外を練り歩き、かがり火をたいて悪霊を追い払おうとしたという。このケルト人の風習に古代ローマの収穫祭やキリスト教の万聖節が混ざり合い、現在の Halloween の行事になったといわれる。特にアメリカで盛んなのは、アメリカに渡ったケルト系のアイルランド人が広めたのが理由とされる。

3）このように、もともとは死者の霊をまつる日だが、今日では宗教色は少なく、もっぱら子どもたちの悪ふざけが許される日になっている。近年では日本でも広がり、仮装した大人までもが路上にくり出す馬鹿騒ぎの行事となっている。

4）この時期、イギリスでは 11 月 5 日の Guy Fawkes Day（ガイ・フォークス祭）のほうが盛んである。（↓コラム）

Guy Fawkes Day について

　1605 年 11 月 5 日、イギリス国会議事堂の地下に火薬が仕掛けられ、密告によって首謀者のガイ・フォークス（Guy Fawkes）が捕らえられた。当時イギリスでは宗教改革の嵐が吹き荒れており、プロテスタントの国王ジェームズ 1 世らをカトリック教徒の一派が殺害しようとした事件が起こり、the Gunpowder Plot（火薬陰謀事件）と呼ばれる。陰謀は直前に発覚し、議事堂の地下で火薬（gunpowder）の番をしていた首謀者のガイ・フォークスは捕らえられて処刑された。この日を忘れまいとする行事が Guy Fawkes Day である。この事件以来、11 月 5 日にはガイ・フォークスに見立てた等身大の人形を作って町の中を引きずり回し、最後に焼き捨てるという風習が生まれた。現在は、かがり火をたいたり、花火を打ち上げたりする行事だけが残っている。なお、アメリカ口語で「男」「やつ」を意味する guy はこの Guy Fawkes に由来する。

jack-o'-lantern（カボチャちょうちん）

"Trick or treat!" と言ってお菓子をもらう子どもたち

● Thanksgiving Day　感謝祭（の日）

１）11 月の第４木曜日で、アメリカの法定休日。ほとんどの学校や会社では翌日の金曜日と翌週の月曜日も休みになるので、5 日間の連休となる。当日は、アメリカの街中を大きな七面鳥（turkey）の山車（だし）がパレードしたりして大にぎわいとなる。なお、カナダでは 10 月の第 2 月曜日で、やはり法定休日。

２）Thanksgiving Day は、1620 年に信仰の自由を求めてイギリスから新大陸に渡ってきたピューリタンの一団（Pilgrim Fathers）が、先住民に助けられながら厳しい冬を生き延び、翌年の秋に農作物の収穫を神に感謝して祝宴を開いたことに由来する。このときは先住民たちも招待されたという。

３）アメリカ人にとって、日ごろ家を離れている家族が一堂に会して過ごすこの日は、クリスマスとともに特別の日である。この日のパーティーでは、祖先たちの苦難をしのび、七面鳥やシカの肉、カボチャパイ（pumpkin pie）などを食べるのが習わしになっている。

七面鳥の山車のパレード（ニューヨーク）

● Christmas　クリスマス（12月25日）

1）イエス・キリストの生誕を記念する祭り、またその日（12月25日）。今日では、イースター（Easter）とともに、キリスト教国の最大の行事になっているが、もとは古代ローマの収穫祭や北欧民族の冬至の祭りが合体したもので、イエスやキリスト教とは無関係なものも多い。そもそも、イエスが12月25日に生まれたという記録は存在しないという。

2）キリスト教国では、この日は本来祈りの日である。また、遠く離れて暮らしている家族が集まって一緒に祝う再会の機会でもある。前日の24日（Christmas Eve）は親類や知人を招いて静かに過ごし、25日の当日（Christmas Day）は教会へ礼拝に行ったり、家で静かにくつろぐのが一般的。

3）教会から帰ってきて食べる昼の正餐がChristmas dinner（クリスマスディナー）である。食事の内容は地域や宗派によって大幅に異なるが、伝統的に七面鳥の丸焼き（roast turkey）が出される。またイギリスでは、最後にデザートとしてChristmas pudding（クリスマスプディング）と呼ばれる甘い蒸し菓子を食べる習慣がある。→ pudding〈第6章〉

4）イギリスで、クリスマスの季節に子どもたちのために行われるバラエティーショーをpant（パント）とかpantomime（パントマイム）という。『シンデレラ』や『眠れる森の美女』といった定番の出し物が女性中心の役者たちによって演じられる。なお、「パントマイム」と言っても、いわゆる「無言劇」ではない。

5）Christmasは「キリスト（Christ）のためのミサ（mass）」の意。Xmasと書くことがあるが、このXはChristに相当するギリシャ語のXristosの最初の1字とmasを結合させたもの。

クリスマス・ツリーの飾りつけをする子どもたち

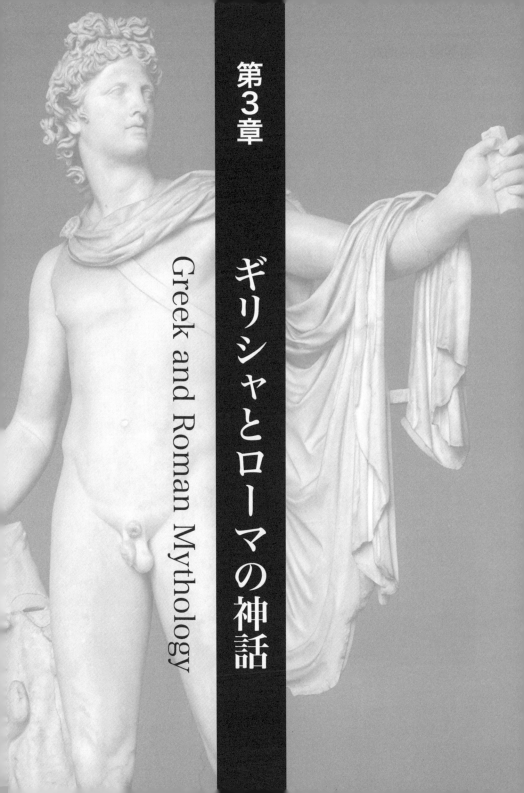

第3章

ギリシャとローマの神話

Greek and Roman Mythology

●神話とは何か

１）人類の遠い記憶を独自の形で生き生きと伝える伝承物語が「神話」である。神話は世界各地に存在するが、ここでは西洋の文化に深い影響を与えたギリシャとローマの神話を取り上げる。なお、ローマ神話はギリシャ神話を下敷きにしており、内容もほぼ同一と言ってよい。

２）「神話」は myth というが、これは１つの神話を指す。「ギリシャ神話」は the Greek myths である。集合的に「神話」というときは mythology / ミソロジー / という語を用いる。

３）ギリシャ神話には、神々と人間が交渉を持つ話が多いが、これらは初めから具体的な形があったわけではなく、多くは紀元前 10 世紀ごろのギリシャの詩人ホメロス（Homer）の『イリアス』(Iliad) や『オデュッセイア』(Odyssey) などの文学作品に基づいている。

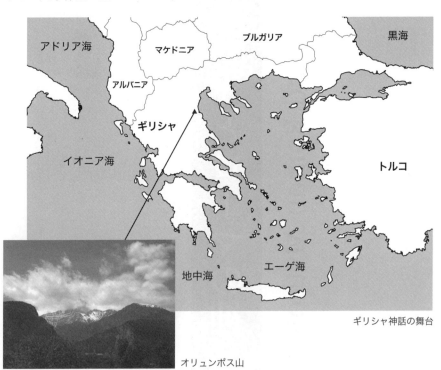

ギリシャ神話の舞台

オリュンポス山

The Twelve Olympians
オリュンポス十二神

　ギリシャの北東部に 2600 mを越える山々が連なるオリュンポス（Olympus）山塊があり、ギリシャの神々はここを本拠としていたとされる。おもだった神々は「オリュンポス十二神」と呼ばれる。何か事が起きると、最高神ゼウスによって山頂の館に召集される。

ギリシャ名	主な役割	ローマ名 （ラテン語の名）	ローマ名の 英語読み
ゼウス (Zeus)	天	ユピテル	ジュピター (Jupiter)
ヘラ (Hera)	結婚	ユノ	ジュノー (Juno)
ポセイドン (Poseidon)	海	ネプトゥヌス	ネプチューン (Neptune)
ヘスティア＊ (Hestia)	かまど	ウェスタ	ベスタ (Vesta)
デメテル (Demeter)	収穫	ケレス	シアリズ (Ceres)
アテナ (Athena)	知恵	ミネルバ	ミナーバ (Minerva)
アポロン (Apollon)	芸術・予言	アポロ	アポロ (Apollo)
アルテミス (Artemis)	狩猟	ディアナ	ダイアナ (Diana)
アレス (Ares)	戦争	マルス	マーズ (Mars)
ヘファイストス (Hephaestus)	鍛治	ウルカヌス	バルカン (Vulcan)
アフロディテ (Aphrodite)	美	ウェヌス	ビーナス (Venus)
ヘルメス (Hermes)	商業	メルクリウス	マーキュリー (Mercury)

＊ヘスティアの代わりにディオニュソスが加えられることもある。（→p.51）

●十二神のプロフィール

ゼウス（Zeus）

１）オリュンポス山の支配者で、ギリシャ神話の最高神。全知全能の神として天界をあやつり、また人間社会の秩序の維持者としてほめたたえられたが、好色な神としても有名で、多くの女神や人間と交わり、多数の子どもを生ませた。

２）ローマ神話では「ユピテル」に相当し、英語読みではジュピター（Jupiter）となる。神の中の神なので、太陽系最大の惑星である「木星」も Jupiter と呼ばれる。Jupiter は Jove とも言い、By Jove! は「おやまあ！」とか「とんでもない」という意味になる。また Jove から派生した jovial は「陽気な」「快活な」の意の形容詞である。

ヘラ（Hera）

１）ゼウスの正妻で、ギリシャ神話最高の女神。女性の結婚・出産・家庭生活の守護神でもある。気品と威厳をそなえた婦人というイメージがあるが、神話の中では激しい嫉妬に駆り立てられて夫ゼウスの愛人や子どもたちを迫害する。ローマ神話では Juno（ジュノー、ユノ）に相当する。Juno は結婚をつかさどることから、June（6月）の語源ともなった。6月に結婚する女性は幸福になるとされる "June bride"（ジューンブライド）という言い方もあるが、これは6月がジュノーの月であることから来ている。

２）money（お金）という語は Juno の称号である Moneta（「助言者」の意）から来ている。ローマのカピトリヌスの丘の上に Juno にささげられた神殿があり、そこでローマ初の貨幣が鋳造されたため moneta は「貨幣」の意となり、これが money や mint（鋳造する）の語源となった。

ポセイドン（Poseidon）

１）ゼウスとは兄弟で、十二神の中ではゼウスに次ぐ実力者。元々は大地の神だったが、その権威をゼウスに奪われ、海の神にされた。自然の脅威を表す神で、古代ギリシャでは地震や津波はポセイドンの怒りにふれたためだと考えられた。気難しく荒々しい性格で、怒りっぽい神とされる。また、多くの女と関係を持った好色の神としても知られる。trident（トライデント）という三叉の鉾を持つ。

２）ローマ神話ではネプチューン（Neptune）といい、ヨーロッパ各地の広場の噴水にその像がある。ローマのトレビの泉や、ナボーナ広場のそれは有名である。なお、Neptuneは天文学では海王星を指す。

trident を持つポセイドン像

ヘスティア（Hestia）

１）かまど（暖炉）と、そこに燃える火をつかさどる女神。ゼウスの姉だが、かまどの前を離れないので逸話が少ない。ギリシャ神話では最も地味な存在だが、家庭を守る神として重要視され、女性の信徒が圧倒的に多かったという。オリュンポスの十二神の１人だったが、紀元前５世紀ごろから、ディオニュソスがヘスティアに代わり十二神に加えられることが多くなった（ヘスティアが自ら座を降りたともいう）。→ディオニュソス（p.51）

２）ローマ神話では Vesta（ベスタ）といい、国家のかまどを守る女神とされた。Vesta に仕えた６人の処女たちを vestal virgins といい、国家の聖なる火を絶やさぬよう見張っていたという。

デメテル（Demeter）

１）農耕の女神。大地を守り、穀物の豊穣をつかさどる。弟のゼウスと交わり、ペルセポネ（Persephone）という娘をもうけた。ペルセポネは冥界の王ハデス（Hades）に誘拐され、それを嘆いたデメテルは地上に凶作や飢饉を起こしたという。

２）Demeter はローマ神話では Ceres(ケレス) という。cereal（穀物、シリアル）という語は、この Ceres から来ている。→ **cereal〈第６章〉**

アテナ（Athena）

１）戦いと知恵の神とされるが、工芸・技術・芸術などの神として、古代ギリシャで最も崇拝された神のひとり。激しい頭痛を感じたゼウスがヘファイストスに自分の頭をおので割らせると、完全武装した姿のアテナが雄たけびを上げて飛び出したという。なお、弟のアレス（Ares）も戦いの神だが、アテナはアレスとは違い、知性に富んでいたとされる。

２）アラクネ（Arachne）という少女とのエピソードは有名である。織物の上手なアラクネはアテナと機織りの技比べをして勝ったが、アテナの怒りを買い、クモに変えられてしまったという。arachnid（クモ類）という語はこの Arachne から来ている。

３）アテナが身につけていた妖怪メドゥーサ（Medusa）の顔のついた盾は Aegis（イージス）と呼ばれた。アメリカで開発された防空巡洋艦の「イージス艦」はこの Aegis にちなむ。→ゴルゴン（p.59）

４）ギリシャの首都アテネ（Athens）は Athena に由来する。なお、ローマ神話では Minerva（ミネルバ）と呼ばれる。→ **owl〈第９章〉**

ウィーンの国会議事堂前
のアテナ像

アポロン（Apollon）

1）美青年の姿をした神で、ギリシャ人に最も愛された。一般に「非常な美男子」の意でも用いられる。アポロ（Apollo）ともいう。音楽・詩歌・医術・予言などをつかさどる神で、古代ギリシャのデルフォイ（Delphi）には「アポロンの神託」で有名な神殿があった。現在、その遺跡は世界遺産になっている。

2）「太陽神」とされるが、ギリシャにはアポロン以前にヘリオス（Helios）という太陽神がいて、のちアポロンと同一視された。なお、Helios はローマ神話では Sol（ソール）といい、solar（太陽の）などの語源となった。

〈アポロンの恋物語〉

アポロンは多くの恋物語を持つが、失恋の話が多い。次の２つのエピソードは特に有名である。

●アポロンとダフネ

ダフネ（Daphne）は川の神ペネウスの娘。潔癖な処女で、男の求愛を一切受け入れようとしなかったが、アポロンは彼女のとりこになり、彼女をしつこく追いかけた。ダフネはこれを嫌い、父親に自分を何か他のものに変えてほしいと頼んだ。するとダフネの体はしだいに木に変わり、やがて月桂樹（laurel）になってしまったという。→ laurel〈第10章〉

なお、普通名詞の daphne は通例ジンチョウゲを指す。

アポロン像（バチカン美術館）

アポロンとダフネ
ジャン・ロレンツォ・ベルニーニ作
（ボルゲーゼ美術館）

●アポロンとヒュアキントス

　ヒュアキントス（Hyacinthus）はアポロンに愛された美少年。2人が円盤投げをして遊んでいるうちに、アポロンの投げた円盤が頭に当たってヒュアキントスは死ぬ。そのとき流れた血から咲いたのがヒアシンス（hyacinth）だという。なお、この花は現在の「ヒアシンス」ではなく、イチハツ科の草花とされる。

アルテミス（Artemis）

　アポロンの双子の姉（または妹）。狩猟や子どもの守護神とされ、銀の弓と竪琴を持つ美しい処女の姿で描かれることがあるが、実際にはギリシャ人が渡来する前からの土着の神とされる。トルコのエフェソスにあるアルテミス神殿は世界七不思議の1つとされ、ここにある博物館には多数の乳房を持つアルテミス像がある。なお、アルテミスはローマ神話のディアナ（Diana）と同一視される。Diana（ダイアナ）は女性の名前として人気がある。

アルテミス
（エフェソス考古学博物館）

アレス（Ares）

１）戦いの神。アフロディテの恋人としても知られる。粗野で残忍な性格のため、ギリシャではあまり尊敬されなかったが、ローマに入ると軍神マルス（Mars）と同一視され、非常な人気を得た。また、ローマ建国の祖とされるロムルス（Romulus）の父として、国家の守護神とされた。なお、もともとは戦争の神なので、Mars からは martial（戦いの、軍隊の）という形容詞が生まれた。martial arts は「格闘技」の意である。

２）Mars は天文学では「火星」を指す。これは火星が血を思わせる赤い色をしていることからの命名とされる。

ヘファイストス（Hephaestus）

　鍛冶と技術の神。足が不自由で外見は醜かったとされる。ローマ神話では、火の神ウルカヌス（Vulcanus）と同一視された。ウルカヌスの仕事場は火山にあったとされ、volcano（火山）という英語はこのウルカヌスに由来する。

アフロディテ（Aphrodite）

１）美と愛の女神。美しい裸体で表現されることが多い。アフロディテは巨人族の１人であるクロノス（Cronus）が父であるウラノス（Uranus）の男根を大鎌で切断して海に投げ入れたとき、そのまわりにできた泡から生まれたとされる（ちなみに「アフロ」はギリシャ語で「泡」の意）。このことから、アフロディテは俗に性愛の守護神ともされる。

２）アフロディテにはアドニス（Adonis）という美少年とのエピソードもある。アドニスはアフロディテに愛されたが、狩猟中にイノシシに突かれて死ぬ。その血から真紅のアネモネ (anemone) が咲き出したという。→ **anemone〈第 10 章〉**

３）ローマ神話ではウェヌス（Venus）と同一視され、英語読みでは「ビーナス」となる。venereal（性交が原因の）という語は Venus に由来する。なお、天文学では Venus は「金星」である。

●ビーナス（Venus）について

　「ビーナス」はローマ神話の女神「ウェヌス」（Venus）の英語読みだが、もともとは「菜園」の守護女神だった。のちに、ギリシャ神話のアフロディテと同一視されるようになり、美と愛の女神となった。ビーナスは美術上のテーマとして、古代ギリシャ、ローマ、またルネサンス以降も好んで取り上げられてきた。なお、広い意味では、先史時代の少々グロテスクな地母神像なども Venus と呼ばれる（次ページ下図）。これらは豊饒と生殖のシンボルとされる。

サンドロ・ボッティチェリの『ビーナスの誕生』（ウフィッツィ美術館）

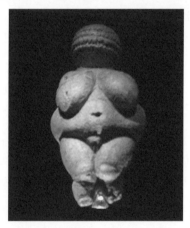

先史時代のビーナス
（ヴィレンドルフのビーナス）

ヘルメス（Hermes）

１）ゼウスの子で、神々と人間の間を行き来する伝令者。翼のついた帽子とサンダル、２匹のヘビがからまった杖がトレードマークで、見た目は神々の中で最も若い。商業・弁舌・発明・どろぼう・旅人などの守護神とされ、崇拝者は貴族より庶民が多かったという。盗みの天才で、生まれたその日にアポロンが飼っていた50頭の牛を盗んだというエピソードがある。

２）ローマ神話では、メルクリウス（英語読みでは Mercury マーキュリー）と同一視された。天文学では「水星」を指す。なお、普通名詞の mercury は「水銀」のこと。ともに、動きの速いことからの命名とされる。

ヘルメス

一橋大学の校章
商業の神マーキュリー（＝ヘルメス）をモチーフに
している

ディオニュソス（Dionysus）

１）酒と狂乱と演劇の神で、別名は「バッカス」（Bacchus）。各地を放浪し、ぶ
どうの栽培とぶどう酒の製造を伝授して回ったという。人を恍惚状態に導く秘教
的な儀式の主神で、各地で熱狂的な（主に女性の）信者を得た。

２）理性や秩序の神であるアポロンとは正反対で、人間の自我や本能を象徴する
神とされる。Dionysus に由来する語に Dionysian や Dionysiac という形容詞が
あり、ともに「抑制のない」「激情的な」の意。反対は Apollonian（アポロン的な）で、
「節度のある」とか「均斉のとれた」の意。なお、ディオニュソスの祭典 (Dionysia)
ではドラマが競演され、これがギリシャ演劇の始まりとされる。→ **Apollon**

●その他の神々と英雄たち

アトラス（Atlas）

１）巨人族の神でタイタン族（Titans）の一員だったが、ゼウスを主神とするオ
リュンポスの神々との戦いに敗れ、罰として天空を肩にかつがされた。天空は
疲れても放り出すことができないので、the weary Titan（疲れはてたタイタン）
は Atlas の別名になっている。

２）16 世紀に地図帳を出版した人がその本の巻頭に天空を背負った Atlas の絵
を載せたことから、「地図帳」のことを atlas と呼ぶようになった。なお、1 枚の
「地図」は map である。

天球をかついだ Atlas の像
（ナポリ国立考古学博物館）

エロス（Eros）

１）ギリシャ神話の恋愛の神。もともとはカオス（Chaos）やガイア（Gaea）などと並ぶ原初の神で畏怖の対象とされたが、のちにアフロディテの息子とされ、性愛の象徴ともなった。さらにローマに入ると、肩に翼を付け弓矢を持ったいたずら好きの裸の幼児の姿で表されるようになったが、これが恋愛の神「クピド」（Cupido；英語では Cupid キューピッド）で、その黄金の矢に射られた者は恋に陥るとされた。キューピッドの愛らしいイメージから、20 世紀になるとアメリカで「キューピー」(Kewpie) というセルロイド製の人形が生まれた。

２）Eros は普通名詞としては「性愛、性欲」を意味する。erotic（エロチックな）、eroticism（エロティシズム）などの語源でもある。なお、ロンドンの中心部にある広場ピカデリーサーカス（Piccadilly Circus）には有名なエロス像があるが、これはキリスト教の慈愛の天使として 1893 年に建立されたものである。

キューピー人形

パルミジャーノ画「弓を削るキューピッド」

パン、牧神（Pan）

１）ヘルメス（Hermes）と人間の王女との間に生まれた子で、森と牧人の神。生まれつきヤギの角と足があり、長いあごひげを生やしていた。山野を歩き回るのを好んだが、きわめて好色で、気に入った美少年やニンフ（森などに住む精霊）を追いかけ回していたとされる。笛を好み、panpipes（パンパイプ）という原始的な楽器はこの Pan に由来する。

２）パンは怒りっぽい一面もあり、特に寝起きの機嫌が悪かった。昼寝の最中にだれかが物音を立てたりすると、大きな音を発して周囲の者を恐慌状態に陥れたという。この話から panic（大あわて、恐慌、パニック）という語が生まれた。なお、Pan はローマ神話では半神半獣の神ファウヌス（Faunus、faun）と同一視された。

プロメテウス（Prometheus）

１）巨人神タイタン族（Titans）の１人で、水と泥から人間を創造したとされる。ゼウスが人類から火を取り上げたときも、プロメテウスは天上から火を盗み出し人類に与えた。しかし、この行為はゼウスを怒らせ、プロメテウスはコーカサス山上に鎖でつながれ、毎日ハゲワシに肝臓をついばまれることになる。彼を解放したのはゼウスの子ヘラクレス（Hercules）だった。なお、prometheus はギリシャ語で「先見の明のある人」の意。人間に文明をもたらした賢者とされる。

２）一方、ゼウスは火を知って楽になった人間をこらしめるために、火と鍛冶の神ヘファイストスに命じてパンドラ（Pandora）という人類最初の女を作らせる。パンドラはゼウスから開けることを禁じられていた箱（Pandora's box）を与えられていたが、好奇心からこれを開けてしまう。すると、病気・恐怖・悲しみなどさまざまな災いが飛び出し、最後に「希望」だけが残ったという。なおPandora's box というが、元来は「箱」ではなく、土焼きの「つぼ」だったらしい。パンドラは、旧約聖書の『創世記』に登場するエバ（Eve）に相当する。

プロメテウス（ニューヨーク、ロックフェラーセンター前）

ヘラクレス（Hercules）

1）ギリシャ神話中最大の英雄で、最強の勇者とされる。筋骨隆々で、こん棒と頭付きのライオンの毛皮がトレードマーク。ゼウスの子だが、正妻のヘラ（Hera）の子ではなかったので、生涯にわたってヘラから迫害や干渉を受けた。ライオン退治など、さまざまな手柄を立てたが、ヘラの怒りによって狂気にさせられ、妻と子どもを殺してしまう。ヘラクレスはその罪をつぐなおうとアポロンに伺いを立てたところ、「12の難行」を完遂せよという神託だった。ヘラクレスは12年をかけて9つの頭を持つ水蛇ヒュドラ（Hydra）や地獄の番犬ケルベロス（Cerberus）の退治といった難行をやりとげた。ここから、Herculean labor [task]（至難の大仕事）という言い方が生まれた。→ **Hydra**（**p.61**）

2）「12の難行」の中にはアマゾン（Amazon）族の女王の帯を取って来いというものもあった。アマゾンは女武者だけから成る勇猛果敢な民族で、弓を引くときにじゃまにならないように右の乳房を切り取るという風習があったという。ヘラクレスは女王を殺し、目的を達した。

ケリュネイアの牡鹿を捕らえるヘラクレス
（紀元前6世紀の壺絵）

ヘラクレス像（ナポリ国立考古学博物館）

ペルセウス（Perseus）

1）ゼウスの子で、ヘラクレスと並ぶ英雄。島の王の命令で、3人姉妹の怪物ゴルゴン（Gorgons）のうちの1人であるメドゥーサ（Medusa）を退治した。この冒険を終え、母のいる宮殿へ帰る途中、海岸の岩にくさりでつながれて海の怪物（海蛇とも鯨ともされる）のえじきになりそうだったエチオピアの王女アン

ドロメダ（Andromeda）を見つける。ペルセウスは戦利品として持っていたメドゥーサの首を使ってアンドロメダを救い出し、彼女を妻とした。

2）アンドロメダの母はカシオペア（Cassiopeia）である。ペルセウスは、この母子とともにペガサス（Pegasus）という天馬や鯨などを従えて、秋の夜空を星座として飾っている。→ **Pegasus（p.58）**

メドゥーサの頭を持つペルセウス
（アントニオ・カノーヴァ作）

ペルセウスとアンドロメダ
（ティツィアーノ・ヴェチェッリオ）

アキレウス（Achilles）

　ホメロスの『イリアス』に登場するギリシャ軍きっての勇者で、英雄。ラテン名はアキレス。アキレウスの母テティス（Thetis）は彼を不死身にしようとして冥界を流れるスティクス（Styx）川に浸したが、足首（かかと）を握っていたのでその部分だけが水につからず、アキレウスの弱点として残ってしまった。そして、トロイア戦争ではトロイアの王子パリス（Paris）の射た矢がアキレウスのかかとに当たってアキレウスは死んだという。このことから、Achilles(') heel（アキレウスのかかと）は「唯一の弱点（泣きどころ）」を意味するようになった。Achilles(') tendon（アキレス腱）も同じ由来である。

ペンテシレイアと戦うアキレウス（ギリシャの壺絵）

COLUMN

トロイア戦争（the Trojan War）

　アキレウスほか、オデュッセウス、アガメムノンなど、ギリシャの英雄たちが小アジア
北西部の都市トロイア（Troy）に遠征し、トロイアを攻略した戦争。「トロイ戦争」とも
いう。紀元前1200年ごろの事件とされる。この話は、ギリシャの盲目の吟遊詩人ホメロ
ス（Homer）作の叙事詩『イリアス』（*Illiad*）と『オデュッセイア』（*Odyssey*）によっ
て世に知られるようになった。この戦争は10年間続いたが、最後はオデュッセウスが提
案した木馬に兵を潜ませるという奇策が功を奏し、トロイアは落城した。敵を欺くために
ギリシャ軍が用いたこの木馬は the Trojan Horse（トロイアの木馬）と呼ばれる。
　長い間作り話だと思われていたトロイア戦争が空想ではないことを立証したのは、19
世紀ドイツの考古学者シュリーマン（1822～1890）である。彼は苦労に苦労を重ねて
トロイアの遺跡を発見・発掘し、エーゲ文明研究の端緒を開いた。

『トロイアの木馬の行進』ジョバンニ・ドメニョ・ティエポロ

●神話の怪物たち

キマイラ（Chimera）

　頭はライオン、胴はヤギ、尾はヘビで、口から火を吐く怪物。普通名詞として
は、「愚かな妄想」の意味で用いる。また、生物学では、2つ以上の異なる種の
遺伝子を持つ組織が合体した生命体を「キマイラ」とか「キメラ」と呼んでいる。
chimeric（怪物的な、妄想的な）という形容詞もある。

キマイラ

グリフィン（Griffin）

　griffon、gryphon ともつづる。ライオンの胴体にワシの頭と翼を持つどう猛
な四足獣。守護神として、また威厳や強さの象徴として紋章などによく取り入れ
られた。現代でも小説や映画などで頻繁に用いられる。ルイス・キャロルの『不
思議の国のアリス』にも登場する。

グリフィン

『不思議の国のアリス』の挿絵
（ジョン・テニエル画）

ペガサス（Pegasus）

　ギリシャ神話に登場する翼のある白馬。勇者ペルセウス（Perseus）が怪物メドゥーサ（Medusa）の首を切り落としたとき、その切り口から生まれたとされる。ギリシャ語では「ペガソス」という。のちに、四辺形の二等星から成る星座「ペガスス座」となった。ペガスス座は the Winged Horse（翼のある馬）ともいう。→ペルセウス

ドイツ・ポズナン・オペラハウスの
屋根の上のペガサス像

ペガスス座

ケンタウロス（Centaur）

　腰から下は馬の身体をした半人。一般に粗暴で好色とされるが、ケンタウロスの中にはケイロン（Chiron）のようにアキレウスやヘラクレスなどの育ての親とされる賢者もいた。なお、ケンタウロス座（Centaurus）はおとめ座の南にある星座で、この星座の星プロキシマ・ケンタウリは太陽系にいちばん近い恒星として知られる。

ケンタウロス

ゴルゴン（Gorgons）

　3人姉妹の怪物。頭髪には数匹のヘビがからみつき、大きな翼を持ち、その目は見る者を恐怖で石に化したという。3人のうち特に有名なのはメドゥーサ（Medusa）。彼女はもともと美しい乙女だったが、女神アテナ（Athena）の怒りを買い、醜怪な怪物に変えられた末、最後は英雄ペルセウス（Perseus）によって首を切り落とされた。Gorgonからはgorgonize（ものすごい目でにらみつける）という動詞が生まれた。

『メドゥーサ』ミケランジェロ・メリージ・ダ・カラヴァッジオ

『メドゥーサの頭部』 ピーテル・パウル・ルーベンス

セイレン（Siren）

　歌ったり美しい音楽を奏でたりして船乗りを誘惑して死に至らせたという半女半鳥の海の精。ホメロスの『オデュッセイア』に登場する。英雄オデュッセウスが乗組員の耳にろうを詰め、自分の体を帆柱にしばりつけさせて難を逃れた話は有名。中世以降は人魚（mermaid）と同一視されることもあった。

　なお、普通名詞の siren は「男を誘惑する（魔性の）女」とか、「美声の女性歌手」という意味になる。また、警報や警笛を表すいわゆる「サイレン」はこの神話のSiren が語源である。

ユリシーズ（オデュッセウスの別名）とセイレンたち

●人魚（mermaid）について

　上半身が女体で、下半身は魚の姿をした想像上の生き物。古くはセイレン（Siren）と同一視されたこともある。人魚のイメージはすでに中世に一般化していて、イギリスでは教会や城の装飾に使われるようになり、やがて、酒場や宿屋の看板にまで登場するようになった。最も有名なのは、ベン・ジョンソンやシェイクスピアなどの文人のたまり場となったロンドンの「人魚亭」（Mermaid Tavern）である。

　文学では、アンデルセンの童話『人魚姫』（*The Little Mermaid*）が有名。人間の王子に恋をしたが報われなかった人魚の話である。

ヒュドラ、ヒドラ（Hydra）

　9つの頭を持つ醜怪な水蛇。1つの首を切り落とすと、すぐさまそこからさらに2つの首が生えるという。英雄ヘラクレスは有名な「12の難行」の2番目としてこの怪物の退治を課せられ、悪戦苦闘の末、ついにこの怪物の息の根を止めた。この逸話から、hydra は「手に負えない代物［問題］」の意味で用いられる。また、hydra-headed は「多岐にわたる」「根絶しがたい」の意味になる。なお、天文学では「うみへび座」を指す。

ヒュドラと戦うヘラクレス

〈掲載画像一覧〉
第 4 章
p.81　The Yorck Project (2002 年) 10.000 Meisterwerke der Malerei (DVD-ROM), distributed by DIRECTMEDIA Publishing GmbH. ISBN: 3936122202., パブリック・ドメイン, https://commons.wikimedia.org/w/index.php?curid=160044
p.82　By Duccio di Buoninsegna - Web Gallery of Art:　Image Info about artwork, Public Domain, https://commons.wikimedia.org/w/index.php?curid=3207996
p.83　http://4.bp.blogspot.com/_Ycv0BE0wFr4/TU8WRXJmxYI/AAAAAAAAgI/2QjVrd4bEHo/s1600/Sermon_on_the_Mount_Carl_Bloch.jpg　および Carl Bloch, p. 313, ISBN 9788798746591, パブリック・ドメイン, https://commons.wikimedia.org/w/index.php?curid=186832
p.85　Th G による Pixabay からの画像
p.87　The Yorck Project (2002 年) 10.000 Meisterwerke der Malerei (DVD-ROM), distributed by DIRECTMEDIA Publishing GmbH. ISBN: 3936122202., パブリック・ドメイン, https://commons.wikimedia.org/w/index.php?curid=3341494
p.88　jorisvo / Shutterstock.com
p.89　(上) Hermitage Torrent(.torrent with info-hash), パブリック・ドメイン, https://commons.wikimedia.org/w/index.php?curid=7490475
(下) https://wallacelive.wallacecollection.org:443/eMP/eMuseumPlus?service=ExternalInterface&module=collection&objectId=65137&viewType=detailViewThe Yorck Project (2002 年) 10.000 Meisterwerke der Malerei (DVD-ROM), distributed by DIRECTMEDIA Publishing GmbH. ISBN: 3936122202, パブリック・ドメイン, https://commons.wikimedia.org/w/index.php?curid=157819
p.90　パブリック・ドメイン, https://commons.wikimedia.org/w/index.php?curid=24759
p.91　(上) The Yorck Project (2002 年) 10.000 Meisterwerke der Malerei (DVD-ROM), distributed by DIRECTMEDIA Publishing GmbH. ISBN: 3936122202., パブリック・ドメイン, https://commons.wikimedia.org/w/index.php?curid=154503
(下) By Enguerrand Quarton - Web Gallery of Art:　Image Info about artwork, Public Domain, https://commons.wikimedia.org/w/index.php?curid=15385228
p.92　Di Piero della Francesca - L'utente che ha caricato in origine il file è stato Trotter Christie di Wikipedia in italiano, Pubblico dominio, https://commons.wikimedia.org/w/index.php?curid=67832161
p.93　DinoPh / Shutterstock.com
p.95　valyag - 投稿者自身による作品, CC 表示 - 継承 3.0, https://commons.wikimedia.org/w/index.php?curid=61313
p.96　By This photo was taken by Anton Zelenov.Please credit this with : Photo : Anton Zelenov in the immediate vicinity of the image. If you use one of my photos, please email me (account needed) or leave me a short message on my discussion page.It would be greatly appreciated.Do not copy this image illegally by ignoring the terms of the license below, as it is not in the public domain.If you would like special permission to use, license, or purchase the image please contact me to negotiate terms. - Own work, CC BY-SA 3.0, https://commons.wikimedia.org/w/index.php?curid=27935800
p.97　Lipsett Photography Group / Shutterstock.Inc
p.99　NigelSpiers / Shutterstock.Inc.
p.100　(右) シモン・ウシャコフ - http://www.picture.art-catalog.ru/picture.php?id_picture=8771, パブリック・ドメイン, https://commons.wikimedia.org/w/index.php?curid=259374 による
(中) ヤン・ファン・エイク - The Yorck Project (2002 年) 10.000 Meisterwerke der Malerei (DVD-ROM), distributed by DIRECTMEDIA Publishing GmbH. ISBN: 3936122202., パブリック・ドメイン, https://commons.wikimedia.org/w/index.php?curid=150670
(右) Attributed to ティツィアーノ・ヴェチェッリオ, パブリック・ドメイン, https://commons.wikimedia.org/w/index.php?curid=57580953 による
p.101　Velela - 自ら撮影, パブリック・ドメイン, https://commons.wikimedia.org/w/index.php?curid=816794 による
p.102　Mark Fosh - originally posted to Flickr as St Pauls, CC 表示 2.0, https://commons.wikimedia.org/w/index.php?curid=4584970 による
p.103　By Joel Bradshaw - Own work, Public Domain, https://commons.wikimedia.org/w/index.php?curid=9848692
p.104　Marzolino / Shutterstock.com
p.105　(上) Bernhard Stärck による Pixabay からの画像
(下) ruigsantos / shutterstock.Inc.
p.108　John Stephen Dwyer, CC 表示 - 継承 3.0, https://commons.wikimedia.org/w/index.php?curid=6623274 による
p.109　Christo Anestev による Pixabay からの画像
p.110　(上) Korea.net / Korean Culture and Information Service (Photographer name), CC 表示 - 継承 2.0, https://commons.wikimedia.org/w/index.php?curid=34809703
(下) lupus123 による Pixabay からの画像
p.112　Purplexsu / Shutterstock.com
p.113　(左) By Raphael - Staatliche Museen zu Berlin, Public Domain, https://commons.wikimedia.org/w/index.php?curid=1916917
(右) By Sandro Botticelli - http://www.aiwaz.net/gallery/madonna-del-roseto/gi752c122, Public Domain, https://commons.wikimedia.org/w/index.php?curid=14741466

第 5 章
p.116　Art UK, パブリック・ドメイン, https://commons.wikimedia.org/w/index.php?curid=44765314
p.117　(左) http://lescontesdefees.free.fr/imagesHD/cendrillon4.JPG, パブリック・ドメイン, https://commons.wikimedia.org/w/index.php?curid=479552
(右) パブリックドメイン Q
p.118　(左右) illustAC
p.120　(左) Jean-Noël Lafargue - FAL, https://commons.wikimedia.org/w/index.php?curid=384494
(右) Onderwijsgek - 投稿者自身による作品, CC BY-SA 2.5 nl, https://commons.wikimedia.org/w/index.php?curid=2345523 による
p.122　CC 表示 - 継承 3.0, https://commons.wikimedia.org/w/index.php?curid=111778
p.123　(左) Original uploader was Oldschool at en.wikipedia - Transferred from en.wikipedia, パブリック・ドメイン, https://commons.wikimedia.org/w/index.php?curid=3849129 による
(右) Thomas Nast - Edited version of Image:1881 0101 tnast santa 200.jpg, パブリック・ドメイン, https://commons.wikimedia.org/w/index.php?curid=3218041
p.124　Taken by the uploader, w:es:Usuario:Barcex - Taken by the uploader, w:es:Usuario:Barcex, CC 表示 - 継承 3.0, https://commons.wikimedia.org/w/index.php?curid=4483211
p.125　(左) パブリックドメイン Q
(右) ドミニク・アングル - 不明, パブリック・ドメイン, https://commons.wikimedia.org/w/index.php?curid=215501
p.126　http://www.tchevalier.com/unicorn/tapestries/sight.html, パブリック・ドメイン, https://commons.wikimedia.org/w/index.php?curid=2724092 による
p.127　パブリック・ドメイン, https://commons.wikimedia.org/w/index.php?curid=359558

第 6 章
p.131　(左) Sue Rickhuss による Pixabay からの画像
(右) ErikaWittlieb による Pixabay からの画像
p.134　(上) Syda Productions / Shutterstock.Inc.
(下) Bernhard Stärck による Pixabay からの画像
p.135　(左) photoAC
(中) Joost Derks による Pixabay からの画像
(右) erge による Pixabay からの画像
p.136　(左上) By Tony the Misfit on Flickr - [1], CC BY 2.0, https://commons.wikimedia.org/w/index.php?curid=11201228
(右上) PublicDomainPictures による Pixabay からの画像
(左下) https://commons.wikimedia.org/w/index.php?curid=502502 パブリックドメイン
(右下) Miproyectovanza による Pixabay からの画像
p.137　(左) Lou Sander - パブリック・ドメイン, https://commons.wikimedia.org/w/index.php?curid=8051563
(右) Gaetan Lee - originally posted to Flickr as Gingerbread men... they seem very happy, CC 表示 2.0, https://commons.wikimedia.org/w/index.php?curid=4020426 による
p.139　(右上) congerdesign による Pixabay からの画像
(右上) fabiform - Photo by fabiform, CC 表示 - 継承 3.0, https://commons.wikimedia.org/w/index.php?curid=539831
(左中) vegaa による Pixabay からの画像
(中央) Daniel Reche による Pixabay からの画像
(左下) photoAC
(右下) PublicDomainPictures による Pixabay からの画像
p.141　(左上) Apostoloff -CC 表示 - 継承 3.0, https://commons.wikimedia.org/w/index.php?curid=9141395
(右上) MyName (Claus Ableiter) - CC 表示 - 継承 3.0, https://commons.wikimedia.org/w/index.php?curid=2387710
(左下) By Shari's Berries - Chocolate Angel Food Cake with Shari's Berries dipped strawberries chocolate covered pretzel sticks and mini birthday cupcakes with candles on a white cake stand, CC BY 2.0, https://commons.wikimedia.org/w/index.php?curid=55382151
(右下) Hung Diesel による Pixabay からの画像
p.142　FendyYaserin / Shutterstock.Inc
p.143　(左) Leslie Eckert による Pixabay からの画像
(中) "Keith S Brown (Ksbrown)" - Own work, CC BY-SA 2.5, https://commons.wikimedia.org/w/index.php?curid=1287900
(右) Jean-Pol GRANDMONT - CC 表示 3.0, https://commons.wikimedia.org/w/index.php?curid=26211319
p.144　(左上) Jill Wellington による Pixabay からの画像
(右上) Greudin - パブリック・ドメイン, https://commons.wikimedia.org/w/index.php?curid=46486
(下) I, FocalPoint, CC 表示 - 継承 3.0, https://commons.wikimedia.org/w/index.php?curid=2355594
p.145　(左上) aaijk による Pixabay からの画像
(右上) George Shuklin - CC 表示 - 継承 3.0, https://commons.wikimedia.org/w/index.php?curid=2223746
(下) Esther Merbt による Pixabay からの画像
p.146　(左下) Mikes-Photography による Pixabay からの画像
(中上) Photo by Daria Shevtsova from Pexels
(右上) Photo by Julie Luke from Pexels
(左下) angelina barillet による Pixabay からの画像
(中下) Richard Zimmermann による >Pixabay からの画像
(右下) Tumisu による Pixabay からの画像
p.147　photoAC
p.148　photoAC
(右) Photo by Medicaster. - en:Image:Cocoa Pods.JPG, パブリック・ドメイン, https://commons.wikimedia.org/w/index.php?curid=2973927^
p.149　(左) project1photography / Shutterstock.Inc.
(中) Alaettin YILDIRIM / Shutterstock.com
(右) Pexels の Victoria Borodinova による写真
p.151　(左) photoAC
(右) stock.foto

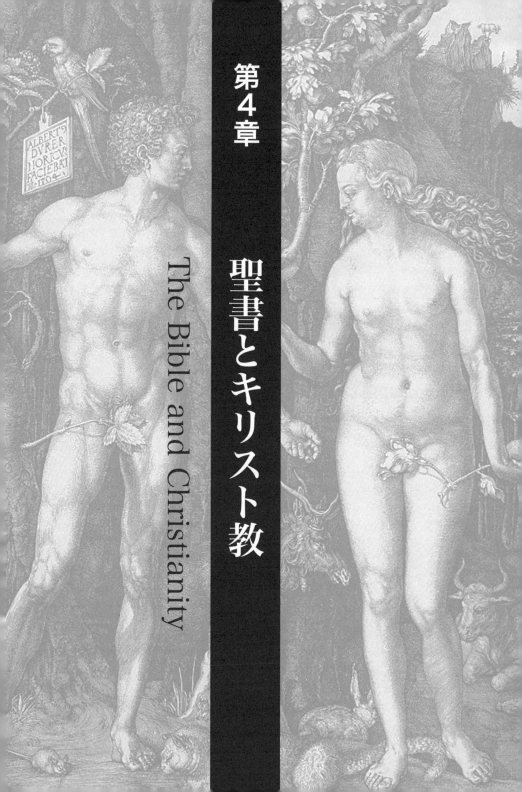

第4章

聖書とキリスト教

The Bible and Christianity

1　the Bible 聖書

●聖書とは何か？

1）Bible という語はギリシャ語の biblia に由来する。biblia とは「小さな書」を意味する biblion という語の複数形で、「多くの書」の意である。それがラテン語を経て英語の Bible となった。つまり、もともと 1 冊の本だったわけではなく、多くの文書を集大成したものである。

2）聖書は「旧約聖書」(the Old Testament) と「新約聖書」(the New Testament) から成る。「旧約聖書」はユダヤ教の聖典で、39 の文書から成る。「新約聖書」はキリスト教の聖典で、全 27 巻である。この「約」は「契約」の「約」という意味である。神との古い契約が「旧約」であり、新しい契約が「新約」であるが、これはキリスト教の視点からの呼び名であって、イエスを救世主として認めていないユダヤ教では旧約聖書だけが聖典である。なお、testament とは「誓約」という意味で、ユダヤ人は宗教を神（ヤハウェ Yahweh）と自分たちとの間の「誓約」と考えたのである。

❶ 旧約聖書について

　旧約聖書は、1000 年以上の年月をかけて編さんされた異なった書物の複合体で、中心はイスラエル民族（ユダヤ人）がたどった歴史物語である。旧約聖書では、神はユダヤ人に対して、「律法」と呼ばれる厳しい戒律を守るように要求する。人間が律法を守れば神は人々に祝福を与え、守らなければ罰を与える——これが神との「契約」、すなわち「誓約」である。そして、この契約が「イエスを信じることによってすべての人は救われる」という新しい契約に更新されたとするのがキリスト教の思想である。なお、旧約聖書は主にヘブライ語で書かれていて、以下の 39 の文書から成る。

	モーセ五書 （5 巻）	創世記、出エジプト記、レビ記、民数記、申命記
旧約聖書	歴史書 （12 巻）	ヨシュア記、士師記、ルツ記、サムエル記（上）、サムエル記（下）、列王記（上）、列王記（下）、歴代誌（上）、歴代誌（下）、エズラ記、ネヘミヤ記、エステル記
	詩書 （5 巻）	ヨブ記、詩篇、箴言、コヘレトの言葉、雅歌
	大預言書 （5 巻）	イザヤ書、エレミヤ書、哀歌、エゼキエル書、ダニエル書
	小預言書 （12 巻）	ホセア書、ヨエル書、アモス書、オバデヤ書、ヨナ書、ミカ書、ナホム書、ハバクク書、セファニヤ書、ハガイ書、ゼカリヤ書、マラキ書

～旧約聖書の物語から～

Adam and Eve
アダムとエバ

1）旧約聖書の冒頭の書である『創世記』(Genesis) によると、神はアダマー（「土のちり」の意）から人類最初の男アダム（Adam）を作り、生命を与えて「エデンの園」(the Garden of Eden) に住まわせた。さらに神は「人がひとりでいるのは良くない。彼のためにふさわしい助け人を作ろう」と、男の肋骨を1つ取り出して、これから女を作った。これがエバ（Eve）である（英語では / イーヴ / と発音する）。こうしてエバは人類最初の女となり、アダムの妻となった。

2）エデンの園は何ひとつ不自由のない楽園であったが、ただ1つ神から禁じられていることがあった。それは、園の中央にある木の実だけは食べてはいけない、ということだった。ところがある時、蛇がやって来て、まずエバをそそのかし、夫のアダムとともにこの「禁断の木の実」(forbidden fruit) を食べさせてしまった。その結果、彼らは楽園を追放され、アダムは「労働の苦しみ」を、エバは「産みの苦しみ」を味わうことになった。英語の labor（労働）に「陣痛」という意味があるのはこの故事に由来するとされる。なお、forbidden fruit は比喩的に「禁じられた愉しみ」の意で用いられる。→ snake〈第9章〉

3）エデンの園で「禁断の木の実」を食べたアダムとエバは、自分たちが裸であることに気づいて、羞恥心からイチジクの葉（fig leaves）をつづり合わせて腰布を作り、腰の周りを隠そうとした。古代彫刻などの裸体にイチジクの葉が用いられているのはこの故事に基づくとされる。

4）イギリス17世紀の詩人ミルトン（John Milton）の叙事詩『失楽園』(*Paradise Lost*、1667) は、このアダムとエバの楽園追放の物語を題材としている。

COLUMN
「原罪」(original sin) について
「人間は生まれながらにして罪（sin）を背負っている」とするキリスト教の思想で、西欧最大の神学者アウグスティヌス（354～430）から始まったとされる。アダムとエバが蛇にそそのかされて禁断の木の実を食べたことから人類の堕落が始まったという考え方で、この罪は全人類に遺伝しているとする。そして、この罪をつぐなってくれたのがイエス・キリストであるとするのがキリスト教の考え方である。なお、sin は宗教・道徳上の罪を指し、法律で罰せられる罪（crime）とは異なることに注意。

ルーベンス「アダムとエバ」　　　　　　デューラー（版画）

Cain and Abel
カインとアベル

1）カインはアダムとエバの長男で、2番目の子どもがアベルだった。長男のカインは成長して農夫となり、弟のアベルは羊飼いになった。カインは自分で育てた農作物を、アベルは羊の初子（ういご）を神にささげた。しかし、神はカインのささげ物にはいい顔をせず、アベルの羊にだけ目を留めた。神に無視されたカインはアベルをねたみ、野に誘い出してアベルを殺してしまう。

2）神はカインを責めて、「もはや大地はおまえに実りをもたらさない。おまえは地上で放浪する者になるだろう」と告げる。カインは追放されてエデンの東にあるノド（Nod）という所に住むことになる。しかし、慈悲深い神は「カインを殺す者は7倍の復讐を受けるだろう」と言って、カインの額に1つの印を付ける。この印は a [the] mark of Cain と呼ばれ、本来はカインを守るために神がカインの額に付けたものだが、現代英語では「殺人者の印」「罪を犯したことの印」の意味で用いられることが多い。

3）カインとアベルの争いの話を農耕民と遊牧民の争いと解釈する人もいる。また、Cain and Abel は「兄弟間の競争」の意味でもよく用いられる。なお、英語では Cain は／ケイン／、Abel は／エイバル／と発音することに注意。

<参考>
『怒りのぶどう』（*The Grapes of Wrath*）などで知られるアメリカの作家スタインベック（John Steinbeck;1902〜68）が書いた小説『エデンの東』（*East of Eden*、1952）はカインとアベルの話がモチーフになっている。また、この小説はジェームズ・ディーン（James Dean;1931〜55）の主演で映画にもなり大ヒットした。

ルーベンス
「アベルを殺すカイン」

Noah's Ark
ノアの箱舟

１）ノア（Noah）とその一族が巨大な箱舟（ark）に乗って大洪水から救われたという物語。『創世記』(6〜9章)に登場する。

２）アダムとエバの子孫は増えていったが、地上には人間の悪がはびこるようになっていた。それで、神は地上に人を作ったことを後悔し、洪水を起こして人類を滅ぼすことにした。しかしノアは信仰深い「正しい人」だったので、神は彼とその家族だけは救済することにした。神はノアに大きな箱舟を作らせ、その舟にノアの家族と、さまざまな「清い」動物のつがいを乗せることを命じた。

３）40日もの間雨が降り続き、大洪水によって地上のすべての生き物は滅びたが、箱舟の中にいたノアの一族だけは生き残った。150日後に水はやっと減り、箱舟はアララト（Ararat）山の上に止まった。ノアは水が完全にひいたかどうかを確

かめようとカラスやハトを放したが、鳥たちは止まるところが見つからず戻って来た。その後、再びハトを放すと、今度はくちばしにオリーブの葉をくわえて戻って来た。これによって、ノアは洪水がひき陸地が現れたことを知った。

4）神はノア一族を祝福し、「わたしはあなたたちと子孫に約束する。もう二度と洪水によって滅ぼすようなことはしない」と言い、約束の印として空に美しい虹をかけたという。

<参考>────────────────────────────

大洪水がメソポタミアのチグリス・ユーフラテス両河の下流地帯に何度も起こったことは、今では考古学上の発掘で実証されている。古代オリエントの英雄叙事詩『ギルガメシュ』にもそのことは出ている。

────────────────────────────

アララト山　　　　　　　　　　　　　　　　　　　　　　　　　　　　　山崎喜世雄 撮影
トルコ東端、イランとアルメニアの国境近くにある死火山（標高5165m）。ノアの箱舟の漂着地点とされる。

the Tower of Babel
バベルの塔

1）17世紀オランダの画家ピーテル・ブリューゲルの絵で有名な「バベルの塔」の話は、『創世記』11章に出てくる。ノアの洪水物語のうしろに置かれているごく短い物語である。

2）洪水から生き残ったノアの子孫は急速に増え、同じ土地に同じ言語を用いて生活していた。そのうち彼らは天まで届くような塔を建てようとした。この行為は神の怒りにふれ、神は言語を混乱させることによって、この企てをくじくことにした。これ以来、言語がさまざまになったという。

3）バベルの塔のモデルはバビロニアの古代都市バビロンにあったジグラット（ziggurat）と呼ばれる塔とされる。ジグラットはれんがの塔で、紀元前3000年ごろからメソポタミア地方でさかんに作られていたという。

4）「バベル」はヘブライ語のバラル（「混乱」の意）をもじったものとされ、英語の babel も「わけのわからない話し声」とか「ガヤガヤ」「ざわめき」の意味の普通名詞として用いられる。また、「非現実的な計画」の意味にもなる。

ブリューゲル画「バベルの塔」

Moses
モーセ

1）紀元前13世紀ごろの古代イスラエルの宗教的指導者で、旧約聖書の『出エジプト記』（Exodus）などに登場する。ユダヤ教の歴史上、最も重要な人物とされる。なお、Mosesの発音は/モウジズ/である。

2）聖書によると、モーセはエジプトに生まれたが、その頃にはイスラエル民族の父祖とされるヤコブやヨセフが飢饉を逃れてエジプトに移住してからすでに数百年がたっていた。人口の増え過ぎたイスラエル人はエジプト国王に恐れられ、奴隷のような過酷な生活を強いられていた。この状態を見てモーセは一同を率いてエジプトを脱出し、砂漠を40年間さまよい、神による「約束の地」であるカナン（Canaan）へ向かった。これがthe Exodus（イスラエル人のエジプト脱出）である。この出来事があったことを証明する考古学的な証拠はこれまでに見つかっておらず、脱出した人数も不明という。

3）それはさておき、モーセ一行はエジプト軍の追撃を逃れながら荒野を進んで行く途中、紅海（the Red Sea）が二つに割れ、一行だけが無事に海を渡り、エジプト軍は全員海に呑まれるという「奇跡」も起こる。そして3か月後、シナイ山（Mount Sinai）のふもとにたどり着き、ここでモーセは神（ヤハウェ）からイスラエル民族との契約である「十戒」を授かる。（→ p.72）

4）この「出エジプト」の事件がきっかけとなってヤハウェ（Yahweh）という唯一の神を崇拝するイスラエル民族が成立したとされる。「ユダヤ教」（Judaism）という「一神教」の誕生でもある。砂漠に生きる弱小民族であったイスラエルの民は、すべての部族が同一の神を選びとり、その神に服従するという道を取るしかなかったのである。

「約束の地」について

イスラエルの民がモーセ（Moses）に率いられてエジプトを脱出し砂漠を放浪中、神ヤハウェから約束されたとされるのがいわゆる「約束の地」（the Promised Land）である。そこはカナン（Canaan）と呼ばれた土地で、今日のパレスチナ地方に当たる。このあたりはエジプトとメソポタミアを結ぶ交通の要地で、古くから文化が栄え、「乳と蜜の流れる土地」（Land flowing with milk and honey）と呼ばれた。Land of milk and honeyともいう。

モーセによる出エジプトの経路

地中海

カナン

エリコ
エルサレム
塩の海（死海）
ベエル・シェバ
ベツレヘム
ゾアル
カデシ
ヘブロン
プノン
リッサ
ホル山
エツオン・ゲベル

ゴセン
スコテ
エタム

シナイ半島

エジプト

マラ
シンの荒野
ハゼロテ
レピデム

葦の海

アラビア半島

葦の海

シナイ山

紅海

ミケランジェロ作「モーセ」

レンブラント
「モーセと十戒の石板」

71

Ten Commandments
モーセの十戒

　モーセがシナイ山（Mt. Sinai）で神から与えられた 10 のおきてのこと。この
おきてはその後のイスラエル人にとって絶対的な基準となった。(『出エジプト記』
20：1 〜 17)

〜 モーセの十戒 〜

- You shall have no other gods before me.
  あなたは、わたしのほかに何者をも神としてはならない。
- You shall not make for yourself an idol.
  あなたは自分のために偶像を造ってはならない。
- You shall not misuse the name of the LORD your God.
  あなたの神、主の名をみだりに唱えてはならない。
- Remember the Sabbath day.
  安息日を心に留めなさい。（→欄外）
- Honor your father and your mother.
  あなたの父と母を敬いなさい。
- You shall not murder.
  あなたは殺してはならない。
- You shall not commit adultery.
  あなたは姦淫してはならない。
- You shall not steal.
  あなたは盗んではならない。
- You shall not give false testimony against your neighbor.
  あなたは隣人に対し偽りの証言をしてはならない。
- You shall not covet your neighbor's house.
  あなたは隣人の家を欲しがってはならない。

〈安息日について〉
　ユダヤ教では、金曜の日没から土曜の日没までを安息日 (the Sabbath) と定め、
一切の仕事や遊びを禁止している。キリスト教では、日曜日が安息日だが、これ
は日曜日がイエスの「復活」に当たることに由来する。

Samson and Delilah
サムソンとデリラ

1）サムソン（Samson）は旧約聖書の登場人物の中では一番の人気者とされる（『士師記』16 章）。伝説によると、サムソンは素手でライオンの口を引き裂くほどの怪力の持ち主だったという。

2）サムソンは部族の指導者として、20 年間イスラエルを導き、強敵のペリシテ人 (Philistine) を散々悩ませる。ペリシテ側は何とかしてサムソンを殺そうと図り、サムソンが愛した美女デリラ（Delilah）を買収してサムソンの強さの秘密をさぐらせる。サムソンはデリラのわなにまんまとはまり、自分の弱点をしゃべってしまう。そして、デリラのひざ枕で眠っている間に自慢の髪の毛をそり落とされ、怪力を失う。

3）サムソンはペリシテ側に引き渡され、両目をえぐられ、牢屋で石臼をひかされる。そして、ペリシテ人の祭りに引き出され見せ物にされる。しかし、その間にサムソンの髪の毛は伸び始め、怪力も戻ってくる。サムソンは鎖につながれたまま神殿の柱を押し倒し、3000 人のペリシテ人もろとも自らも神殿の下敷きになって死ぬ。

4）サムソンとデリラの故事から、Samson は英語では「怪力の男」を意味するようになった。一方、Delilah/ ディライラ / は「裏切り女」「妖婦」の代名詞となった。

ルーベンス「サムソンとデリラ」

David and Solomon
ダビデとソロモン

1）ダビデ（David）は紀元前1000年ごろの第2代イスラエル王で、イスラエル民族にとっての最大の英雄。ソロモン王の父でもある。羊飼いをしていた少年ダビデは、強敵ペリシテ人の巨人ゴリアテ（Goliath）を石投げひもを使って倒したとされる。ダビデは文武両道にすぐれ、旧約聖書の『詩編』（*the Psalms*）の多くは彼の作とされている。

2）初代の王サウル（Saul）に気に入られ、やがて王となったダビデは都をエルサレムに移し、近隣の部族をおさえてイスラエル王国を繁栄させた。ダビデの波乱に富んだ生涯は旧約聖書の『サムエル記』（上、下）などに詳しい。なお、ユダヤ教では、やがて到来するメシア（救世主）はダビデの子孫に違いないと考えられていた。そして、ダビデの27代目の子孫がイエスということになっている。

3）ダビデは竪琴（ハープ）の名手だったことでも知られる。なお、ダビデはサウルの子ヨナタン（Jonathan）と深い友情で結ばれていたことから、David and Jonathan は「無二の親友」を意味するようになった。また、David and Goliath は、小さい［弱い］者が強大な相手と戦うときのたとえとしてよく用いられる。

4）イスラエルの国旗に用いられている三角形を2つ組み合わせた星形 ✡ は「ダビデの星」(the Star of David) と呼ばれ、ユダヤ人にとって希望の象徴とされる。なお、David の英語発音は / デイヴィド / で、David は英米人の男の名に多い（愛称は Dave または Davy）。

5）ソロモン (Solomon) は古代イスラエル統一王国の第3代の、そして最後の王。母はダビデ王の愛人バテシバ（Bathsheba；バト・シェバともいう）である。周辺諸国と積極的に交易し、その莫大な利益によってエルサレムに荘厳な神殿や宮殿を建造した。しかし、ソロモンの宮廷生活はぜいたくをきわめ、国民の経済的負担を増大する結果となった。ソロモンの死によって国民の不満は一挙に噴出し、王国は北のイスラエル王国と南のユダ王国に分裂してしまう。その後イスラエルは長い苦難の時代を迎えることになる。一方、ソロモンは賢人としても有名で、as wise as Solomon は「非常に賢い」という意味になる。また、Solomonic、Solomonian（ソロモンのような、賢明な）という形容詞もある。いずれにしても、ダビデとソロモンによる80年間の治世は、ユダヤ人の3000年余の歴史の中で最も栄えた時代だった。

竪琴を弾くダビデ

「ダビデ像」ミケランジェロ作

●旧約聖書に由来する表現

the golden calf　金の子牛

『出エジプト記』(32) にある話から。モーセ (Moses) に率いられたイスラエル人たちは砂漠を放浪中、自分たちで勝手に金を溶かして calf（子牛）の偶像を作って神として崇めたが、モーセはこれを神にそむいた偶像崇拝だとして激怒し、この偶像を焼いてこなごなにしたという。この故事から、worship the golden calf（金の子牛を崇拝する）は偶像を崇めることを指す。転じて、「富を崇拝する」の意味にもなる。

the patience of Job　ヨブの忍耐

ヨブは『ヨブ記』(the Book of Job) 42 章の主人公の名。彼は裕福で信仰心があつく、正しい人格の持ち主だったが、神の試練を受け、一日で家族や財産を失い、おまけに全身を皮膚病に冒されてしまう。それでも彼は信仰に徹した生き方を貫いた。この故事から、the patience of Job（ヨブの忍耐）は「限りない忍耐」の意味になった。また、(as) patient as Job は「きわめて辛抱強い」の意味で用いられる。なお、Job の発音は / ジョウブ / である。→次ページ画

またある時、3 人の友人がヨブの苦難を知って彼を慰めに来たが、彼らはヨブの苦難は彼が悪いことをした罰であるかのようなことを言って、かえってヨブを苦しめた。このことから、Job's comforter（ヨブの慰安者）は「慰めているつもりで（または、慰めるふりをして）かえって相手の苦悩を深める人」の意になった。

「ヨブの絶望」ウィリアム・ブレイク「ヨブ記」連作より

Spare the rod and spoil the child. むちを惜しめば子どもは悪くなる

　「子どもは甘やかすとダメになる」の意のことわざ。『箴言』（13：24）から。日本には「かわいい子には旅をさせよ」という言い方がある。なお、この文の中の rod は「懲罰用のむち」を指すが、この意味では今はあまり用いない。また、and は「そうすれば」の意である。

Pride goes [comes] before a fall. おごりは破滅に先立つ

　『箴言』（16：18）にあることばで、日本の「おごる平家は久しからず」に近い。pride は「誇り」であると同時に、「思い上がり」でもある。キリスト教では、この意味の pride は「七つの大罪」（the seven deadly sins）の1つに数えられる。なお、バリエーションとして Pride will have a fall. とか Pride goes before destruction. という言い方もある。

a lamb to the slaughter 屠畜場に引かれて行く子羊

　自分が殺される運命であることを知らない子羊。この表現は『イザヤ書』（53：7）に由来する。現代英語では、「自分の運命を知らない無邪気な[無知な]人」の意味で用いられる。ユダヤ教では子羊は神にささげるいけにえの獣だった。なお、人類の罪を救うために十字架にかかったイエスは the Lamb of God（神の子羊）とも呼ばれる。lamb はキリスト教のシンボルでもある。

An eye for an eye, and a tooth for a tooth. 目には目を、歯には歯を

　この表現は、「やられたら、やり返せ」の意で、本来は紀元前18世紀ごろ、バビロニアのハムラビ王が発布した「ハムラビ法典」という世界最古の法典にあることばである。『出エジプト記』にも現れ、「目をやられた者は、相手の目をつぶしてもよい」という意で用いられることが多いが、もともとは「他人に害を与えた者は自分が負わせた傷と同じ傷を自分が負わなければならない」という意味

であるとされる。

　一方、イエスはこの考えを否定し、次のように説く。If anyone strikes you on the right cheek, turn to him the other also.（だれかがあなたの右の頬を打つなら、ほかの頬をも向けてやりなさい）（新約聖書『マタイの福音書』5：38 ～ 42）。「相手を許す心を持つように」という教えで、同じくイエスの「あなたの敵を愛しなさい」（Love your enemy.）ということばにも通じる。なお、この故事に由来する turn the other cheek（他の頬を差し出す）は「寛大な気持ちで許す」という意味で用いられる。

COLUMN

預言者について

1）「預言」とは文字通り「（神の言葉を）預かる」の意であって、「未来のことを予想して言う」の意の「予言」とは異なる。預言は神の意思を聞いてこれを人々に伝えることであり、これを行う一連の人物が「預言者」（prophet）と呼ばれた。

2）紀元前8～7世紀の古代ユダヤ社会では、さまざまな預言者が現れて、神の言葉を聞いたとして人々に警告していた。代表的な預言者には、「3大預言者」とされるイザヤ、エレミア、エゼキエルがいて、それぞれ「イザヤ書」、「エレミア書」、「エゼキエル書」と呼ばれる「預言書」（the Prophets）を残している。ほかにも、アモス、エリヤ、ホセア、サムエルなど有名な預言者がいた。預言者たちは、古代イスラエルが危機的な状況を迎えるたびに一民間人として活躍したが、彼らの多くは権力を批判したことで、厳しい迫害を受けた。

「火で唇を神聖にするイザヤ」
ベンジャミン・ウエスト

「エリヤ」ホセ・デ・リベーラ

❷新約聖書について

1）新約聖書は、イエスの生涯と教えについて後に弟子たちがまとめた「福音書」が中心になっている。具体的には、マタイ（Matthew）、マルコ（Mark）、ルカ（Luke）、ヨハネ（John）の福音書を指し、合わせて「四福音書」(the Four Gospels) と呼ばれる。いずれも、紀元60年代から90年代にかけてギリシャ語で書かれた。このうち、マタイ、マルコ、ルカの福音書は、内容的に共通する記述が多いことから「共観福音書」と呼ばれる。なお、いずれの福音書も現在では筆者は不明とされる。

2）「福音」と訳される gospel は「喜ばしい知らせ」(good news) の意で、キリスト教では「イエス・キリストによって説かれた神の国の教え」を指す。イエスは律法中心の旧約聖書を下敷きにしつつ、神との新しい関係（すなわち「新約」）について説いたとされる。神の愛を信じ、それを隣人に対しても行えば、神の祝福が得られるというのである。

3）gospel という語は比喩的に「絶対的真理」という意味でも用いられる。なお、gospel music や gospel song は20世紀前半にアメリカの黒人教会から生まれた宗教音楽である。

「新約聖書」の構成

新約聖書	福音書（4巻）	マルコの福音書、ルカの福音書、マタイの福音書、ヨハネの福音書
	歴史書（1巻）	使徒言行録
	パウロの手紙（13巻）	ローマの使徒への手紙、コリントの使徒への手紙1、コリントの使徒への手紙2、ガラテヤの使徒への手紙、エフェソの使徒への手紙、フィリピの使徒への手紙、コロサイの使徒への手紙、テサロニケの使徒への手紙1、テサロニケの使徒への手紙2、フィレモンへの手紙、テモテへの手紙1、テモテへの手紙2、テトスへの手紙
	公同書簡（8巻）	ヘブライ人への手紙、ヤコブの手紙、ペトロの手紙1、ペトロの手紙2、ヨハネの手紙1、ヨハネの手紙2、ヨハネの手紙3、ユダの手紙
	預言書（1巻）	ヨハネの黙示録

Jesus Christ
イエス・キリストのこと

1）「イエス・キリスト」(Jesus Christ) は「名と姓」ではなく、「救世主であるイエス」という意味。また、「イエス」は日本で言えば太郎とか一郎のようなごくありふれた個人名で、英語の Jesus の発音は / ジーザス / である。

２）一方、「キリスト」はヘブライ語のメシア（「救世主」の意）を、同じ意味を持つギリシャ語の「クリストス」に置き換えたもの。この「クリストス」が各国語でさまざまに変形されて、日本語では「キリスト」となった。ちなみに、「メシア」（英語では Messiah メサイア）は「油を注がれた者」を意味し、元来は王に与えられる称号だった。古代において、ユダヤの王は即位に際し油（オリーブ油）を頭に注がれて祝福されるという慣習があったのである。

３）イエスは実在の人物だが、本人は何１つ書き残していない。したがって、イエスに関する記録は新約聖書の中の「福音書」がほとんどすべてである。イエスが生まれたのは、紀元前４年ごろとされ、紀元後 30 年にローマ皇帝に対する反逆罪の判決を受け、十字架にかけられて死んだ。年齢は 30 代前半であった。

the life of Jesus
名画でたどるイエスの生涯

〜受胎告知　the Annunciation 〜

　あるとき、処女マリア（Mary）のもとに天使ガブリエル（Gabriel）が現れ、彼女が懐胎して神の子を生むと告げたことをいう。これを英語では the Annunciation と言うが、要するに「おめでたの報告」である（『ルカの福音書』１：26 〜 38）。聖書によれば、マリアは聖霊（Holy Spirit）によって身ごもり、未婚のままイエスを生んだとされる。→ **Virgin Mary (p.112)**

フラ・アンジェリコ
「受胎告知」

～イエスの誕生　the Nativity ～

　福音書には、マリアはベツレヘムでイエスを生み、家畜小屋の飼い葉おけに寝かせた、とある。英語では、イエスの誕生を描いた絵や彫刻を Nativity（「誕生」「出生」の意）という。なお、「メシア（救世主）誕生」のお告げを聞いた東方の賢者3人（the Magi マギ；英語読みは / メイジャイ /）と羊飼いがお祝いに駆けつけた、という逸話はよく知られている。

ステファノ・トファネッリ「キリストの降誕」

〜洗礼者ヨハネ　John the Baptist 〜

　イエスはナザレを出て、ヨルダン川沿いで行われていたヨハネ（John）という預言者の運動に加わった。ヨハネはイエスの遠縁に当たる人で、「らくだの毛皮を着、腰に革の帯を締め、いなごと野蜜を食べ物としていた」という。荒れ野に出て世捨人のような生活をしながら、人々に悔い改めを説いていたらしい（『マタイの福音書』3：1〜3：17）。

　イエスはヨルダン川でヨハネから洗礼（baptism）を受け、しばらくヨハネのもとで修行したあと、独自に教えを説く生活に入った。ヨハネが「洗礼者ヨハネ」（John the Baptist）と呼ばれるのは、この故事に基づく。→ **baptism （p.100）**
なお、ヨハネは当時ガリラヤの領主であったヘロデ・アンテパスの行状を批判したため、捕らえられて、最後はヘロデに首をはねられてしまう。

「キリストの洗礼」アンドレ・デル・ヴェロッキオとレオナルド・ダ・ヴィンチの合作とされる。（ウフィツィ美術館）

～悪魔の誘惑　the Temptation ～

　ヨルダン川での洗礼の後、イエスは荒れ野で40日間飲まず食わずの苦行をした。この難行中に、悪魔(Satan)がイエスを誘惑した。これを the Temptation(誘惑) という。あるとき悪魔はイエスの空腹につけこんで、「もしあなたが神の子なら、この石をパンに変えたらどうだ」とそそのかした。これに対してイエスが言ったとされるのが、Man shall not live by bread alone.（人はパンのみで生きるのではない）である（『マタイの福音書』4）。このことばは旧約聖書からの引用である。

ドゥッチョ・ディ・ブオニンセーニャ「山上の誘惑」
イエスを誘惑しようとささやいてくる悪魔をイエスが追い払っているシーン。

～山上の説教　the Sermon on the Mount ～

　イエスがガリラヤ湖畔の山の上で、集まってきた人たちに説いたとされるのが「山上の説教」(the Sermon on the Mount) である（『マタイの福音書』5～7）。冒頭の Blessed are ～（～の人は幸いである）で始まる8つの教えは新約聖書の教えの中の最高峰とされ、the Beatitudes（八福（の教え））と呼ばれる。なお、blessed はここでは形容詞なので / ブレシッド / と発音する。

Blessed are the poor in spirit, for theirs is the kingdom of heaven.

Blessed are those who mourn, for they shall be comforted.

Blessed are the meek, for they shall inherit the earth.

Blessed are those who hunger and thirst for righteousness, for they shall be
　satisfied.

Blessed are the merciful, for they shall obtain mercy.

Blessed are the pure in heart, for they shall see God.

Blessed are the peacemakers, for they shall be called sons of God.

Blessed are those who are persecuted for righteousness' sake, for theirs is
　the kingdom of heaven.

―― 心の貧しい人々は、幸いである。天の国はその人たちのものである。

　　悲しむ人々は、幸いである。その人たちは慰められる。

　　柔和な人々は、幸いである。その人たちは地を受け継ぐ。

　　義に飢え渇く人々は、幸いである。その人たちは満たされる。

　　憐れみ深い人々は、幸いである。その人たちは憐れみを受ける。

　　心の清い人々は、幸いである。その人たちは神を見る。

　　平和を実現する人々は、幸いである。その人たちは神の子と呼ばれる。

　　義のために迫害される人々は、幸いである。天の国はその人たちのものである。

[日本聖書協会「新共同訳」
（マタイの福音書5:3～10）]

「山上の説教」
カール・ハインリッヒ・
ブロッホ

　「山上の説教」には、このほかに以下のような有名な説教が次々と現れるが、これらはさまざまな機会にイエスが述べたことを福音書の記者が集成したものだろうとされている。

You are the salt of the earth.　あなたがたは地の塩である。（『マタイの福音書』5：13）

　イエスが弟子たちに語ったことば。塩はそれ自体のために存在するのではなく、腐敗を防いだり、食べ物に味をつけたりするからこそ意味がある。ここでイエスは、弟子たちに、社会の腐敗を防ぐのに役立つ人であれ、と言っているのである。the salt of the earth は一般的には「世に役立つ人」「善良で寛大な人」「人格者」などの意味で用いられる。

No one can serve two masters. だれも二人の主人に同時に仕えることはできない。（『マタイの福音書』6：24）

　二人の主人とは「神」と「富（お金）」を指す。また、2つの相反する主義を信奉することはできない、などという場合にも用いる。

Do (to others) as you would be done by. 人にしてもらいたいように、人にもなせ。（『マタイの福音書』7：12、『ルカの福音書』6：31）

　このことばはイエスの教えが端的に示されているため、「黄金律」（the golden rule）として知られる。英語のことわざにもなっている。

Do not throw your pearls before swine. 豚に真珠を投げてやるな（『マタイの福音書』7：6）

　「豚に真珠」の形で日本語のことわざにもなっているが、元々は聖書に由来する。価値のわからない者にはどんな良い物を与えてもむだであることのたとえである。なお、swine は豚を集合的に言うときの文語で、ふつうは pig または hog という。また、throw の代わりに cast が用いられることも多い。

Enter by the narrow gate.　狭い門から入れ（『マタイの福音書』7：13）

　「狭い門から入れ」とは、安易な道をたどるな、ということである。求道者の厳しい救いへの道を狭い門にたとえている。日本語では、「狭き門」を入試などに関連して用いるが、聖書の意味は全く異なる。

a mote in one's (own) eye 目の中のちり（『マタイの福音書』7：3）

　mote は「小さなちり、ほこり」のこと。「自分の目の中の小さなちり」とは、自分では気づかない欠点のことである。mote の代わりに beam（角材、はり）や log（丸太）が用いられることもある。他人のことを批判する前に自分のことを振り返ってみよ、の意である。

〜イエスの弟子たち〜

1）ガリラヤでの宣教活動が進むうちに、イエスの教えと人格に打たれてイエスにつき従う信奉者たちが出てきた。中でもイエスと寝食を共にした最側近の弟子たちが、いわゆる「十二使徒」である。英語では the Apostles ／アポスルズ／ というが、12人なので the Twelve とも呼ばれる。なぜ「12」かというと、ユダヤ人の伝統的な考え方では、12が円満充実を意味する数だったからとか、かつてのイスラエル民族が12の部族から成っていたことにちなむ、などと説明される。

2）12人の弟子たちのほとんどは、漁師や取税人といった、いわば社会の底辺にいた貧しい人々だった。しかし、彼らの多くはイエスの教えを受け継ぎ、初期キリスト教の熱心な伝道者となった。

リーメンシュナイダーの木彫「イエスの弟子たち」

『十二使徒』の顔ぶれ

日本語聖書での呼び名	プロフィール	英語での呼び名
ペトロ	イエスの一番弟子。本名はシモン。	Peter（ピーター）
アンデレ	ペトロの弟。兄と同様、ガリラヤ湖で漁師をしていた。	Andrew（アンドリュー）
ゼベダイの子ヤコブ	アルファイの子ヤコブと区別して、「大ヤコブ」とも呼ばれる。	James（ジェイムズ）
ヨハネ	ゼベダイの子ヤコブの弟。ペトロ、ヤコブとともにイエスの愛弟子。	John（ジョン）
フィリポ	バルトロマイをイエスに引き合わせた人物とされる。	Philip（フィリップ）
バルトロマイ	フィリポの紹介でイエスに会ったとされる。	Bartholomew（バーソロミュー）
トマス	イエスの「復活」を信じず、証拠を求めたとされ、doubting Thomas（不信のトマス）と呼ばれる。	Thomas（トマス）
マタイ	もと取税人。ローマの手先として働いていたので、ユダヤ人に嫌われていた。	Matthew（マシュー）
アルファイの子ヤコブ	ゼベダイの子ヤコブと区別して、「小ヤコブ」とも呼ばれる。	James（ジェイムズ）
タダイ	イスカリオテのユダと区別するために、「ヤコブの子ユダ」とも呼ばれる。	Thaddeus（サディアス）
シモン	もとは、ローマ帝国の支配に対して武力抵抗を行う「熱心党」という過激な政治結社にいた。	Simon（シモン）
（イスカリオテの）ユダ	イエス一行の会計係を務めていたが、のちにイエスを裏切る。	Judas（ジューダス）

Peter and Judas
ペトロとユダ

●ペトロについて

　十二使徒の代表格として大活躍したのがペトロ（「ペテロ」ともいう）である。パレスチナのガリラヤ湖で漁師をしていたが、弟のアンデレとともにイエスの最初の弟子になった。イエスに最も愛された人で、イエスは彼に Petros（ギリシャ語で「岩」「石」の意）というあだ名をつけ、「わたしはこの岩の上にわたしの教会を建てる」と言ったとされる（『マタイの福音書』16：18）。ペトロはイエスの死後、精力的に宣教活動を行い、初代教会を作り上げた。ローマ・カトリック教会ではペトロを初代の教皇としている。最後はネロ皇帝の迫害に遭い、ローマで殉教したと伝えられる。なお、ペトロの墓所の上に建てられたとされるのがローマ、バチカン市の「サン・ピエトロ大聖堂」（St. Peter's Basilica）である（St. Peter は「聖ペトロ」の意で、イタリア語では San Pietro となる）。

カラバッジョ画「聖ペトロの逆さ磔（はりつけ）」

●ユダについて

　悪い意味でいちばん有名な使徒は「イスカリオテのユダ（Judas Iscariot）」である。彼はイエスのグループの会計係をしていたが、銀貨 30 枚でイエスを祭司長らに引き渡す約束をする。そして、ゲッセマネの園でイエスに接吻する。それを合図に、祭司長らはイエスを見分けて逮捕したとされる。その後ユダは深く後悔し、絶望から首を吊って死んだという。このことから Judas（発音は / ジューダス /）は「裏切り者」の代名詞となった。英語では、" You Judas！"（この裏切り者！）という形でよく用いられる。なお、「イスカリオテ」とはユダの出身地の名にちなむとされる。

イエスに接吻するユダ

〜イエスのたとえ話〜

　イエスは教えを述べるときに、よくたとえ話（parable）を用いた。次の2つの話は、ともに『ルカの福音書』（15・11〜32）に出てくる。ただし、この英語の形のままで出てくるわけではない。

prodigal son
放蕩息子

　ある人に2人の息子がいたが、父に無理を言って財産を分けてもらった弟は旅に出て放蕩の限りをつくし、もらった財産を使い果たしてしまう。そして生活に困り、改心して父のもとへ帰ってくる。父は喜び、祝宴を開いて弟を歓迎する。これを見た兄は怒るが、父は「おまえはいつも私と一緒にいて、私のものはすべておまえのものだ。しかし、おまえの弟は死んでいたのに生き返ったのだから、歓待するのは当然だ」と言って兄をさとす。これは、どんな罪人も悔い改めさえすれば許されるという、神の愛を説いたたとえ話とされる。prodigal は「金づかいの荒い」の意。prodigal son という表現そのものが聖書にあるわけではないが、このたとえ話から prodigal son や prodigal daughter は「帰郷した放蕩息子[娘]」、「悔い改めた罪人」の意味でよく用いられる。

レンブラント「放蕩息子の帰還」（エルミタージュ美術館）

good Samaritan
良きサマリア人

　ある日、盗賊にあって息も絶えだえになっていた旅人を通りがかったユダヤ人は見て見ぬふりをしていたが、あるサマリア人は伝統的にユダヤ人と犬猿の仲であったにもかかわらず、この傷ついた旅人を介抱し、治療費まで与えたという。このエピソードから、good Samaritan は「困っている人に手を差し伸べる人」「情け深い人」などの意で用いられる。イエスはこのたとえ話によって、隣人（neighbor）を愛するとはどのようなことであるかを示したとされる。有名な Love your neighbor as yourself.（自分を愛するように、あなたの隣人を愛しなさい）ということばも同じ精神である。

レンブラント
「良きサマリア人」

〜最後の晩餐　the Last Supper 〜

　イエスは逮捕される前夜、弟子である「十二使徒」と食事を共にする。これが有名な「最後の晩餐」(the Last Supper) である。「主の晩餐」(the Lord's Supper) ともいう。イエスはこの晩餐の席で、使徒たちに向かって、このうちの１人が私を裏切るだろうと予言した（『マタイの福音書』26:21）。図星を指されたユダは、そそくさと部屋を出たとされる。

　イエスはまた、弟子たちに向かって、このパンは私の体でありワインは私の血であると告げた。この故事は、キリスト教徒がパンとワインをそれぞれ「キリストの体」「キリストの血」として拝領する神聖な儀式（聖餐式）の起源となった。
→ **Mass　(p.107)**

「最後の晩餐」レオナルド・ダ・ビンチ

〜イエスの受難　the Passion 〜

　「受難」とは、イエスが捕らえられ十字架（cross）にかけられたことをいう。これを英語では the Passion という（passion はもともと「受苦」「悲哀」の意）。ユダヤ教を改革するために聖都エルサレムに上ったイエスは、挑発的ともいえる行動で律法学者たちを激怒させ、最後は弟子であるユダの裏切りで逮捕される。そして、ローマの総督ピラトから死刑を宣告される。イエスは重い十字架をかつがされ、処刑場であるゴルゴタ（Golgotha）の丘に向かう。そこで十字架にかけられて死ぬ。この「はりつけ」「磔刑（たっけい）」を英語で crucifixion という。これをテーマにした絵画は非常に多い。→ **cross　(p.103)**

　なお、聖母マリアがイエスの死体を（ひざに）抱いて嘆き悲しむ姿を表した絵または像を「ピエタ」(Pietà) という。「慈悲心」の意のイタリア語から。

「キリストの磔刑」アンドレア・マンテーニャ

「アヴィニョンのピエタ」アンゲラン・カルトン

〜復活と昇天〜
the Resurrection/the Ascension

　聖書によると、イエスは十字架にかけられて死んだが、墓に納められて3日後に「復活」したとされる。イエスの復活を英語では the Resurrection という。復活したイエスは40日間にわたり弟子たちの前に姿を現し、神の国について語ったあと、天に昇って行ったとされる。これを the Ascension という。なお、復活祭（Easter）から40日後の木曜日は Ascension Day（キリスト昇天祭）と呼ばれる。

「キリストの復活」ピエロ・デラ・フランチェスカ

～パウロの回心～

１）パウロはイエスの死後キリスト教に回心した人なので、「十二使徒」には入っていないが、現在ではキリスト教史上最大の使徒として崇敬されている。彼はもともと厳格なユダヤ教徒としてキリスト教徒を迫害する側にいたが、ある日１つの強烈な宗教的体験をし、それによって180度の回心をして、キリスト教徒になったとされる。

２）『使徒言行録９：18』によると、パウロ（当時の名前はサウロ）はキリスト教徒弾圧のためにエルサレムからダマスカスへ向かっていた。そのとき突然「天からの光」が彼を照らし、サウロは馬もろとも大地にたたきつけられた。そして、「サウロよ、なぜ私を迫害するのか」という、天からの（イエスの）声を聞いたという。サウロは３日間目が見えなくなっていたが、イエスから遣わされた弟子がサウロに手を置くと、「たちまち目からうろこのようなものが落ち」、サウロは元どおり目が見えるようになったという。サウロはこの体験でイエスの声を聞き、自分の誤りに気づき回心したとされる。ちなみに、Scales fall from one's eyes.（目からうろこが落ちる）という英語の表現はこの故事に由来する。

３）パウロはこの回心をきっかけに伝道者としての生活に入り、特にユダヤ以外の「異邦」への布教を使命として、小アジアやマケドニアなどへ、計３回に及ぶ大伝道旅行を行った。このパウロの活動がなければ、キリスト教はユダヤ教の分派にとどまっていただろうと言われている。

４）パウロはまた、旅先から各地の教会あてに多くの手紙を書き、布教だけでなく、キリスト教神学の形成に大きな役割を果たしたとされる。新約聖書27書中の13書はパウロによって書かれた文書ともいう。なお、「パウロ」はギリシャ語のPaulosから来ており、英語ではPaul（ポール）となる。

パウロの宣教

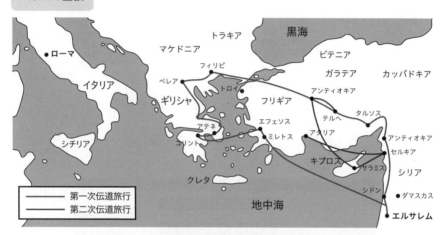

バチカンのパウロ像

2 Christianity キリスト教

1）キリスト教はイエスの死後、イエスの弟子たちが宣教活動を進める中で生まれた宗教である。イエス・キリストを救世主（メシア）と信じ、唯一絶対の父としての神を奉ずる。仏教、イスラム教とともに世界三大宗教の1つで、世界の約33％に当たる約23億人の信徒を持つ。なお、「キリスト教」は英語ではChristianityといい、「キリスト教徒」はChristianと呼ばれる。

2）日本へは1549年（天文18年）にイエズス会士フランシスコ・ザビエルによって伝えられ、キリスト教およびその信徒は「キリシタン」と呼ばれた。「キリシタン」はポルトガル語の cristão に由来する。古くは、「天主教」とか「耶蘇（ヤソ）教」とも呼ばれた。現在、日本には約100万人の信徒がいるとされる。

3）宗派としては、次の3つに分かれる。
ローマ・カトリック教会（the Roman Catholic Church）→ p.95
正教会（the Orthodox Church）→ p.96
プロテスタント教会（Protestant Church）→ p.97

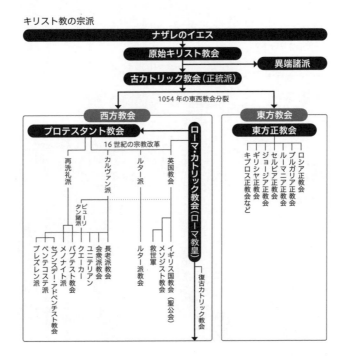

キリスト教の宗派

～主なキリスト教の宗派～

the Roman Catholic Church
ローマ・カトリック教会

1）ローマ教皇（Pope）を最高位の聖職者とする世界統一組織。一般には単に「カトリック教会」と呼ばれている。現在、信徒数約12億人といわれる世界最大の宗教団体で、南ヨーロッパ、中南米、フィリピン、アメリカなどに信徒が多い。アメリカでは、アイルランド系やイタリア系の移民に信徒が多い。なお、Catholicとは「普遍的な」とか「万人のための」という意味のギリシャ語が語源。

2）カトリックでは、真の「救い」のためには信仰に加えて善行を積むことが必要とされる。そのために、sacrament（サクラメント、秘跡）と呼ばれる7つの儀式が重視される。聖人信仰や聖母マリア崇敬が盛んなのも特色。カトリックでは一般的に保守的な価値観が重視され、離婚、避妊、中絶などは認められない。また、聖職者（司祭）は独身男性に限られる。なお、司祭はFather（神父）と呼ばれる。

3）ローマ・カトリック教会の総本山は、ローマ市北西のバチカン市国（Vatican City）にあるサン・ピエトロ大聖堂である。サン・ピエトロとはイエスの筆頭弟子であったペトロのことで、ペトロはイエスから教会を託された初代教皇とされる。ちなみに、人名のピーター（Peter）はこの「ペトロ」に由来する。

バチカン市国のサン・ピエトロ広場

the Orthodox Church
正教会

1）1054年にローマ・カトリック教会から分離した教会の総称。the Eastern Orthodox Church（東方正教会）ともいう。ローマ・カトリック教会とは異なり、地域や民族ごとに独立した教会がそれぞれ自治を行うが、ローマ・カトリック教会の教皇（Pope）のような絶対的な存在は置かない。現在は、ロシア正教会、ギリシャ正教会のほか、ルーマニア、ブルガリア、セルビア、ジョージア、アルバニアなどの独立した正教会がある。信徒数は全体で2億人を越すとみられる。なお、orthodox という語は「正しい考え方をする」「正統信仰の」の意のギリシャ語から来ている。

2）正教会では、彫像などの立体的な偶像を日常的に用いるローマ・カトリック教会とは異なり、「イコン」（icon）と呼ばれる板絵の聖画像が用いられる。板などにキリストや聖母マリア、聖人などの姿を描いたもので、教会はもとより、信徒の家にはほとんどの部屋にも安置されており、宗教生活の中心を成している。イコンの絵柄は伝統的に決められていて、「独創」は許されない。なお、icon は英語では / アイコン / と発音する。

3）日本にも正教会の教会がある。「日本ハリストス正教会」といい、1861年にロシアのニコライ大主教によって創立された。「ハリストス」は「キリスト」のギリシャ語読みとされる。函館の聖ハリストス教会や、東京の神田駿河台にあるニコライ堂が有名である。

モスクワの聖ワシーリー教会

Protestant Church
プロテスタント教会

1）中世のカトリック教会の堕落と腐敗に対する批判（特に、マルティン・ルターやジャン・カルバンによる16世紀の「宗教改革」）から出発し、ローマ・カトリック教会から分離独立した諸教会の総称。よりどころは聖書（Bible）だけで、人は信仰によってのみ救われるとする。ローマ・カトリックにおける教皇（Pope）のような単一の指導者は置かず、聖職者と一般信徒の間に身分的な違いはない。また、聖母マリアや聖人に対する特別扱いもない。なお、protestant とは「抗議する（protest）人」の意である。

2）多数の教派に分かれているが、最大の教派は「ルター派」で、7000万人以上の信徒がいる。信徒はドイツや北欧に多く、日本では「ルーテル教会」とも呼ばれる。ほかに大きな教派としては、改革派・長老派、会衆派、バプテスト、メソジスト、ペンテコステなどがある。なお、プロテスタント全体の信徒総数は約5億人といわれる。

3）教会を預かる責任者は minister とか pastor（牧師）と呼ばれることが多い。近年では、女性の牧師も普通になってきている。また、カトリックと異なり、いわゆる「聖地」はなく、教会建築もシンプルな造りが多い。なお、聖職者に対する尊称・呼びかけとして the Reverend（…師）がある。

プロテスタント教会の内部

the Anglican Church
アングリカン・チャーチ

１）the Church of England（イングランド国教会）ともいう。プロテスタント系の中で最もカトリックに近いとされる教会で、両者の中道路線をとる。「改良されたカトリック」と考える信徒もいるという。ローマ・カトリック教会のような絶対的な指導者を認めず、聖母マリアや聖人を崇敬しない点はプロテスタント的だが、教会堂内の雰囲気はほとんどカトリックと変わらないといわれる。プロテスタントに分類されないこともある。

２）この教会が起こったのは、時のイギリス国王ヘンリー8世の離婚問題である。1534年、ヘンリー8世は自身の離婚を認めないローマ・カトリック教会と決別することで、この教会を成立させた。その後、ピューリタン革命などの激動を経て、エリザベス1世が体制を確立させた。

３）信徒はイギリス本国や英連邦諸国およびアメリカに多く、全世界で8500万人とされる。総本山はカンタベリー大聖堂（Canterbury Cathedral）で、カンタベリー大主教が精神的支柱となっている。なお、Canterbury はこの大聖堂のあるイングランド南東部の古都の名前である。

４）イングランド国教会の伝統を守るアメリカやスコットランドなどのいくつかの国では the Episcopal Church（監督教会）ともいう。また、日本では「英国（国）教会」とか「聖公会」と呼んでいる。東京の豊島区にある立教大学や、中央区の聖路加（聖ルカ）国際病院は聖公会系である。

カンタベリー大聖堂（the Church of England の総本山。ケント州）

～キリスト教の重要語～

angel
天使

1）「天使」と訳されていることからもわかるように、angel は「天の使い（神の使者）」である。キリスト教・ユダヤ教・イスラム教などで、神の意思を人間に伝え、人を守護するとされる霊的な存在。人間の目には見えない存在だが、絵画では白衣をまとい、翼をつけた男の姿で描かれることが多い。なお、天使は堕落すると悪魔（Satan）になると考えられた。また、日本語では「エンジェル」とか「エンゼル」と言うが、英語の発音は / エインジェル / に近い。

2）非常に多くの天使がいるが、よく知られているのは次の3大天使である。

Michael（ミカエル）
　天上で神に代わって正義を行うとされる大天使。悪魔が最も恐れる天使で、剣を持ち悪魔と戦う姿で知られる。フランスの人気観光地モン・サン・ミシェル（Mont-Saint-Michel）は「聖ミシェル（＝ミカエル）の山」の意で、9世紀にミカエルが現れたという伝説に基づいて築かれた。また、イタリアの芸術家ミケランジェロ（Michelangelo）の原義は「天使ミカエル」である。男子名の「マイケル」や、その女性名「ミシェル」も Michael に由来し、人名として人気がある。なお、英語での発音は / マイクル / である。

Gabriel（ガブリエル）
　聖母マリア（Virgin Mary）に受胎告知をした天使として知られる。マリアの純潔性を示すシンボルであるユリ（百合）とともに描かれることが多い。なお、「受胎告知」は the Annunciation といい、キリスト教美術の重要な主題の1つである。→受胎告知（p.79）

Raphael（ラファエル）
　癒しの役割を担う天使。旧約聖書外典の『トビト記』では、天使であることを隠し、若者トビアの旅に同行する。絵画では、巡礼者の服を身につけ、杖と小袋を持つ。

さまざまな天使

ミカエル　　　　　　ガブリエル　　　　　　ラファエル

Baptism
洗礼（式）

1）baptism はイエスが洗礼者ヨハネ（John the Baptist）によってヨルダン川で洗礼を受けた故事に基づく。キリスト教における入信の儀式で、本来の意味は「水に浸すこと」。洗礼の方法には全身を水に浸す形式（immersion 浸礼）、水を頭部に少々注ぐ形式（affusion 注礼）、頭にわずかな水を垂らす形式（sprinkling 滴礼）があるが、時代や教派、また個々の教会によっても異なる。

2）洗礼は本来、本人の意志によって行われるが、信徒の家の場合は、親の責任で教会へ行って「幼児洗礼」を行う。生まれた子の洗礼式に立ち合い、その子に名前を与え保証人になる人を godparent（代父母、教父母）という。名づけ親の男性は godfather、名づけ親の女性は godmother である。なお、「名づけ親」といっても、これらはあくまでキリスト教国のものであって、日本でいう「名づけ親」とは全く異なることに注意。

3）godparent は洗礼を受けた子の信仰生活の責任者として、子どもに Christian name（洗礼名）をつける。これを christen とか baptize という。Christian name は聖書に出てくる人物や聖人の名が選ばれることが多い。たとえば、He was christened John. は「彼はジョンという洗礼名を授かった」の意で、John は使徒ヨハネの英語名である。なお、Christian name は first name とか given name とも言う。

Cathedral
大聖堂、カテドラル

1）一般的には「大聖堂」とか「大寺院」と訳されるが、厳密に言うと、カトリック教会や英国（国）教会で bishop（司教、主教）の座席が設けてある「司教[主教]座聖堂」を指す。司教[主教]が存在している総本山としての教会が cathedral であって、建物の大きさなどとは関係がない。ちなみに、cathedral という語は「椅子」「座席」を意味するギリシャ語の *kathedra* に由来し、chair と同語源である。

2）cathedral は建築史の上でも重要な意味を持っている。ヨーロッパにはさまざまな様式の cathedral が残っているが、特にゴシック（Gothic）様式のものが多い。パリのノートル・ダム大聖堂、ローマ、バチカン市国のサン・ピエトロ大聖堂、ドイツ、ケルンのケルン大聖堂などは特に有名である。イギリスではケント州の古都カンタベリー（Canterbury）にあるカンタベリー大聖堂、ロンドンのセント・ポール大聖堂（St. Paul's Cathedral）、ウェストミンスター大聖堂（Westminster Cathedral）、ウィルトシャー州のソールズベリー大聖堂（Salisbury Cathedral）などが重要。なお、有名な Westminster Abbey（ウェストミンスター・アベイ）はイギリスを代表する教会だが、cathedral ではないことに注意。

ウェストミンスター
大聖堂

3）プロテスタントの国であるアメリカにはもちろん古い cathedral はないが、ニューヨークの5番街にある聖パトリック大聖堂（St. Patrick's Cathedral）はカトリック教徒、特にアイルランド移民の信仰の拠り所として重要。ちなみに、St. Patrick はアイルランドの守護聖人である。

4）イタリアでは duomo（ドゥオモ）が cathedral に相当するが、英語式に cattedrale（カッテドラーレ）と呼んでいる町もある。なお、日本のカトリック教会には 16 のカテドラルがあり、東京には「東京カテドラル聖マリア大聖堂」が文京区の関口町にある。

セント・ポール大聖堂

Church
教会

1）キリスト教の信者が神を礼拝する聖所が church である。語源的には「主（＝神）の家」を意味するギリシャ語から来ている。なお、イギリスでは国教会（the Church of England）のものだけを church と呼び、国教会以外の宗派の教会（堂）は chapel と呼んでいる。

2）教会（church）などに付設された小規模な礼拝堂も chapel という。日本語で「チャペルで結婚式を挙げる」などと言うときの「チャペル」がこれである。また、個人の邸宅や大学、病院などの内部に設けられた部内者用の「礼拝堂」も chapel である。

３）大きな教会などの内部に区画を設けて作られた礼拝用のコーナーも chapel と呼ばれるが、独立した建物ではないから、「礼拝堂」というより「礼拝所」である。

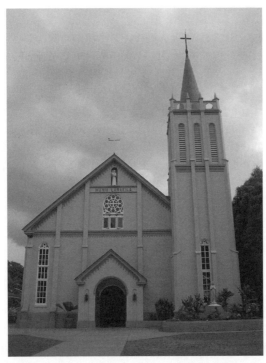

プロテスタント
の教会

Cross
十字架

１）cross は元来、古代ローマなどで最も重い罪を犯した者に対する死刑の手段として用いられた十字形のはりつけ台をさす。イエスがその上で処刑されたので、やがてキリスト教の最も大切な象徴となった。キリスト教の信仰は、イエスが十字架にかけられるという恥辱の中で苦痛に耐えて人々の罪をあがなったという考えから出発している。bear [carry] one's cross（十字架を背負う）は、日本語でも「苦難を忍ぶ」という意味で用いられる。

２）十字架にもさまざまな形がある。最も一般的とされるのは、「ラテン十字」（Latin cross）で、イエスが処刑された際の十字架もこの形とされる。縦棒と横棒の長さが等しい十字架は「ギリシャ十字」（Greek cross）と呼ばれ、主にギリシャ正教会で用いられる。ほかに X 字形の「聖アンデレ十字」（Saint Andrew's cross）など、さまざまな変形がある。なお、ケルト文化圏のアイルランドなど

には high cross（高十字架）と呼ばれる背の高い十字架が残っている。通常の「ラテン十字」に円形を組み合わせた独特のもので、Celtic cross（ケルト十字架）ともいう（→右ページ）。

3）キリスト教徒の間では、祈りの動作として額から胸にかけて「十字を切る」ことがよく行われ、これを英語では cross oneself とか make the sign of the cross という。元来はイエスの受難を忍ぶための動作だが、特にカトリック教徒は人の死を聞いたり、恐ろしい光景を見たりしたときによく十字を切る。なお、cross one's heart (and hope to die) は子どもがよく使う表現で、「絶対にうそじゃない」「うそだったら死んでもいいよ」という誓いを表すことばである。また、cross one's fingers は「(悪いことが起こらないよう) 幸運を祈る」の意で、人差し指と隣の中指をクロスさせて十字架を作るしぐさ。keep one's fingers crossed の形でもよく用いられる。（→右ページ下）

〈十字架の種類〉

ラテン十字　　ギリシャ十字　　聖アンデレ十字

十字架を背負うイエス（想像画）

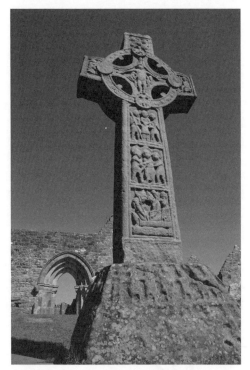

アイルランドの high cross（高十字架）

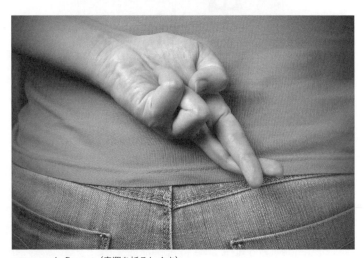

cross one's fingers（幸運を祈るしぐさ）

Devil
悪魔、魔王

1）ユダヤ教やキリスト教などの一神教の概念。悪の化身として、唯一神である God に敵対する。もともとは天使（angel）であったが、神に反逆を試みたために天界から地獄に落とされたとされる。なお、日本語の「悪魔」は仏道修行を妨げる悪神（魔羅）を指し、devil とは全く異なる。

2）悪魔は Satan/ セイタン / ともいう。キリスト教社会では、旧約聖書『創世記』の話から、Satan が蛇（serpent）に化けてエバ（Eve）を誘惑し、禁断の木の実を食べさせたとされる。the (Old) Serpent は Satan の別称である。なお、日本語では「サタン」と言う。

3）devil の一般的なイメージは「黒」である。また、毛むくじゃらな体で、割れたひづめやヤギのような角を持つという。devil のえん曲語には the Evil One（悪魔王）、the Old Nick [Harry], the Prince of Darkness（暗黒の君）などがある。口語では deuce/ デュース / とも言う。

devil のイメージ

<関連表現>

between the devil and the deep (blue) sea 進退きわまって　▶「悪魔と（青く）深い海の間にはさまれて」の意から。

Speak [Talk] of the devil and he is sure to appear. 悪魔のことを話せば必ず悪魔が現れる ▶日本語の「うわさをすれば影」に相当することわざ。会話では、Speak [Talk] of the devil. とだけ言うことが多い。

devil's advocate（論争のために）わざと反対の意見を述べる人。

Mass、mass
ミサ

1）カトリック教会の重要な儀式で、祈り、聖書朗読、聖餐式（聖体拝領）、司祭の説教などから成る。このうち、聖餐式がミサの中心で、司祭が信徒の一人一人にウェハース（wafer）のような薄いパンを渡し、信徒はこれを自分の口の中に入れる。

2）ミサはイエス・キリストの「最後の晩餐」（the Last Supper）を記念して行う厳粛な儀式で、キリストの肉体の象徴であるパンを食べ、血の象徴であるぶどう酒を飲むことによってキリストの十字架上の死を思い起こすのである。なお、ぶどう酒はふつう司祭が信徒を代表して飲む。

3）プロテスタント教会では Mass とは言わず、Lord's Supper（主の晩餐）とか、単に worship（礼拝（式））と言う。カトリックとは異なり、聖餐式よりも礼拝と牧師による説教（sermon）が礼拝の中心となる。なお、Lord は神（God）の意味にも、キリスト（Christ）の意味にもなる。

4）ミサの儀式の中で唱えられる祈りの文句につけた曲（いわゆる「ミサ曲」）も Mass と呼ばれる。ミサ曲は通例、以下のものから成る。
①キリエ（Kyrie）―「主よ、あわれみたまえ」
②グロリア（Gloria）―栄光の賛歌
③クレド（Credo）―「我は信ず」
④サンクトゥス（Sanctus）―「聖なるかな」
⑤アニュス・デイ（Agnus Dei）―「神の子羊」
なお、死者のためのミサ曲は Requiem（レクイエム、鎮魂ミサ曲）といって区別される。Requiem mass とも言う。

5）Mass という語はラテン語の *missa* から来ていて、「伝道」の意の mission と同語源。また、Christmas（クリスマス）は「キリストの誕生を祝うミサ」の意である。

Monastery
修道院

1）ヨーロッパのキリスト教世界で、世俗の生活を捨て、真の信仰を求める人たちが祈りと労働の生活を送ったのが修道院である。「修道院」は monastery と言うが、これは主に男子修道院を指し、女子修道院は convent と言う。そこで生活する人が「修道士」で monk と呼ばれる。「修道女」（尼僧）は nun である。修道者たちは「清貧」「貞潔」「服従」という3つの誓いを立てることが求められる。男女とも独身を守ることも条件となる。生活は基本的に自給自足で、分刻みの厳しい時間割に従った生活を送る。

monk（修道士）

2）修道者の組織として有名な団体としては、6世紀にイタリアのベネディクトゥスによって創立された「ベネディクト修道会」、スペイン生まれのドミニクスが創始した「ドミニコ修道会」、イタリア、アッシジのフランシスコが創始した「フランシスコ会」、イグナティウス・デ・ロヨラが創立した「イエズス会」などが有名である。日本で布教活動をしたフランシスコ・ザビエルはロヨラとともにイエズス会の創立メンバーの1人だった。なお、日本にも、函館や大分に「トラピスト修道院」がある。

3）古代から中世にかけては、ヨーロッパ各地の修道院が文化や学問の中心となった。聖書の研究などのほか、収入源としてぶどう酒やビール造りなども行われた。なお、イギリスではヘンリー8世がローマ・カトリック教会から絶縁した1530

年代にすべての修道院が廃止され、修道士や修道女は追放され、財産は国家に没収された。現在、イギリスには今なお多くの修道院が廃墟として残り、観光名所となっている。

メテオラ修道院群（ギリシャ）

Pope
ローマ教皇

1）ローマ・カトリック教会の最高位の聖職者。教皇は地上におけるイエス・キリストの代理人とされ、世界の全カトリック教会を指導する絶対的な存在で、非世襲の終身職。なお、Pope の語源はラテン語の papa（父）である。

2）教皇の住居はバチカン市国（Vatican City）にある教皇庁である。バチカン市国は世界最小の独立国で、面積は 0.44㎢。東京の日比谷公園の 3 倍程度の広さである。

3）教皇が死去した場合、次の教皇は教皇に次ぐ高位聖職者である枢機卿（cardinal）の中から選出される。教皇を選ぶこの選挙をコンクラーベ（conclave）という。コンクラーベは全世界にいる約 120 人の枢機卿が集まって秘密会議の形で行われる。新教皇が満場一致で決められない場合は、無記名投票で 3 分の 2

の多数決を得るまで何回でも行われる。新しい教皇が決まったときは煙突から白い煙が上がり、決まらないときは黒い煙が出て選挙が続く。なお、conclave は「かぎがかけられた」の意のラテン語から来ている。

第266代ローマ教皇フランシスコ（在位2013年〜）

枢機卿（cardinal）たち

Saint
聖人

1）カトリック教会では、特に信仰と徳にすぐれた人や、信仰のために迫害に耐え命を犠牲にした殉教者などを、その死後ローマ教皇の権限によって「聖人」とする。特にヨーロッパでは、聖人崇敬の伝統が長い。「教会暦」というものがあり、1年365日のほとんどすべてが何らかの聖人の祝日と定められている。なお、プロテスタントでは、聖人崇敬はキリスト教の本義にもとるものとして認めていない。

2）聖人の中には、個人や都市・国、職業などを守ってくれるとされる守護聖人（patron saint）もいる。たとえば、聖ジョージ（St. George）はイングランドの、聖アンドレ（St. Andrews）はスコットランドの、聖パトリック（St. Patrick）はアイルランドの、聖デービッド（St. David）はウェールズの守護聖人である。なお、St. は Saint の略。

3）聖人ゆかりの人名や地名も非常に多い。たとえば John（ジョン）、Michael（マイケル）、Paul（ポール）は、それぞれ「ヨハネ」「ミカエル」「パウロ」に由来する。また、地名でも San、Saint、Santa などが頭につく地名はどれも「聖」と関係がある。たとえば、San Francisco（サンフランシスコ）は「聖フランチェスコ」から、St. Louis（セントルイス）はこの港町の建設当時のフランス国王ルイ 15 世とその守護聖人ルイ 9 世に由来する。また、ニューメキシコ州の州都 Santa Fe（サンタフェ）も「聖なる信仰」の意のスペイン語から来ている。

4）特に有名な聖人としては、ユダを除くイエスの 12 人の弟子（十二使徒；→ p.85）以外に以下のような人がいる。

聖ニコラウス（St. Nicholas）
小アジアの司教（270 ～ 343）。貧者を憐れみ、財産のすべてを貧者に分け与えたといわれる。サンタクロース信仰のもとになった。→ **Santa Claus (p.123)**
聖ジョージ（St. George）
イングランドの守護聖人（280 ～ 303）。竜（dragon）を退治して王女を救出したという伝説がある。「聖ゲオルギオス」ともいう。→ **dragon (p.118)**
聖アウグスティヌス（St. Augustine）
初期キリスト教会最大の指導者（354 ～ 430）。
聖フランチェスコ（St. Francis of Assisi）
「アッシジのフランチェスコ」として知られるイタリアの修道士（1182 ～ 1226）。自然を愛し清貧に生きたカトリック教会最大の聖人で、イエスの再来と

までいわれる。ルネサンス期の絵画には小鳥に説教する姿が描かれている。

聖イグナティウス・デ・ロヨラ（St. Ignatius of Loyola）

スペインの聖職者で、イエズス会の創設者（1491 ～ 1556）。

アッシジの聖フランチェスコ

Virgin Mary
聖母マリア

1）イエス・キリストの母。the Blessed Virgin (Mary) ともいう。blessed は「神に祝福された」の意で、発音は / ブレシッド /。　新約聖書によれば、マリアは聖霊によって身ごもり、処女（virgin）のままでイエスを生んだことになっている（『マタイの福音書』18：25、『ルカの福音書』26：38）。なお、信徒は敬意と親しみを込めて the Blessed Mother と呼ぶ。→ **Jesus Christ（p.78）**

2）カトリック教会では、マリアは人類の中でただ 1 人、「原罪」（original sin）なしに生まれてきたとされ、これを「無原罪受胎」（the Immaculate Conception）という。また、マリアは死後、肉体を備えたまま天に上げられたとされ、これを「聖母被昇天」（the Assumption）という。自ら昇天したとされるイエスに対して、マリアは神の力で「昇天を受けた」という意味で、「被昇天」と呼ばれるのである。→「原罪について」(p.65)

3）マリアは童貞無垢の聖母（神の母）として、特にカトリック教会では尊崇の対象となっている。マリアに関わる祝日や記念日も数多くあるが、このようなマ

リア崇拝はキリスト教以前の大地の母神への信仰と結びつけられたものと考えられている。なお、プロテスタントの諸派はマリア崇拝を偶像崇拝として退ける。

4）Virgin Mary の別名に Our Lady がある。「我らがマリア様」の意で、Our Lord（「我らが主」、すなわちイエス・キリスト）に対する。また、Madonna（マドンナ）という呼称もあり、日本語にもなっているが、これはもともとイタリア語で「ma（我が）＋ donna（女性）」の意である。特に 16 世紀以降のイタリアで、絵画や彫刻の主題としての聖母マリアを指すことばとして定着した。なお、フランス語の Notre-Dame（ノートルダム）も「我らの貴婦人」という意味である。フランスに多いノートルダム聖堂はいずれも聖母マリアに捧げられたもの。

5）声楽曲としても有名な「アベ・マリア」（Ave Maria）は「マリアに幸あれ」の意のラテン語で、聖母マリアへの賛歌である。カトリック教会の主要な祈とう文の１つで、「天使祝詞」ともいう。声楽曲としては、シューベルト、グノーなどの作品が有名。

ラファエル「マドンナ・テラヌオーヴァ」

サンドロ・ボッティチェリ
「バラ園の聖母」

〈掲載画像一覧〉
第6章
p.152 （左）braetschit による Pixabay からの画像
　　　（中）M. Unal Ozmen / Shutterstock.com
　　　（右）Mimzy による Pixabay からの画像
p.153 TownePost Network - Jack's Donuts, CC　表示 2.0,
https://commons.wikimedia.org/w/index.php?curid=43744007
p.155 （1L・左）Pezibear による Pixabay からの画像
　　　（1L・右）Merry Christmas による Pixabay からの画像
　　　（2L・左）iCurro による Pixabay からの画像
　　　（2L・右）Brent Hofacker / Shutterstock.com
　　　（3L・左）stock.foto
　　　（3L・右）photoAC
　　　（4L・左）Krzysztof Jaracz による Pixabay からの画像
　　　（4L・右）photoAC
p.156 （左）Paul Brennan による Pixabay からの画像
　　　（右）JRCologne による Pixabay からの画像
p.157 （左）Oleg Golovnev / Shutterstock.com
　　　（右）ATIKAN PORNCHAIPRASIT / Shutterstock.com
p.159 Studio Romantic / Shutterstock.Inc.
p.160 （左上）Gjermund / Shutterstock.com
　　　（中上）cosma / Shutterstock.com
　　　（右上）RTimages / Shutterstock.com
　　　（左中）Smolina Marianna / Shutterstock.com
　　　（右中）Creative Studio / Shutterstock.com
　　　（左下）Natasha G による Pixabay からの画像
　　　（右下）Oleksandr Lysenko / Shutterstock.com
p.161 （左上）Henrik A. Jonsson / Shutterstock.com
　　　（中上）vitaliy_73
　　　（右上）wavebreakmedia / Shutterstock.Inc.
　　　（左下）By Anonymous, Netherlands - http://4.bp.blogspot.com/_
Bs1pXxAZsr0/SMPiZ183ikI/AAAAAAAAChA/ScO_ZYNmZsA/
s1600-h/court-jester.jpg, Public Domain, https://commons.wikimedia.
org/w/index.php?curid=7416001
　　　（右下）Anton_Ivanov / Shutterstock.com
p.162 （左上）Monica Volpin による Pixabay からの画像
　　　（左下）Pexels の Polina Tankilevitch による写真
　　　（右）Pexels の cottonbro による写真
p.163 AlikeYou / Shutterstock.Inc.
p.164 （左）EWAR による Pixabay からの画像
　　　（中）svetlanabar による Pixabay からの画像
　　　（右）パブリック・ドメイン, https://commons.wikimedia.org/w/
index.php?curid=663510
p.165 （上）https://commons.wikimedia.org/w/index.php?curid=31611772
　　　（下）By Pietro Perugino - See below., Public Domain, https://commons.
wikimedia.org/w/index.php?curid=38902703
p.168 （左）congerdesign による Pixabay からの画像
　　　（右）Pexels の Karolina Grabowska による写真
p.170 （1L・左）chrisdorney / Shutterstock.com
　　　（1L・中）Ron Ellis / Shutterstock.com
　　　（1L・右）loocmill / Shutterstock.com
　　　（2L・左）Bikeworldtravel / Shutterstock.com
　　　（2L・中）chrisdorney / Shutterstock.com
　　　（2L・右）Bikeworldtravel / Shutterstock.com
　　　（3L・左）meunierd / Shutterstock.com
　　　（3L・中）Bikeworldtravel / Shutterstock.com
　　　（3L・右）Bikeworldtravel / Shutterstock.com
　　　（4L・左）Bikeworldtravel / Shutterstock.com
　　　（4L・中）Viiviien / Shutterstock.com
　　　（4L・右）Bikeworldtravel / Shutterstock.com
p.172 （左上）Musical Linguist, CC 表示-継承 3.0, https://commons.
wikimedia.org/w/index.php?curid=1100178 による
　　　（右上）Lebensmittelfotos による Pixabay からの画像
　　　（下）stock.foto
p.174 Piu_Piu / Shutterstock.com
p.176 stock.foto
　　　（右）peperompe による Pixabay からの画像
p.177 （左上）Posiative_Images による Pixabay からの画像
　　　（中上）stock.foto
　　　（右上）Pashminu Mansukhani による Pixabay からの画像
　　　（左下）photoAC
　　　（右下）Pexels の Alexandra Maria による写真
p.179 （左上）Air Images / Shutterstock.Inc.
　　　（右上）Ekaterina Pokrovsky / Shutterstock.Inc.
　　　（下）W.D. Cooper - W.D. Cooper. "Boston Tea Party.",
The History of North America. London: E. Newbury, 1789.in
book: The History of North America. London: E. Newbury, 1789.
Engraving. Plate opposite p. 58.Rare Book and Special Collections
Division, Library of Congress (40)(image reference) (image source),
パブリック・ドメイン, https://commons.wikimedia.org/w/index.
php?curid=462709 による
p.181 （左上）slava17 / Shutterstock.com
　　　（中上）Stanislav Popov / Shutterstock.com
　　　（下）stokpic による Pixabay からの画像
　　　（左）By Nathanael Moore - Own work, Public Domain, https://commons.
wikimedia.org/w/index.php?curid=1269922
p.182 Dmitry Melnikov / Shutterstock.com
p.186 （上）BillBl - originally posted to Flickr as Chateau Haut-
Brion, CC　表示 2.0, https://commons.wikimedia.org/w/index.
php?curid=4093026 による
　　　（右上）Sergey Nemo による Pixabay からの画像
　　　（左下）switchh による Pixabay からの画像
　　　（右下）luctheo による Pixabay からの画像

第7章
p.190 JustDog - パブリック・ドメイン, https://commons.wikimedia.
org/w/index.php?curid=3365020
p.191 （上）Ken Durden / Shutterstock.com
　　　（右下）Keith Johnston による Pixabay からの画像
p.200 PA - Action Images, パブリック・ドメイン, https://commons.
wikimedia.org/w/index.php?curid=62430280
p.204 paul birrell, CC 表示-継承 2.0, https://commons.wikimedia.
org/w/index.php?curid=698798
p.206 Featureflash Photo Agency / Shutterstock.com
p.209 photoAC
　　　（右上）jacqueline macou による Pixabay からの画像
　　　（中）Patrick Case による Pixabay からの画像
　　　（下）Monica Volpin による Pixabay からの画像
p.210 Paolo Bona / Shutterstock.com
p.212 （左）Leonard Zhukovsky / Shutterstock.com
　　　（右）Maxisport / Shutterstock.com
p.216 Davidwboswell から en.wikipedia.org, CC 表示-継承 3.0,
https://commons.wikimedia.org/w/index.php?curid=2634477

第8章
p.219 （上）By Oskar Gustav Rejlander (1813? - 1875) - http://www.
educ.fc.ul.pt/docentes/opombo/seminario/alice/lewis_carroll.htm; a flipped
and cropped version of the photo in File:Lewis Carroll 1863.jpg., Public
Domain, https://commons.wikimedia.org/w/index.php?curid=529248
　　　（中、p.7）ジョン・テニエル - Alice in Wonderland, Illustrator:
Tenniell 1st Russian Edition, パブリック・ドメイン, https://commons.
wikimedia.org/w/index.php?curid=629690
　　　（左下）John Tenniel - https://www.cs.cmu.edu/~rgs/alice-VI.html,
パブリック・ドメイン, https://commons.wikimedia.org/w/index.
php?curid=93261
　　　（中下）パブリック・ドメイン, https://commons.wikimedia.org/w/
index.php?curid=629697
　　　（右下）ジョン・テニエル - Alice in Wonderland, パブリック・ドメイン,
https://commons.wikimedia.org/w/index.php?curid=629624
p.220 （左）Universal Studios, パブリック・ドメイン, https://
commons.wikimedia.org/w/index.php?curid=17161363
　　　（右）By Edvard Munch - Google Art Project: pic, Public Domain,
https://commons.wikimedia.org/w/index.php?curid=37643012
p.221 （左）https://commons.wikimedia.org/w/index.php?curid=59420814
　　　（右）Universal Studios, NBCUniversal - Dr. Macro, パブリック・ドメ
イン, https://commons.wikimedia.org/w/index.php?curid=3558176
p.223 （左）J・J・グランヴィル - パブリック・ドメイン, http://skladba.
blogspot.com/2007/07/1803-1847.htmlTransferred from
cs.wikipedia; transferred to Commons by User:Sevela.p using
CommonsHelper., パブリック・ドメイン, https://commons.wikimedia.
org/w/index.php?curid=8368514
　　　（右）Grandville - http://galatea.univ-tlse2.fr/pictura/UtpicturaServeur/
Presentation.php, パブリック・ドメイン, https://commons.wikimedia.
org/w/index.php?curid=8364981
p.224 （左）Project Gutenberg, パブリック・ドメイン, https://
commons.wikimedia.org/w/index.php?curid=700846
　　　（右）By E. W. Kemble (1861–1933) - Transferred from en.wikipedia
to Commons., Public Domain, https://commons.wikimedia.org/w/
index.php?curid=1854602
p.225 （左）パブリック・ドメイン, https://commons.wikimedia.org/
w/index.php?curid=238447
　　　（右）W・W・デンスロウ - Library of Congress [1], パブリック・ドメイン,
https://commons.wikimedia.org/w/index.php?curid=11121180
p.226 PlusMinus - Photo by PlusMinus, CC 表示-継承 3.0, https://
commons.wikimedia.org/w/index.php?curid=1082656
p.227 （左）ビアトリクス・ポター (1866-1943) - Wikisource ebook of
The Tale of Peter Rabbit, パブリック・ドメイン, https://ja.wikipedia.
org/w/index.php?curid=1883064
　　　（右）Garry Basnett / Shutterstock.com
p.228 パブリック・ドメイン, https://commons.wikimedia.org/
w/index.php?curid=539444
　　　（右）Michael Van der Gucht (Flemish, 1660-1725) - www.npg.org.
uk, パブリック・ドメイン, https://commons.wikimedia.org/w/index.
php?curid=470988
p.229 （左）Juhanson - Image taken by Juhanson with Canon EOS
10D camera, CC 表示-継承 3.0, https://commons.wikimedia.org/w/
index.php?curid=197608
　　　（右）シドニー・パジェット - de:Wikipedia, パブリック・ドメイン,
https://commons.wikimedia.org/w/index.php?curid=6635141
p.230 （上）Hammatt Billings - http://muarchives.missouri.edu/
images/exh_libraries/LE-SpecUncleTomsCabinLarge300res.JPG
(Original work is in the public domain), パブリック・ドメイン, https://
commons.wikimedia.org/w/index.php?curid=1974957 による
　　　（右上）パブリック・ドメイン, https://commons.wikimedia.org/w/
index.php?curid=230387
　　　（下）Public Domain, https://commons.wikimedia.org/w/index.
php?curid=3656419
p.231 l, Gophi, CC 表示-継承 3.0, https://commons.wikimedia.org/
w/index.php?curid=2426250 による
p.232 （左）By User User: on en.wikipedia - Originally from en.wikipedia;
description page is (was) here, Public Domain, https://commons.
wikimedia.org/w/index.php?curid=854090
　　　（右）By Illustration by W.W. Denslow (d. 1915) - Library of Congress
LC Control No.: 03032405 (p. 81), Public Domain, https://commons.
wikimedia.org/w/index.php?curid=4674617

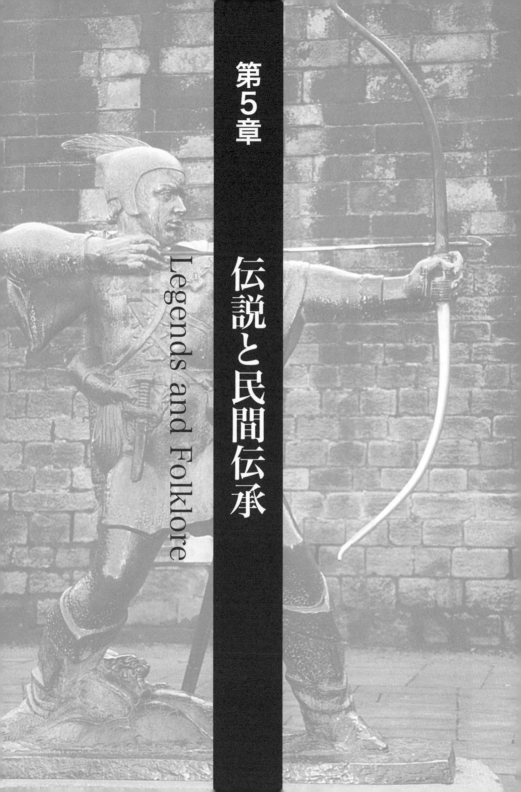

第5章

伝説と民間伝承

Legends and Folklore

Arthur, King
アーサー王

1）5 〜 6 世紀ごろのブリトン人（ケルト人の一派）の伝説的な王。ブリトン人を率いて、侵入してきたアングロ・サクソン人をしばしば撃退したとされる。実在は証明されていないが、モデルらしき人物はいたという説もある。

2）ケルト系のブリトン人はブリテン島の先住民でありながら、大陸から侵攻してきたアングロ・サクソン人たちによって島の周辺部に追いやられてゆく。アーサー王伝説が広まった背景には、敗者となったブリトン人の怨念と再興への願いがあるとされる。

3）伝説によると、アーサーはマーリン（Merlin）という魔法使いに育てられ、15 歳のとき名剣エクスカリバー（Excalibur）を岩から抜き取るテストに合格して、諸侯に推されてブリテン（Britain）王になった。そしてサクソン人などと戦って勝利を収め、美しいグィネヴィア（Guinevere）姫と結婚して、キャメロット（Camelot）に住んだ。

4）アーサー王の宮廷では、上下の差別をしないように、大理石の円卓（round table）を作って、そこに 150 人の騎士たちを座らせた。この騎士団は the Knights of the Round Table（円卓の騎士団）と呼ばれる。また、このことから、いわゆる「円卓会議（の参加者）」を round table と呼ぶようになった。

5）円卓の騎士の中で最もすぐれた騎士がランスロット（Lancelot）である。彼は抜群の武芸と気品の高さでたちまち王の信頼を得、やがて王妃ギネビアと激しい恋に落ちる。この不倫の恋は円卓騎士団の崩壊の原因となった。なお、このような貴婦人への絶対的献身による恋愛は courtly love（宮廷風恋愛）と呼ばれ、中世騎士道（chivalry）の理想とされた。

「サー・ガラハッド」
（アーサー・ヒューズ）

Cinderella
シンデレラ

1）まま母とその連れ子の姉妹に虐待されたが、のちに王子と結婚した童話の主人公。まま子いじめの話だが、類似の昔話は世界各地にある。これが 17 世紀のフランスの作家シャルル・ペロー (Charles Perraut) の『童話集』(1697) によって、‘Cinderella’ は玉のこしに乗った女性や、無名から一躍注目の的になった人を指すようになった。

2）ペローの『童話集』は実は彼の創作ではなく、民間に伝わっていた昔話を集めて語り直したものである。シンデレラのはく靴が「ガラス」となっているのはペローの間違いによるものらしい。当時の靴は動物のテン(貂)などの毛皮を使ったものが多く、ペローはシンデレラ物語を書くとき、「白テン」を表す古いフランス語 vair を、同じ発音で「ガラス」を表す verre と間違えたというのである。ちなみに、シンデレラの話はグリム (Grimm) の童話集にもあるが、こちらはガラスの靴もカボチャの馬車も登場しない。

3）今では、Cinderella は Cinderella boy のように男にも用いる。また、Cinderella story は比喩的に「突然の成功物語」の意味になる。

ギュスターブ・ドレ画

エドマンド・デュラック画

Dragon
竜、ドラゴン

１）dragon はうろこに覆われ、翼と鋭い爪を持つ巨大な爬虫類の怪物である。口から火を吐くとされる。世界各地の神話や伝説に現れる。

２）西洋では悪の化身とされることが多く、多数の聖人（saint）がドラゴンを退治したことになっている。特にイングランドの守護聖人である聖ジョージ（St. George）の竜退治は有名で、馬上から長い槍で竜を突き刺している姿はしばしば絵画の題材になっている。また、イギリス最古の叙事詩とされる『ベーオウルフ』(Beowulf) は、勇士ベーオウルフが食人鬼や竜を退治する話である。ただし、物語の舞台はイギリスではなく、北欧である。

３）ギリシャ神話や聖書では dragon は Satan（悪魔）のシンボルであり、the Dragon といえば悪魔のことである。竜の紋章は敵を恐れさせるために旗や盾などによく用いられた。ウェールズの国旗には赤竜 (red dragon) が描かれている。ちなみに、ウェールズのラグビーナショナルチームの愛称は「レッドドラゴン」である。

４）一方、インドや中国など東洋の竜の大もとは蛇で、「水神」としての性格を持ち、常に水中深くにすむ。また、時に天に昇って風雲を起こし、雨を降らすことができるとされる。この点、dragon と東洋の「竜」は全く異なる。

５）昆虫の「トンボ」のことを dragonfly と言うが、これはトンボの大きな目玉と細い体型が dragon に似ているからである。ちなみに、日本ではトンボは特に子どもたちに愛されるが、英語圏では悪魔の連想もあり、怖がられることが多い。

西洋の dragon　　　　　　　　　東洋の竜

Fairy
妖精、フェアリー

1）西洋の伝説や民話などに登場する超自然的な存在。概して小柄で、人間に近い姿や性質を持つ。近世までは、どちらかというと邪悪な存在として、悪魔(devil)や魔女（witch）などと同様、人に恐れられる存在だったが、おとぎ話（fairy tale）や童話、またシェイクスピアの作品などによって、かわいくて美しい存在というイメージが広まった。

2）シェイクスピアの初期の喜劇『夏の夜の夢』（A Midsummer Night's Dream）は、若い4人の男女の恋のもつれ話と、職工ボトム（Bottom）とその仲間という3つの人間グループに魔法の森のオベロン王（Oberon）、ティターニア（Titania）、パック（Puck）といった妖精たちがからみ、最後に1つにまとまって婚礼を祝うという筋。なお、シェイクスピアの他の作品では『ハムレット』、『ウィンザーの陽気な女房たち』、『マクベス』、『嵐』などでも、妖精、魔女、亡霊などが重要な役割を果たしている。

●主な fairy たち（アルファベット順）
banshee　バンシー
アイルランドやスコットランドに伝わる不吉な女の妖精。泣き声を聞かせたりして家族の死を予告するとされる。長い髪をなびかせ、緑の衣の上に灰色のマントを着ているという。
brownie　ブラウニー
スコットランドの妖精。性質は温和で親しみ深い。背丈は低く、茶色（brown）の髪はくしゃくしゃである。人家に現れては、人が寝ている夜間に掃除をしたり、家事の手伝いをしたりするが、お礼に何かを渡そうとすると、それを嫌ってその後現れなくなってしまうという。
elf　エルフ
とがった耳を持ついたずら好きの小妖精。物をかすめ取ったり、生まれたばかりの赤ん坊を盗んで、代わりに醜い「取り替え子」(changeling）を残していくという。なお、現在は fairy と同じ意味で用いることもある。
gnome　ノーム
老人の姿をした小妖精。地中に住み、宝を守るという。茶色の帽子をかぶっている。イギリス人の家の庭にはこれをかたどった置き物がよく置かれている。
goblin　ゴブリン
人間に敵意を持ち、いたずらをする小鬼。体は小さく、恐ろしい顔をしている。民家や木の割れ目、沼地、鉱山などにも住むという。
leprechaun　レプラコーン

アイルランド民話に出てくる、老人の姿をした小人の妖精。いつも寂しい場所で靴を片方だけ作っているという。財宝の隠し場所を知っており、捕らえられるとそれを教えるといわれる。

Oberon　オベロン

中世伝説の妖精の国の王。不格好だが、美しい天使の顔をしていて、超人的な能力を持つという。→ **Titania**

pixy、pixie　ピクシー

イングランド南西部に伝わる小妖精。赤い髪、とがった耳、上向いた鼻などの姿で描かれることが多い。物を隠したり、ろうそくを消したりと、いたずらばかりする。いつも赤いとんがり帽子をかぶり、緑の服を着ている。

Puck　パック

山野に出没するいたずら好きの小妖精。シェイクスピアの『夏の夜の夢』では、Oberon の従者として活躍する。hobgoblin、Robin Goodfellow などともいう。

Titania　ティターニア

妖精の国の女王で、Oberon の妃。シェイクスピアの『夏の夜の夢』では、高慢で強情だがコケティッシュな女王として描かれている。

―――――――――――――――――――――――――――――――――
＜参考＞

1）fairy ring（妖精の輪）という迷信がある。芝地に菌類が環状に生えてできた濃い緑色の部分で、妖精たちの舞踏の跡と信じられた。この舞踏に加わった人間は早く救い出さないと妖精に連れ去られるという。

2）fairy はトールキン（J.R.R.Tolkien；1892 ～ 1973) のファンタジー小説 *The Hobbit*（『ホビットの冒険』）、*The Lord of the Rings*（『指輪物語』）や、最近ではローリング（J.K.Rowling；1965 ～）のハリー・ポッター（Harry Potter）シリーズにも登場する。

3）日本には西洋のような妖精は存在しないので、「妖精」ということばが独り歩きして、美しいフィギュアスケーターを「氷上の妖精」などと形容することがあるが、本来の fairy のイメージとはかなり異なる。

―――

地の妖精ノーム（gnome）

fairy ring（妖精の輪）

Mother Goose
マザーグース

1）マザーグースはイギリスで古くから伝えられてきた数々の伝承童謡の総称で、総数は 1,000 とも 2,000 ともいわれる。Nursery Rhymes（子ども部屋の押韻詩）とも呼ばれる。

2）Mother Goose（がちょうおばさん）という名前の由来は、フランスの作家シャルル・ペローの童話集が 1729 年にイギリスで英訳出版されたときの副題が 'Mother Goose's Tales' であったことからという。さらに、1765 年ごろ、児童書の出版者として活躍していたニューベリー（John Newbery）という人が 51 編の唄を収録した童話集を刊行し、それに Mother Goose's Melody というタイトルをつけたため、さらに広まったらしい。

3）マザーグースは映画や小説でよく使われるだけでなく、ポップスなどでもしばしば引用される。たとえばビートルズ（the Beatles）は、"Lady Madonna", "I Am The Walrus", "Can't Buy Me Love", "Cry Baby Cry" など、多くの曲でマザーグースを引用している。

4）マザーグースには、たわいのないものも多いが、中にはナンセンスなものや、残酷でグロテスクなものも含まれている。また、ユーモアはマザーグースの重要な要素である。以下に挙げるのはいちばん有名なナンセンス唄の 1 つ。

Hey Diddle, Diddle

Hey diddle, diddle
The cat and the fiddle,
The cow jumped over the moon;
The little dog laughed
To see such sport,
And the dish ran away with the spoon.

へっこら、ひょっこら、へっこらしょ。
ねこが胡弓ひいた、
めうしがお月さまとびこえた、
こいぬがそれみてわらいだす、
お皿がおさじをおっかけた。
へっこらしょ、ひょっこら、へっこらしょ。

（北原白秋訳）

121

Robin Hood
ロビン・フッド

1）イギリス中世（13 世紀ごろ）の伝説的英雄。元貴族の若者だが、ノッティンガムシャー（Nottinghamshire）のシャーウッドの森（Sherwood Forest）を根城にして、イギリスを侵略・征服したノルマン人の貴族や金持ちを襲って金品を奪い、これを土着のアングロ・サクソン系の貧しい人々に分け与えたという。大男のリトル・ジョン（Little John）、タック和尚（Friar Tuck）ほか弓矢の名手を多数かかえ、一種の義賊として大活躍したという。

2）ロビン・フッドは古くからイギリス国民に愛され、多くのバラッド（ballad 物語詩）に詠われた。小説家・詩人スコット（Walter Scott）の『アイバンホー』（*Ivanhoe*；1819）などにも登場する。ロビンはいつも緑の服を着ていたが、これは彼が森の中に居住していたので敵の目から身を守るための一種の迷彩服だったとされる。

3）Nottinghamshire の州都ノッティンガムには、ロビン・フッドに関する博物館があり、ロビン・フッド伝説のメッカになっている。

ロビン・フッド像
（ノッティンガム城）

Santa Claus
サンタクロース

1）赤い衣装で長い白ひげを生やした想像上の老人。クリスマスにはこの老人が煙突から降りてきてプレゼントを置いていってくれると子どもたちは信じている。また、サンタクロースは北極に住んでいて、クリスマスになると空を飛ぶトナカイ（reindeer）に引かれたそりに乗ってやって来ると考えられている。

2）Santa Claus という名前は、4世紀ごろ小アジア（現在のトルコのあたり）の港町ミュラにいた聖ニコラウス（Saint Nicholas）という司教の名前に由来するらしい。ニコラウスは両親の残した遺産を使って貧しい人々を救うなどの善行を施したとされる。彼はその後、聖人（saint）に列せられ、子どもや船乗りの守護聖人となった。この Saint Nicholas の逸話がオランダ系のピューリタン（清教徒）たちによってアメリカの植民地にもたらされた。Saint Nicholas が Santa Claus になったのは、一説によれば、オランダ語方言の *Sante Klaas* がなまって英語化したためという。なお、Claus の発音は / クローズ / である。

3）現代のサンタクロースのイメージはアメリカ生まれである。1822年に Clement C. Moore という学者が子どもたちに読み聞かせるために書いた詩が評判を呼び、短期間に子どもたちの間に広まった。でっぷり太った赤ら顔のサンタおじさんのイメージは、アメリカの政治漫画家 Thomas Nast（トーマス・ナスト）が週刊誌に描いた絵が発端である。また、そりに乗ってやって来るサンタのイメージも、1939年にシカゴのあるデパートが宣伝のために広めたものとされる。
　なお、サンタクロースの話は古い時代からの北方の伝承であって、キリスト教とは全く関係がない。ちなみに、イギリスではサンタクロースは Father Christmas とも呼ばれる。

現代のサンタクロース

1881年にトーマス・ナストによって描かれたサンタクロース

Sphinx
スフィンクス

1）エジプトからギリシャなどに伝わった伝説上の怪物。エジプトのスフィンクスは人間の顔とライオンの胴体を持ち、王の権力の象徴、あるいは魔よけとして神殿や墓所の入口などにその像が置かれた。ギザのピラミッドに付属したものが最古最大のスフィンクスとして特に有名で、全長 73m、高さは 20m ある。

2）一方、ギリシャのスフィンクスは女の顔とライオンの胴に翼を持った姿をしている。ギリシャのテーベでは、スフィンクスは住民になぞをかけ、解けない者を食い殺していた。しかしオイディプス（Oedipus）になぞを解かれ、岩から身を投げて死んだという。そのなぞというのは、「朝は 4 本足、昼は 2 本足、夜は 3 本足で歩く動物は何か？」というもので、オイディプスは「人間だ」と答えた。人間は小さいときは 4 本の手足で這って歩き、大きくなると立って 2 本足で歩き、年を取るとつえにすがって 3 本足になるから、というわけである（なお、この答えには別の説もある）。

エジプト、ギザの大スフィンクス

オイディプスとスフィンクス
（ギュスターブ・モロー画、1864）

「スフィンクスの謎を解くオイディプス」（バチカン美術館）

Unicorn
ユニコーン、一角獣

1) 中世を通じて現れる架空の動物で、「一角獣」ともいう。頭と胴体は馬、足はカモシカ、尾はライオンという姿で、額にはねじれた1本の長い角が生えている。unicorn という語は、ラテン語の *uni-*（= one）と *cornu*（= horn「角」）から来ている。

2) 気性が荒くどう猛な動物で、捕らえることが難しいが、処女の前ではおとなしくなってしまい、処女のひざに頭をのせて眠ってしまうという。この伝承は聖書にさかのぼり、ユニコーンをイエス・キリストに、処女を聖母マリアになぞらえるキリスト教的解釈もある。イギリスの作家マードック（Iris Murdoch；1919〜99）に *The Unicorn*（1963）という小説があり、"The unicorn is also the image of Christ."（ユニコーンはキリストの姿でもある）というくだりがある。一般に、ユニコーンは「純潔」「清純」の象徴とされる。

３）一方、ユニコーンの角には解毒の効能があると信じられ、ヨーロッパの王侯貴族たちはこぞって大金を投じてユニコーンの角を手に入れようとしたという。しかし、彼らが入手したのは、実際にはクジラの仲間のイッカク（narwhal）の牙だったようだ。

４）現在のイギリス王室の紋章は王冠を中心に左右にライオンとユニコーンが向かい合って立っているが、そもそもユニコーンはスコットランド王家の紋章だった。→ lion〈第 9 章〉

クリュニー美術館蔵のタピスリー「貴婦人と一角獣」

Witch
魔女

１）魔女は悪魔（devil）と結託することによって自分の魂と引き換えに妖術（witchcraft）を手に入れた人とされる。悪魔と契約しているとされた人は男性も witch と呼ばれたが、一般的には貧しい 1 人暮らしの老女など、社会的弱者が多かったようだ。

2）16 〜 17 世紀のヨーロッパでは、魔女の存在が一般に信じられていた。飢饉が頻発したりペストなどの悪疫が流行したりすると魔女のしわざとされ、何の罪もない人が捕らえられ、裁判にかけられて処刑された。これがいわゆる「魔女狩り」（witch hunt）であるが、キリスト教の普及後は、教義に従わないとみなされた者も「異端者」として迫害された。中世から 17 世紀のヨーロッパで魔女狩りで処刑された人は数万人以上に及んだという。

3）魔女狩りは当時イギリスの植民地だったアメリカでも行われた。1692 年、マサチューセッツ州のセーレム（Salem）で、牧師の家の女奴隷のことばを聞いてヒステリックな異常行動をした少女たちの告発によって事件は起きた。裁判が始まり、19 人の男女が処刑された。

4）シェイクスピア作の悲劇『マクベス』（Macbeth）の冒頭に、3 人の不気味な魔女が登場し、勇将マクベスをそそのかす。マクベスは魔女たちの暗示にかかって国王暗殺を思いつき、悲劇への道を踏み出す。

5）このように本来 witch は人に恐れられた存在だが、日本語の「魔女」は悪いイメージが忘れられ、もっぱら夢や願いごとをかなえてくれる存在として人気キャラクターになってしまった。アニメ『魔女の宅急便』の主役キキ、『魔法使いのサリー』のサリーなどがその典型である。

火あぶりの刑に処せられる「魔女」

〈掲載画像一覧〉

第 8 章

p.237 （右）MartinMerinsky - CC 表示 - 継承 4.0, https://commons.wikimedia.org/w/index.php?curid=76147549
p.238 donformigone1 による Pixabay からの画像
p.239 Wide World Photos, Chicago Bureau (Federal Bureau of Investigation) - http://gottahaveit.com/Al_Capone_Original_1930_s_Wire_Photograph-ITEM14763.aspx, https://commons.wikimedia.org/w/index.php?curid=20797289
p.240 （左）https://commons.wikimedia.org/w/index.php?curid=3011866
（右）https://www.berkeley.edu/news/berkeleyan/2009/05/01_botany.shtml, パブリック・ドメイン, https://commons.wikimedia.org/w/index.php?curid=637870
p.241 Ben Wittick (1845–1903) - This image is used in several forms on a number of websites. E.g.: [1] and [2]. Lower quality forms (uncleaned?) are available at [3], [4] and [5], パブリック・ドメイン, https://commons.wikimedia.org/w/index.php?curid=1070095
p.243 （上）James Hamilton Shegogue, 1806 - 1872 - National Portrait Gallery, Smithsonian Institution, Washington, D.C. https://npg.si.edu/object/npg_NPG.84.231, パブリック・ドメイン, https://commons.wikimedia.org/w/index.php?curid=78733790
（下）By Zygmunt Put Zetpe0202 - Own work, CC BY-SA 4.0, https://commons.wikimedia.org/w/index.php?curid=18119589
p.244 By Nejones1987 - Own work, CC BY-SA 4.0, https://commons.wikimedia.org/w/index.php?curid=79695912

第 9 章

p.246 （左）Sini-Meri Iivari による Pixabay からの画像
（右）By Leigh Bedford - https://www.flickr.com/photos/31447080@N04/3376075505/in/photolist-69kgCn-6cPp1J-71Erw1-71Ar5p-6cNS2C-6cJHPV-6cNRau-6cNRM1-bdFmf8-bdFmpB-66N41c-66N84R-ib7D2-7WNFHf, CC BY 2.0, https://commons.wikimedia.org/w/index.php?curid=27223324
p.247 PD-USGov, exact author unknown - https://www.nps.gov/chis/learn/nature/townsends-bats.htm, パブリック・ドメイン, https://commons.wikimedia.org/w/index.php?curid=192812
p.248 Clifford K. Berryman - Washington Post November 16, 1902, パブリック・ドメイン, https://commons.wikimedia.org/w/index.php?curid=574124
p.249 （左）Tanya_mtv / Shutterstock.com
（右）Forest Service, United States Department of Agriculture, in cooperation with the Association of State Foresters and the Advertising Council - http://gis.nwcg.gov/gist_2004/logos/federal_logos.html,
パブリック・ドメイン, https://commons.wikimedia.org/w/index.php?curid=627315
p.250 edmondlafoto による Pixabay からの画像
p.251 （上）Alter-ego / Shutterstock.Inc.
（下）Monkey Business Images / Shutterstock.com
p.252 （左）Jack Dykinga, edited by Fir0002 - taken by the USDA http://www.ars.usda.gov/is/graphics/photos/k5680-1.htm ; photo by Jack Dykinga. (Caption: "scientists are helping users of American rangelands meet the challenge of managing multiple uses sustainably.", パブリック・ドメイン, https://commons.wikimedia.org/w/index.php?curid=1048563
（右）By Eleleleven from Bielefeld, Deutschland - Wasserbüffel, CC BY-SA 2.0, https://commons.wikimedia.org/w/index.php?curid=47728816
p.253 Ronny Overhate による Pixabay からの画像
p.254 （左）Yaan - 投稿者自身による作品, CC 表示 - 継承 3.0, https://commons.wikimedia.org/w/index.php?curid=4205511 による
（右）Jjron - 投稿者自身による作品, CC 表示 - 継承 3.0, https://commons.wikimedia.org/w/index.php?curid=2831408 による
p.255 Juan M. Garrán Barea による Pixabay からの画像
p.256 （左）Saperaud - German Wikipedia, original upload see version history, パブリック・ドメイン, https://commons.wikimedia.org/w/index.php?curid=328504 による
（右）By Source, Fair use, https://en.wikipedia.org/w/index.php?curid=27765281
p.257 （左右）photoAC
p.258 Toy Works in Middle Falls, NY - Daniel Schwen, CC 表示 - 継承 3.0, https://commons.wikimedia.org/w/index.php?curid=17204873 による
p.280 （左上）By Karin Langner-Bahmann - Own work, CC BY-SA 3.0, https://commons.wikimedia.org/w/index.php?curid=950497
（中上）Pguthrie - en wikipedia, パブリック・ドメイン, https://commons.wikimedia.org/w/index.php?curid=788343 による
（右上）(Photo: Albert Hester, Clapton, N.E.) - "The Book of the Cat" by Frances Simpson, パブリック・ドメイン, https://commons.wikimedia.org/w/index.php?curid=8620759 による
（左下）Tkeiger at en.wikipedia, CC 表示 3.0, https://commons.wikimedia.org/w/index.php?curid=5224434 による
（中下）By Karin Langner-Bahmann, upload von Martin Bahmann - Own work, CC BY-SA 3.0, https://commons.wikimedia.org/w/index.php?curid=3020045
（右下）Jagodka / Shutterstock.com
p.262 （左）Keith Weller/USDA - www.ars.usda.gov: Image Number K5176-3, パブリック・ドメイン, https://commons.wikimedia.org/w/index.php?curid=808501 による
（右）パブリック・ドメイン, https://commons.wikimedia.org/w/index.php?curid=203628 による
p.264 （上）Mary Pahlke による Pixabay からの画像
（左下）Crystal Henze による Pixabay からの画像
（右下）HeatherLion - edited version of https://en.wikipedia.org/wiki/File:Royal-_A_Rhode_Island_Red_Rooster.jpg, CC 表示 - 継承 3.0, https://commons.wikimedia.org/w/index.php?curid=37938053 による

p.265 （右）VIVIANE MONCONDUIT による Pixabay からの画像
（右）photoAC
p.266 Cornelia Schneider-Frank による Pixabay からの画像
p.267 By JJ Harrison (https://www.jjharrison.com.au/) - Own work, CC BY-SA 3.0, https://commons.wikimedia.org/w/index.php?curid=12200793
p.269 （左上）Steve Mantell による Pixabay からの画像
（右上）M W による Pixabay からの画像
（左下）ArtTower による Pixabay からの画像
（右下）photoAC
p.271 By H.Heuer - Self-photographed, Public Domain, https://commons.wikimedia.org/w/index.php?curid=16051575
（右）Виктория Павлова による Pixabay からの画像
p.272 （右上）Purplehorse による Pixabay からの画像
（左下）TheOtherKev による Pixabay からの画像
（右下）Becky Swora / Shutterstock.com
p.273 （右上）Sonja Widerström による Pixabay からの画像
（右下）Pitsch による Pixabay からの画像
（左下）Sady Muñoz による Pixabay からの画像
（右下）Yama Zsuzsanna Márkus による Pixabay からの画像
p.274 （左上）mngnorrisphotos による Pixabay からの画像
（右上）パブリック・ドメイン, https://commons.wikimedia.org/w/index.php?curid=897601 による
（下）Daniel Albany による Pixabay からの画像
p.275 Willyam Bradberry / Shutterstock.com
p.276 Jasmin777 による Pixabay からの画像
（上）Web Gallery of Art: 静止画 Info about artwork, パブリック・ドメイン, https://commons.wikimedia.org/w/index.php?curid=15884092 による
p.277 （左）Democratic Party (United States) - https://democrats.org/, パブリック・ドメイン, https://commons.wikimedia.org/w/index.php?curid=95759292 による
（右）Democratic Party (United States) - https://democrats.org/, パブリック・ドメイン, https://commons.wikimedia.org/w/index.php?curid=95759292 による
p.278 Lovely Bird による Pixabay からの画像
p.279 Nowaja による Pixabay からの画像
p.280 （左）U.S. Government - Extracted from PDF version of Our Flag, available here (direct PDF URL here.), パブリック・ドメイン, https://commons.wikimedia.org/w/index.php?curid=41373752
（右）Andrey Lobachev / Shutterstock.com
p.281 Michael Siebert による Pixabay からの画像
p.282 Mick Atkins / Shutterstock.com
p.283 （左）WikiImages による Pixabay からの画像
（右）Eric Isselee / Shutterstock.com
（右下）Alpsdake - CC 表示 - 継承 3.0, https://commons.wikimedia.org/w/index.php?curid=27312735
p.284 （右）Reijo Telaranta による Pixabay からの画像
（右下）FelixMittermeier による Pixabay からの画像
p.286 （左上）Mabel Amber による Pixabay からの画像
（左下）Annette Meyer による Pixabay からの画像
（左下）ADW123 / Shutterstock.com
（右下）Attribution is to be given to Dmitry Azovtsev. When using on the Web, a link to http://www.daphoto.info is appreciated., CC 表示 - 継承 3.0, https://commons.wikimedia.org/w/index.php?curid=251950
p.287 （左）Charles Bird King - Indian Tribes of North America, パブリック・ドメイン, https://commons.wikimedia.org/w/index.php?curid=485834
（右）Jean passestock による Pixabay からの画像
p.289 パブリック・ドメイン, https://commons.wikimedia.org/w/index.php?curid=203623 による
p.291 （上）Stephen Holm / Shutterstock.com
（下）StockPhotosLV / Shutterstock.com
p.292 （右）GeorgeB2 による Pixabay からの画像
（左下）Baka Sobaka / Shutterstock.com
（右）Avia5 による Pixabay からの画像
p.293 Sodacan - 投稿者自身による作品 ; Based on the painting at the National Archives of Australia — item barcode 98430, パブリック・ドメイン, https://commons.wikimedia.org/w/index.php?curid=32871765
p.294 （左）By Diliff - Own work, CC BY-SA 3.0, https://commons.wikimedia.org/w/index.php?curid=7209988
（右）By synspectrum - Eastern meadowlark, CC BY 2.0, https://commons.wikimedia.org/w/index.php?curid=47119677
p.295 （左）Robert Feil による Pixabay からの画像
（右）Pexels による Pixabay からの画像
p.296 （右）Roel Roelofs による Pixabay からの画像
（右）14359702 による Pixabay からの画像
（下）Sue Brady による Pixabay からの画像
p.297 Didier Descouens - CC 表示 - 継承 4.0, https://commons.wikimedia.org/w/index.php?curid=63719253
p.299 （左）yanivmatza による Pixabay からの画像
（右上）flyingv3 / Shutterstock.com
p.302 pen_ash による Pixabay からの画像
p.303 （右上）Pixabay
（右上）Alexas_Fotos による Pixabay からの画像
（左下）7103983 による Pixabay からの画像
（右下）Lucie J. による Pixabay からの画像
p.304 Shutterbug75 による Pixabay からの画像
p.305 Victor Tyakht / Shutterstock.com
p.306 Wolfgang Sauber - パブリック・ドメイン, https://commons.wikimedia.org/w/index.php?curid=6528973

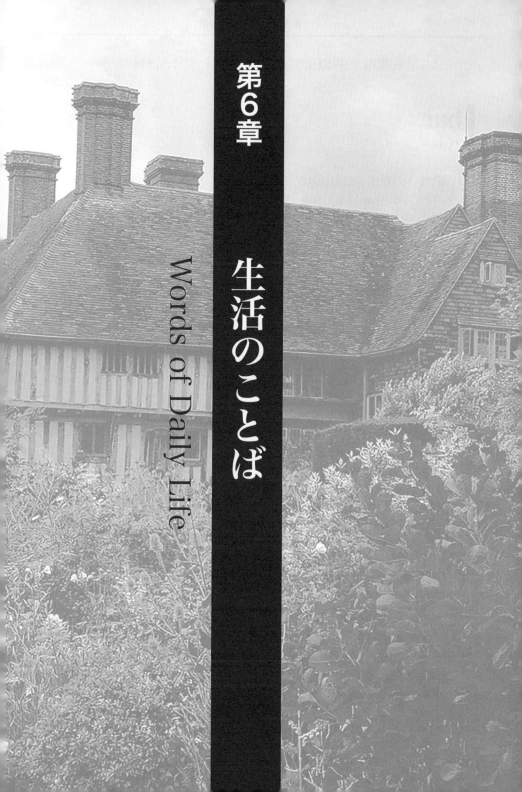

第6章

生活のことば

Words of Daily Life

〈主要な生活語をアルファベット順に配列した〉

bar
バー

1）「酒場」の意味での bar はアメリカに多く、イギリスでは pub（パブ）が bar に相当する。bar はもともと「横木」の意で、「横木で仕切られた場所」から「酒場」の意味になった。昔のアメリカの酒場のカウンターは大きな横棒を渡した手すりのような形になっていて、しばしばここに乗ってきた馬をつないでおいたりしたという。→ **pub（p.169）**

2）アメリカの西部では、19 世紀に saloon（サルーン）という呼び名の酒場が全盛をきわめた。西部劇に出てくるような、自在ドア（swing door）と長いカウンター、その後ろに大きな鏡のある酒場である。食堂、休憩所、宿屋なども兼ねていたが、しだいにギャンブルや売春の場にもなったため、サルーン反対の動きが広まり、1920 ～ 33 年の「禁酒法時代」（Prohibition）以後はほとんど姿を消した。saloon という語は今では「大広間」とか「（ホテル・客船などの）談話室」の意味で用いられることが多い。

3）bar は「酒場」だけでなく、カウンター主体の店も指す。たとえば snack bar は軽い食事ができる食堂である。bar という名前がついているが、酒類は出さない（その点、日本語の「スナック」とは異なる）。ほかに乳飲料や軽食を出す milk bar（ミルクバー）、セルフサービスのサラダカウンターである salad bar（サラダバー）、寿司が食べられる sushi bar（寿司バー）などもある。また、デパートには hat bar（帽子売り場）、tie bar（ネクタイ売り場）などもある。nail bar は、いわゆる「ネイルサロン」である。

4）bar はまた、「横木で仕切られた場所」ということから、「法廷」「被告席」、さらには「弁護士業」の意味でも用いられる。たとえば、be called [admitted] to the bar は「弁護士になる」という意味である。

＜参考＞

アメリカでは「居酒屋」の意味で tavern という語も用いられる。*taberna*（タベルナ）というラテン語が語源で、古風な趣があるため店の名前としても使われる。

bed
ベッド、寝台

1）bed は bedstead（ベッドの台、寝台架）の上に mattress（マットレス）と bedcloth（寝具類）を載せたものを指す。

2）ベッドのシーツや毛布をきちんと整えることを bedmaking（ベッドメイキング）と言う。ベッドのなかった時代には、毎日「ベッドを作る」必要があった。ここから make a bed（ベッドを整える）という言い方が生まれた。

3）get up on the wrong side of the bed とか get out of bed on the wrong side という言い方がある。「ベッドの間違った側から起きる」ということで、「寝覚めが悪い」とか「（朝から）機嫌が悪い」という意味で用いられるが、これはベッドで、夜寝るときに入った側と違う側を the wrong side of the bed と言ったことからきているという。

4）「寝室」は bedroom だが、夫婦の用いる寝室は the master bedroom（主寝室）と呼ばれる。2 階建ての家屋の場合、寝室は 2 階にあることが多いので、She [He] came downstairs. だけで「朝になって起きてきた」の意味になることがある。なお、bedroom を形容詞として用いると「セックスを扱った」という意味にもなる。たとえば bedroom comedy は「お色気コメディー」、bedroom scene は「ベッドシーン」である（bed scene とは言わない）。

5）futon（布団）は完全に英語化しているが、英米でいう futon は敷布団式マットレスのことで、日本の布団とは異なる。発音は / フータン / に近い。

four-poster bed（四柱式ベッド）

crib（ベビーベッド）
イギリスでは通例 cot という。

131

beef
牛肉

1）英米で最も好まれる牛肉料理は、肉のかたまりをそのまま焼いたローストビーフ（roast beef）、切り身を焼いたビーフステーキ（beefsteak）、弱火でゆっくり煮込んだビーフシチュー（beef stew）である。→ **pork（p.168）**

2）roast beef は牛肉のかたまりをオーブンに入れ、肉汁をかけながら時間をかけて roast（あぶり焼き）した料理。イギリスを代表する料理で、ロンドンにはこれを売り物にするレストランが多い。ウェーターが切り分けてくれたビーフに gravy（グレービー）と呼ばれる肉汁ソースをかけ、西洋ワサビ（horse radish）とヨークシャープディング（Yorkshire pudding）を添えて食べる。イギリスでは、家族や友人がそろった日曜日の昼食を Sunday lunch [dinner] と言うが、このときのメイン料理が roast beef である。→ **pudding（p.171）**

3）beefsteak は、どの部位の肉を使うかによって名称が分かれる。腰肉上部の sirloin を使った sirloin steak（サーロインステーキ）、T字型骨付き肉を使った T-bone steak（Tボーンステーキ）、rib（あばら肉）と sirloin の間の肉を使った porterhouse steak（ポーターハウスステーキ）などがある。

4）sirloin は肉があまりにもおいしいので、イギリスのナイト（knight）の爵位の敬称である sir がついたという俗説があるが、この sir は「上」を意味するフランス語の sur からきており、爵位とは無関係。つまり sirloin とは above the loin（腰の上（の肉））の意である。また、sirloin の下側にある脂肪でおおわれて柔らかい部分を fillet（フィレ）または tenderloin（テンダーローイン）という。fillet はフランス語の filet（フィレ）が英語化したもので、日本語に入り「ヒレ」となまった。なお、tender は「柔らかい」の意。

<参考>
①日本語の「ロース」は roast から来ている。「roast に適した肉」の意で、肩から背にかけての上質の肉を指す。また、「子牛」は calf / カーフ / と言い、その肉は veal である。
②イギリスの王室衛兵、またロンドン塔（the Tower of London）の護衛兵を俗に Beefeater（ビーフイーター）と言う。古風な服装で有名。

牛肉の部分名称

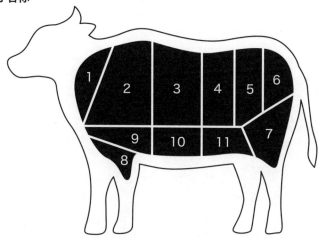

1 neck（首肉）　2 chuck（肩肉）　3 rib（あばら肉）　4 short loin（腰肉）
5 sirloin（サーロイン）　6 rump（しり肉）　7 round（もも肉）
8 shank（すね肉）　9 brisket（胸肉）　10 plate（バラ肉）　11 flank（脇腹肉）

beer
ビール

1）beer は「ビール」を指す一般語。イギリスでは ale（エール）と区別することもあるが、ほぼ同意語として用いる。（→4）

2）ビールは lager beer（ラガービール）と draft beer（生ビール）に大別される。lager beer は貯蔵できるタイプのビールで、日本人にとって最もなじみのあるタイプ。一方、熱殺菌してない draft beer は「もち」が悪いので、樽から直接取り出す方法が多い。beer on tap（樽入りのビール）とは生ビールのことである。

3）アメリカのビールで有名な銘柄には、Budweiser（バドワイザー）、Coors（クアーズ）、Miller（ミラー）、Schlits（シュリッツ）などがある。なかでもBudweiser は Bud という愛称で呼ばれ、"King of Beers"（ビールの王様）をキャッチフレーズにしている。アメリカのビールは、苦味が少なくあっさりしたタイプが主流である。

4）ale はイギリス独特のビールで、いわばイギリスの地酒である。なかでも、ホップ(hop)の味が強くて苦い bitter(ビター)と呼ばれるビールをイギリス人は好む。このビールはラガービールとは製法が異なり、高温殺菌をせず「生」で飲む。独

特の香味が強く、冷やさないで飲むので、イギリス人以外の人の好みには合わないとされるが、イギリス人はパブ（pub）などでこのビールを愛飲する。しかし、若い世代は日本人が飲み慣れているラガービールを好む傾向にあるという。

パブでビールを飲む人々

　5）stout（スタウト）と呼ばれる焦がした麦芽を使った黒ビールも人気があり、アイルランド産の Guinness（ギネス）はその代表である。"Guinness Is Good for You."（ギネスは体によい）というキャッチフレーズは世界的に有名。

ギネスの看板

▌bell
鈴、鐘、ベル

1）猫の首につける「鈴」も、お寺の「鐘」も英語では bell だと知ると少々驚くが、共通点は「音を出すもの」で、大きさは関係がない。bell の語源ははっきりしないが、発情期の雄鹿の鳴き声と関係があるという説もある。

2）小型の bell としては、柄を持って振り鳴らす handbell（ハンドベル、振鈴）、玄関で来客が鳴らす doorbell（呼び鈴）や、放牧中の牛の居場所を知るために牛の首につける cowbell（カウベル）などがある。

3）教会では、鐘は祈りの時刻を知らせるのによく用いられる。特にカトリック教会では、マリアのキリスト受胎を記念して鳴らす「お告げの鐘」(Angelus (bell)) が重要である。これは朝、正午、日没時に鳴らされる。有名なフランスの画家ミレーの絵「晩鐘」(The Angelus) は夕方のお告げの鐘を聞いて祈りをささげる男女の農民の姿を描いたものである。

4）ロンドンの国会議事堂の右端にある時計塔の鐘は Big Ben（ビッグベン）として知られる。鐘は直径 2.7m、重さは 13.5 トンである。Big Ben という名は、この鐘が作られた当時の工事主任ベンジャミン・ホールの名にちなむ。彼は大男だったという。なお今では、時計（塔）を指して Big Ben と言うことも多い。

5）アメリカの独立宣言布告(1776 年 7 月 8 日)の際に打ち鳴らされた「自由の鐘」(the Liberty Bell) は歴史的な意味を持つ。アメリカの自由・独立の象徴となっているが、何度もひび割れし、今はフィラデルフィアの展示室に移されている。

6）音の高さの異なる一組の鐘を配列した carillon（カリヨン）という「組み鐘」もある。16 世紀以降、特にヨーロッパのフランドル地方で発達した。

bell のいろいろ

handbell

doorbell

cowbell

the Liberty Bell（「自由の鐘」）

carillon（カリヨン）

日本の寺院の鐘

Big Ben（ビッグベン）

biscuit
ビスケット

1) 同じ biscuit でも、イギリスとアメリカでは指すものが全く異なる。イギリスの biscuit は日本でいう「ビスケット」と同じで、一定の形に抜いて固めに焼いた菓子である（これをアメリカでは cracker とか cookie [cooky、cookey] という）。

2) 一方、アメリカでいう biscuit はふくらし粉を入れて焼いた柔らかい小型のパンである。甘みはなく、熱いうちにバターやジャムを塗って食べるので hot biscuit ともいう。これはイギリスの scone（スコーン）に相当する。scone はイギリスを代表するパンの一種で、4時か5時のティータイムに付き物である。

3) cracker には、重曹を入れた soda cracker や、ふすまを取り除かない全粒粉で作った graham/ グレイアム /cracker がある。アメリカの家庭ではよく cookie を焼くが、cookie jar というつぼに入れておいて、子どものおやつにすることが多い。gingerbread というショウガ入りのクッキーもある。なお、gingerbread man というクッキーはクリスマスなどに焼く、人の形をしたクッキーである。

4) biscuit という語は、ラテン語の *bis*（= twice）と *coctus*（= cooked）から来ている。つまり「二度焼いた」という意味である。昔、旅人や船乗りなどが保存食として日持ちするように二度焼きして水分を抜いて作ったことに由来するという。

左がアメリカ式、右がイギリス式の biscuit

gingerbread man

bread
パン

1 ）bread は多種のパンの総称だが、特に「食パン」を指す。食パン以外の小型の丸いパンは roll という。日本で「ロールパン」と言っているパンのほか、「クロワッサン」なども roll の一種である。クロワッサンは英語では crescent (roll) という。crescent は「三日月」の意味である。ちなみに、英語では roll bread とは言わない。

2 ）食パンのひとかたまりを loaf/ ロウフ / といい、「食パン 1 個」は a loaf of bread という（2 個なら two loaves of bread）。細長い「フランスパン」は baguette（バゲット）というが、イギリスでは French loaf ともいう。また、「パンの皮（「耳」）」は crust、「パンくず」は bread crumb/ クラム / という。なお、「パンを焼く人」は baker、その店は bakery（パン屋、ベーカリー）である。

3 ）ハンバーガー用の丸パンや、いわゆる「菓子パン」は bun という。復活祭 (Easter)のころに食べる hot cross bun(ホットクロスバン)は表面に十字(cross)の刻みが入っている。ほかに、ユダヤ人のパンとして知られる bagel（ベーグル）はバターやミルクを使わないドーナツ型の堅いパンである。なお、日本で人気のあるパイ風の菓子パンに Danish pastry（デニッシュペストリー）がある。

4 ）パンは欧米人の主食であり、命の糧(かて)とされる。bread は比喩的に「生計」の意味にもなり、one's daily bread は「日々の糧、生計」、earn one's bread（パンをかせぐ）は「生計を立てる」の意味になる。breadwinner は「一家のかせぎ手」を指す。

5 ）キリスト教では bread はイエス・キリストの肉の象徴である。血の象徴である wine（ぶどう酒）とともに、キリストの最後の晩餐を記念する行事である the Eucharist（聖餐式、聖体拝領）で用いられる。なお、パンといっても、実際は wafer（聖餅）と呼ばれるせんべい状の薄いパンである。**→ wine (p.184)**

6 ）Man does not live by bread alone.（人はパンのみにて生くるにあらず）ということわざがある。これは、人が生きていくためには食べ物だけでなく、精神的なもの(信仰、愛など)も必要だという意味。新約聖書の『マタイの福音書』(4：4）ほかにあるイエス・キリストのことばだが、もともとは旧約聖書に由来する。

7)bread and butter/ ブレドゥンバター / という言い方がある。文字通りには「バターをつけたパン」の意だが、one's bread and butter の形で「生活の支え」「生

計の手段」の意味になる。また、bread-and-butter の形で「生計に関する」「最も基本的な」の意の形容詞にもなる。なお、bread-and-butter letter という言い方があるが、これは「もてなしに対する礼状」のことである。

<参考>
昔は「パン」を意味する語は loaf だったが、のちにドイツ語 Brot に由来する bread にとって代わられた。lady（女の人）という語はもともとは loaf kneader（パンをこねる人）の意味である。なお、日本語の「パン」はポルトガル語の pão が語源。

いろいろなパン

roll（ロールパン）

hot cross bun（復活祭のころに食べる）

baguette（バゲット）

bun（丸パン）

a loaf of bread（食パン）

crescent（クロワッサン）

cake
ケーキ

1）日本では西洋風の生菓子を何でも「ケーキ」と呼ぶ傾向があるが、英語の cake の概念とは多少ズレがある。たとえば pie（パイ）や tart（タルト）は厳密には cake ではなく、pastry（ペーストリー）である。pastry は練り粉を使った菓子の総称で、シュークリーム（cream puff）やエクレア（éclair）などのような小型の菓子を指すことが多い。

2）欧米では cake mix（ケーキミックス）と呼ばれるケーキの素（もと）が普及していて、主婦は自分でケーキを作ることが多い。しかし、バースデーケーキ（birthday cake）などのようになかなか家庭では作れないケーキは confectionery（菓子店）や bakery（ベーカリー）などの専門店に注文する。

3）いわゆる「デコレーションケーキ」は和製英語である。「飾りつけたケーキ」の意味で decorated cake と言うことはあるが、ふつうは wedding cake（結婚式のケーキ）、Valentine cake（バレンタインケーキ）などのような別個の言い方をする。なお、イギリスの Christmas cake はドライフルーツやナッツをたっぷり使ったフルーツケーキをいうが、アメリカでは Christmas cake という言い方はしない。

●主なケーキの種類
おなじみの cheesecake（チーズケーキ）や fruitcake（フルーツケーキ）などのほかに、次のようなケーキがある。
angel cake エンゼルケーキ
泡立てた卵白を使ったリング状のスポンジケーキ。誕生日のパーティーには欠かせないケーキで、angel food（cake）ともいう。
devil's food cake デビルズフードケーキ
濃厚なチョコレートケーキで、単に devil's food とも言う。
pound cake パウンドケーキ
濃厚なバターケーキ。もとは、小麦粉、バター、砂糖を各1ポンドずつ用いたことからこの名がある。
upside-down cake アップサイドダウンケーキ
パイナップルなどの果物を下に敷きつめ、焼き上がったら裏返しにする。upside down（さかさま）にすると果物が上になることからこう呼ばれる。

＜関連表現＞
a piece of cake　簡単なこと
（例）For her, it's a piece of cake.（彼女には、そんなことは朝飯前さ）

cakes and ale 人生の快楽、浮かれ騒ぎ
▶文字通りには「ケーキとビール」、つまり「おいしいものと美酒」の意。
take the cake（ばかばかしさなどが）並外れている
▶「ケーキの賞がもらえる」が原義。
You can't have your cake and eat it. 両方いいことはできない
▶「ケーキは食べてしまえばなくなる」という意味から。have と eat を入れ替えることもある。

＜参考＞
日本では、スポンジケーキの台に生クリームやイチゴなどをあしらったケーキを「ショートケーキ」と言っているが、本来の shortcake は shortening（ショートニング）という舌ざわりをよくするための油脂を多く使ったケーキのことである。また、イギリスでいう shortcake は「バタークッキー」のことで、shortbread ともいう。いずれにしても「短い」とは関係がない。

---

cake のいろいろ

fruitcake

cheesecake

angel cake

devil's food cake

candle
ろうそく（蝋燭）

1）ろうそくは欧米では教会の儀式だけでなく、家庭でも広く使われている。ディナーパーティーなどでも、電灯を消してろうそくを食卓に立てるのは普通のことである。また、ろうそくは装飾としても人気があり、candle shop（ろうそく店）では色とりどりのろうそくを売っている。

2）子どもの誕生日にもろうそくは欠かせない。バースデーケーキ（birthday cake）を作り、子どもの年齢の数だけろうそくを飾る習慣は中世にさかのぼるとされる。パーティーではろうそくをともし、誕生日を迎える子どもは目を閉じて心の中で願いごとをする。そして目を開けると同時にろうそくを吹く。一息で全部のろうそくの火を消せたら、願いごとがかなえられるとされる。

3）ろうそくの光（candlelight）はロマンチックなものとされており、「愛」のシンボルでもある。日本では、しばしば結婚披露宴の演出として「キャンドルサービス」と称することをする。新郎新婦が招待客のテーブルの上のろうそくに火をつけて回ることであるが、これは日本だけの習慣で、candle service という英語はない。ただし、candlelight service という言い方はあり、これはクリスマスイブなどにろうそくをともして行う礼拝のことである。下の写真。

4）電気のなかった19世紀以前の時代には、ろうそくは最大の照明具で、パーティー会場などは candelabrum と呼ばれる枝付きの大型燭台や、天井からつるして何本ものろうそくを立てる chandelier（シャンデリア）などによって照明された。この chandelier という語もラテン語の *candela*（＝ candle）から来ている。なお、「ろうそく立て」（燭台）は candlestick と言う。

<関連表現>

be not worth the candle　割りに合わない
▶「ろうそく代も出ないような骨折り損だ」の意。
burn the candle at both ends　寝る間も惜しんでがんばる、（遊びすぎて）精力を使い果たす　▶「ろうそくの両端を燃やす」の意から。
can't hold a candle to ～　～の足元にも及ばない

birthday cake のろうそく

candelabrum（大型燭台）

chandelier（シャンデリア）

candy
キャンディー

1) 砂糖を煮つめて作ったあめ菓子の総称で、おもにアメリカで用いる語。イギリスの sweets（スイーツ）に相当するが、もっと範囲が広く、caramel（キャラメル）、taffy（タフィー；一種のキャラメル）、bonbon（ボンボン）、chocolate（チョコレート）、nougat（ヌガー）、marshmallow（マシュマロ）なども含む。なお、イギリスでは sweets は「デザート」（dessert）の意味でも用いる。

2) いわゆる綿菓子（綿あめ）は、アメリカでは cotton candy または spun sugar、イギリスでは candy floss という。遊園地や催し物の会場などで売られ、lollipop（ぺろぺろキャンディー）などと並んで子どもに人気がある。

3) アメリカでは candy cane というステッキ（cane）の形をした紅白のキャンディーがクリスマスシーズンなどに袋入りで売られる。日本の七五三のあめに似ている。また、リンゴをあめでくるんで棒に刺したものを candied apple（または candy apple）という。日本の縁日でもおなじみのもの。

<参考>
理髪店の赤白のしま模様のポールを candy stripe と呼ぶことがある。また、ボランティアで看護師の助手をする女子高校生などを、赤と白のしま模様の制服を着ていることから俗に candy striper という。

candy cane

candied apple

cotton candy（綿あめ）

cereal
シリアル

1）牛乳や砂糖をかけて朝食に食べる穀物加工食品を cereal という。オートミール（oatmeal）のように牛乳で煮た「かゆ」と、コーンフレーク（cornflakes）のようにそのまま牛乳をかけて食べるシリアルとがある。前者は特にイギリスで好まれ、後者は主にアメリカで好まれる。なお、イギリスでは「かゆ」を総称して porridge（ポリッジ）という。cornflakes は corn（トウモロコシ）が原料で、Kellogg（ケロッグ）社の商品が有名。

2）oatmeal は「オート麦」「エンバク（燕麦）」「カラスムギ（烏麦）」などと呼ばれるイネ科の植物 oats をひき割りにした粉のことである（この meal は「食事」ではなく、「あらびき粉」の意）。oats は主として家畜（特に馬）の飼料として栽培されるが、栄養価が高いとされる。なお、イギリスには、オート麦、ナッツ、ドライフルーツなどを混ぜて作った muesli（ミューズリ）という朝食用のシリアルがある。アメリカの Kellogg 社の granola（グラノーラ）も似た商品である。ともに「健康食品」として人気がある。

oatmeal（オートミール）

muesli（ミューズリ）

cornflakes（コーンフレーク）

chair
椅子

1）日本語の「椅子」に相当する語には、chair のほかに stool（スツール）、bench（ベンチ）、sofa（ソファー）、seat（シート）などがある。chair は椅子の総称としても用いられるが、普通は背もたれのある 1 人用の椅子を指す。

2）中世の時代には、一般の人々はひじ掛けや背のない stool のような腰かけに座っていた。chair はもともと一家の長や賓客用の座と考えられていたが、やがて「地位」や「権威」を表す語として用いられるようになり、今では the chair は議長や委員長などの職を指す。take the chair は「議長席につく」の意である。また、「議長席に座る人」の意味から chairman という語が生まれたが、現在では性差のない the chair が好まれる傾向がある。

●主な椅子の種類
armchair　背もたれとひじ掛けのある椅子
deck chair　デッキチェア
director's chair　ディレクターズチェア
easy chair　安楽椅子
folding chair　折りたたみ椅子
rocking chair　揺り椅子、ロッキングチェア
swivel chair　回転椅子
wing chair　背もたれの左右に袖のついた椅子

deck chair

director's chair

easy chair

folding chair

rocking chair

swivel chair

cheese
チーズ

1）牛、羊、ヤギなどの動物の乳を酵素などで凝固させ、発酵・熟成させた食品。そのままのナチュラルチーズ（natural cheese）と、加熱殺菌したプロセスチーズ（process(ed) cheese）に大別されるが、チーズの本場ヨーロッパではチーズと言えば natural cheese を指す。

2）フランスは世界一の「チーズ大国」とされ、チーズの種類は 400 以上にも及ぶという。中でも有名なのは、カマンベール（Camenbert）、ブリー（Brie）、ロックフォール（Roquefort）などである。またイタリアでは、パルメザン（Parmesan）とゴルゴンゾーラ（Gorgonzola）が有名だが、本来は水牛の乳から作るモッツァレッラ（Mozzarella）や、ティラミスの材料として知られるマスカルポーネ（Mascarpone）なども人気がある。

3）イギリスではチェダー（Cheddar）、チェシャー（Cheshire）、スティルトン（Stilton）が 3 大チーズとされる。中でも Stilton は「ブルーチーズ（blue cheese）の王様」といわれ、イギリス人が自慢するチーズである。ちなみに、世界の 3 大ブルーチーズは、フランスの「ロックフォール」、イタリアの「ゴルゴンゾーラ」、イギリスの「スティルトン」とされる。

4）アメリカは世界有数のチーズ生産国だが、独自のチーズといえるものは少ない。一般に、アメリカ人は脱脂乳から作る柔らかくて低カロリーのカテージチーズ（cottage cheese）を好む。

5）cheesy（チーズのような）という形容詞があるが、この語は「安っぽい」「お粗末な」という意味にもなる。なお、日本でもよく使う写真を撮るときの「はい、チーズ！」は英語の "Say cheese！"（チーズと言ってください）から来ている。"cheese" と言うときは口角が開き、笑顔に見えるからである。

各種のチーズ

chocolate
チョコレート

1）チョコレートやココア（cocoa）はカカオの実（cacao bean）から作るが、19世紀半ばにイギリス人が固形のチョコレートを考案するまでは、「チョコレート」といえば飲み物だった。日本では、液体のものは「ココア」、固形のものは「チョコレート」と区別しているが、英語ではココアは hot chocolate と呼ぶことが多い（特にアメリカ）。なお、cocoa の発音は / コウコウ / である。

2）最初にカカオの実を見てヨーロッパに持ち込んだのはコロンブスらしいが、彼がチョコレートを飲んだという記録はないようだ。ちなみに、chocolate という英語はスペイン語の *chocolate*（チョコラテ）から来ている。「チョコラテ」の語源については諸説があるが、アステカ民族のことばであるナワトル語のショコラトル（*xocolatl*）が変化したとするのが一説である。

3）バレンタインデー（St. Valentine's Day）にチョコレートを贈る習慣は、1868年にイギリスのチョコレート会社が発売した贈答用のチョコレートボックスがきっかけとされる。今ではヨーロッパやアメリカでこの日に贈り物を交わす習慣が一般化しているが、日本とは異なり贈り物はチョコレートに限らない。

4）イエス・キリストの「復活」を記念する復活祭（Easter）では、Easter egg（イースターエッグ）が贈り物の定番だが、本物の卵のほか、チョコレートで作った chocolate Easter egg もよく使われる。この卵の中にお菓子やおもちゃを入れることもある。

板チョコ、棒チョコ
(chocolate bar = bar of chocolate)

カカオの実（cacao bean）

closet
クローゼット

1）closet は「閉じられた小さな空間」という意味のラテン語から来ている。したがって、人と会見したり、一人で読書などをするための「小部屋」が本来の意味である。しかし、この意味では古くなり、今では主に《米》で、衣類や食器などを収納するスペースを指す。たとえば、linen（シーツ、タオルなど）をしまっておくスペースは linen closet、食器類を陳列・収納する戸棚は china closet と言う。

2）奥行を深くして、人が立ったままで入れるクローゼットは walk-in closet（ウォークインクローゼット）と呼ばれる。また、衣類を吊るせる丈の高い洋服だんすが wardrobe（ワードローブ；発音は / ウォードローブ /）である。wardrobe は作り付けの closet に対して、市販されているものを指す場合が多い。また、ワードローブの中には、その人の主な衣装が全部収まっているので、wardrobe という語は「（ある人の）持ち衣装」という意味でも用いられる。

3）closet は「閉じられた」という原義から、「秘密の」という形容詞にもなる。特に、closet homosexual は「同性愛者であることを隠している人」の意で、俗語では closet queen（隠れホモ）の形で用いられる。また、come out of the closet は「カミングアウトする」という意味である。

＜参考＞
①従来、closet は「押し入れ」と訳されることもあったが、ベッドを用いる欧米では、日本のように寝具を重ねて収納する場所はない。したがって、「押し入れ」にぴったりの英語はない。
②イギリスには古い意味の closet（小部屋）が water closet（水洗便所）という形で残っている。略して WC とも書くが、主に掲示や標識に用いる。

linen closet

china closet

wardrobe

coffee
コーヒー

1) コーヒーが発見されたのは一説によるとエチオピアの高原で、6世紀頃のことだという。放牧されていたヤギがあるとき異常な興奮状態になったので調べてみると、自生していた赤い実を食べたのが原因らしいとわかった。そこで牧夫たちはその赤い実を炒って飲んでみたところいい気持ちになることがわかり、彼らはそれをアラビア語で果実酒を意味していた *quhwah*（カフワ）と呼んだという。*quhwah* はたちまちアラブ・イスラム世界からベネチアを経て7世紀にはヨーロッパに伝わったらしい。そしてイタリア語の *caffè* からフランス語やスペイン語の *café* となり、17世紀には coffee として英語に定着した。日本へは18世紀末にオランダ人が持ち込んだとされる。最初は coffee を音訳して「珈琲」「可否」などと書いた。

2) アメリカ人は大のコーヒー好きとして知られるが、彼らの好むコーヒーは日本のコーヒーに比べると非常に薄い。彼らはこの薄いコーヒーを大きなコーヒーカップ（mug）でがぶがぶ飲む。なお、日本では浅く炒った豆で薄く入れたコーヒーを「アメリカン（コーヒー）」と言っているが、当のアメリカ人は当然のことながらそのような言い方はしない。ちなみに、「このコーヒーは濃い［薄い］」は "This coffee is strong [weak]." と言う。

3) 今では、アメリカのワシントン州のシアトル（Seattle）がコーヒー文化の中心地となっている。現在、世界で2万店以上のコーヒーショップを展開しているというコーヒーチェーンの「スターバックス」（Starbucks）は、ここシアトルで1971年に生まれた。スターバックスはイタリアの濃縮コーヒー espresso（エスプレッソ）をモデルにして、カフェラテ（caffè latte）、カフェマキアート（caffè macchiato）といったコーヒーを世界に広めた。

4) コーヒー店（coffee shop）はイギリスにもあるが、イギリスで coffee shop というとコーヒー豆（coffee beans）を売る店を指すことが多い。なお、イギリスのコーヒー店は最初 coffee house（コーヒーハウス）と呼ばれた。17～18世紀にはインテリやジャーナリスト、政治家や文人のたまり場として、また商人の取り引きの場として栄えた。18世紀のイギリス文学は coffee house から生まれたと言っても過言ではないと言われる。

●主なコーヒーの種類

Irish coffee　アイリッシュコーヒー
アイリッシュウィスキー（Irish whiskey）を少量と角砂糖を3個入れ、濃いコー

ヒーを注ぐ。よくかき混ぜて生クリームをコップのふちまで入れ、かき混ぜないで飲む。

Turkish coffee　トルココーヒー

水から煮立てて上澄みを飲む濃厚なコーヒー。

espresso　エスプレッソコーヒー

強くローストしたコーヒー豆を細かく挽き、高温の蒸気を通すことにより瞬間的に作るイタリアのコーヒー。*espresso* とは「高速の」の意のイタリア語で、英語の express に相当する。

caffè latte　カフェラテ

エスプレッソコーヒーに熱く泡立てたミルクをたっぷり注いだイタリアのコーヒー。*latte* はイタリア語で「ミルク」の意。

cappuccino　カプチーノ

エスプレッソに泡立てたホットミルクかクリームを加えたイタリアのコーヒー。

café au lait　カフェオレ

コーヒーにほぼ同量のミルクを入れたもの。フランス語から。*au lait* はフランス語で、「ミルク入りの」の意。

decaffeinated coffee　カフェイン抜きのコーヒー

口語では decaf とか decaff とも言う。

white coffee　ホワイトコーヒー

ミルクまたはクリーム入りのコーヒー。

iced coffee　アイスコーヒー

ice coffee とも言う。

＜参考＞
Wake up and smell the coffee!「（しっかり目を開いて）現実を直視しなさい」という言い方がある。人生相談で有名なアン・ランダーズ（Ann Landers；1918 ～ 2002）がよく使ったことばである。

caffè latte（カフェラテ）

cappuccino（カプチーノ）

cup
カップ

1）cup は通例、取っ手のある茶わんを指す。teacup（紅茶茶わん）や coffee cup（コーヒーカップ）が代表的。cup はふつう温かい飲み物用で、冷たい飲み物の場合は glass（グラス）を用いる。したがって、ワインを飲むときの器は wine glass である。なお、カップには受け皿（saucer）が付き物で、カップと受け皿の 1 組を a cup and saucer と言う（発音は / アカッパンソーサ / が近い）。

2）a cup of tea は「1 杯の紅茶」の意だが、イギリス人はよく a nice cup of tea という言い方をする。これは、「（イギリス人にとって）心から満足の行くようにおいしく入れられた紅茶」のことである。また、たとえば "The car is not my cup of tea." と言えば、「その車は私の好みじゃない」という意味になる。なお、イギリスでは「1 杯のお茶」という意味で、a cuppa/ カッパ / というくずれた形も用いる。

3）cup は飲み物用のカップだけでなく、料理のときの「計量カップ」(measuring cup) も指す。また、スポーツでは金や銀などをあしらった「賞杯」(prize cup) も指す。これは、昔のワインの杯に似た形に作られることが多い。世界一を決める競技大会を the World Cup（ワールドカップ）と言うが、特に 4 年に一度行われるサッカーやラグビーのものが有名である。なお、テニスではデビスカップ (the Davis Cup) も有名。→ **tennis〈第 7 章〉**

4）cup は比喩的に「運命（の杯）」という意味でも用いられる。たとえば、drink a bitter cup は「人生の苦杯をなめる」という意味。また、One's cup is full.（杯があふれている）は旧約聖書の『詩篇』に由来する表現で、「（人が）幸せの絶頂にある」の意。One's cup runs over. とも言う。

cup and saucer

measuring cup

prize cup

doughnut
ドーナツ

1）小麦粉に卵、牛乳、砂糖、バターなどを混ぜて作った生地（これを dough / ドウ / と言う）を油で揚げたもの。広告や、主に《米》では donut とも書く。

2）従来、アメリカのドーナツは穴あきのリング型で、イギリスのものはまんじゅう型が多かったが、今ではアメリカでも穴のないドーナツが一般化している。中にゼリーやジャムが入っているドーナツは jelly doughnut とも言う。なお、cruller（クルーラー）というねじった形のドーナツもある。

3）16 世紀にオランダ人のパン屋がドーナツを考え出してから約 250 年間は穴なしドーナツだったが、19 世紀前半になって、アメリカ、ニューイングランドの Hanson Gregory という船長が、穴をあけたほうが油が均等になり、中まで火がよく通ると考えて穴あきドーナツを考案したという。

4）アメリカでは、朝食や昼食にドーナツを食べる人も多く、ドーナツ専門店がたくさんある。チェーン店では Dunkin's Donuts（ダンキンドーナツ）、Mister Donuts（ミスタードーナツ）、Winchell's（ウィンチェルズ）などが大手である。

<参考> ───────────────────────────────
自動車のタイヤを俗語で doughnut というのは、その形が穴あきドーナツに似ているからである。また、大都市の中心部の人口が減って、その周辺部の人口が増大する現象を「ドーナツ現象」というが、これも人口分布がドーナツ状になることからきている。
──────────────────────────────────────

いろいろなドーナツ
いわゆるドーナツ形だけでなく、穴のないもの、四角や棒状のもの、ねじったものもある。

153

egg
卵

１）卵は英米でも料理に多用される。特に、ham and eggs（ハムエッグ）や bacon and egg(s)（ベーコンエッグ）は朝食の定番。eggs と複数形なのは、目玉焼きを２個付けることが多いからである。なお、西洋では卵を生で食べる習慣はなく、日本人の好む「卵かけごはん」は奇異の目で見られることが多い。

２）卵には以下のようないろいろな食べ方がある。

boiled egg ゆで卵
「固ゆで卵」は hard-boiled egg、「半熟卵」は soft-boiled egg という。なお、レストランでゆで卵を注文すると、"How long?"（どのくらいゆでますか）と聞かれることがあるが、たとえば「３分ゆで」を希望するなら "Three minutes, please." のように答える。

fried egg 目玉焼き
片面だけ焼いたものは sunny-side up、これをひっくり返して軽く焼いたのは over easy、黄身が固くなるまで焼いたのは over hard と言う。

omelet、omelette オムレツ
Spanish omelet と呼ばれるジャガイモ入りのオムレツや、ハム・ピーマン・タマネギなどの入った Denver omelet（western omelet とも言う）などがある。なお、日本で言う「卵焼き」も omelet の一種で、rolled omelet などと言う。

poached egg ポーチドエッグ
卵を熱湯の中に割り入れてさっとゆでたもの。「落とし卵」とも言う。

Scotch egg スコッチエッグ
ゆで卵をひき肉でくるみ、パン粉をつけて揚げたもの。イギリスに多い。

scrambled egg スクランブルエッグ
卵をほぐして炒ったものだが、英米では日本のようにポロポロになるまではいためない。「炒り卵」とも言う。

３）egg は西洋では古くから「生命」と「再生」の象徴と考えられている。復活祭（Easter）には卵は欠かせない。**→ Easter〈第２章〉**

４）卵のようにずんぐりむっくりの体型の人を Humpty Dumpty（ハンプティ・ダンプティ）と言うことがある。マザーグースに出てくる卵を擬人化した人物で、へいの上から落ちてばらばらにこわれたことになっている。
→ Humpty Dumpty〈第８章〉

卵料理のいろいろ

eggcup に入った boiled egg

fried egg（sunny-side up）

Spanish omelet

Denver omelet

poached egg

Scotch egg

scrambled egg

ham and eggs

＜参考＞

① 「生卵」は raw egg と言う。また「卵の黄身」は egg yoke、「卵の白身」は egg white と言う。②イギリスには、スプーンの上に卵を載せて落とさないようにして走る競走があり、egg and spoon race と呼ばれる。③ egghead という言い方があるが、これは「（頭でっかちの）インテリ」「インテリぶった人」の意味である。

garden ／ yard
庭

1)「庭」に当たる英語には garden と yard がある。garden は主にイギリス人の家の庭を指す。イギリス人は園芸（gardening）が大好きで、裏庭（back garden）の芝生の周りに花壇を作っている家が多い。

2）一方、アメリカの標準的な一戸建ての家では、公道からそのまま芝生が建物まで続いている。ここは前庭（front yard）と呼ばれ、アメリカ人はここでしばしば不用品を売りさばく。これは yard sale（ヤードセール）と呼ばれ、ガレージで行う garage sale（ガレージセール）と同様のものである。アメリカ人の家では backyard（裏庭）がメインの「庭」であり、単に yard といえばこのbackyard を指す。ここでバーベキューや野外食事（picnic）をすることも多い。また、多くの家ではここに花壇（flower garden）や菜園（kitchen garden）を設けている。

3）イギリスの場合、芝生を植えるスペースのない家では、建物に囲まれて舗装された空間を yard と呼んでいる。洗濯物を干したりするが、ちょっとした園芸のためのスペースでもある。

4）gardens の形で「公園」や「遊園地」を意味することがある。たとえばロンドンの Kensington Gardens（ケンジントン公園）はハイドパーク (Hyde Park)の西隣にある大きな公園である。また Kew Gardens（キュー植物園）はロンドン西部の Kew にある 120 ヘクタールに及ぶ広大な王立植物園である。

アメリカの yard

イギリスの garden

hamburger
ハンバーガー

１）牛のひき肉をペースト状にしたものを焼き、bun と呼ばれる円形のパンにはさんだもの。hot dog（ホットドッグ）とともに、最もアメリカ的な食べ物とされる。実際、アメリカ人は週に平均３個半のハンバーガーを食べるという。肉の上には、レタス、タマネギ、トマト、ピクルスなどを載せ、これにケチャップやからしをつけて食べる。なお、牛肉は100％が建前とされる。

２）ハンバーガーの起源はモンゴル族、トルコ族などのタタール人（Tartars）にさかのぼる。彼らは質の悪い家畜の生肉を細かく刻んで食べていたが、これが13世紀にヨーロッパに伝えられ、タルタルステーキ (Tartar steak) と名づけられた。やがて、ドイツの古い国際都市ハンブルグ（Hamburg）に入り、加熱した料理となり、"Hamburg steak" と呼ばれるようになったという。

３）アメリカへは、19世紀後半にドイツからの移民によって伝えられた。ドイツ人が売り出したので Hamburg steak と命名されたらしい。アメリカにハンバーガーショップが現れたのは20世紀初頭で、1955年にはハンバーガーのチェーン店、マクドナルド（McDonald's）の１号店が開店した。今ではMcDonald's と Burger King（バーガーキング）が２大チェーンだが、イギリスでは Wimpy's（ウィンピーズ）が有名である。Wimpy's はポパイ漫画でポパイの友人である Wimpy がハンバーガーに目がないことにちなむ。

<参考>
① hamburger の ham はいわゆる「ハム」とは全く関係がないが、アメリカ人はのちにジョークで「ham + burger」と解釈し、cheeseburger（チーズバーガー）、pork burger（ポークバーガー）、bacon burger（ベーコンバーガー）、chickenburger（チキンバーガー）などの商品を売り出した。
②いわゆる「ハンバーグ」は hamburger (steak) と言い、hamburg steak という言い方は今ではあまり使われていないようだ。

hat ／ cap
帽子

1）帽子は本来、暑さ・寒さや雨・雪などから頭を守るために用いられるが、儀式のときにかぶる帽子や、おしゃれで着用する帽子もある。基本的に縁のある帽子を hat と言い、野球帽などのように縁のない帽子を cap と言うが、cap を含めて帽子全体を hat と言うこともある。

2）帽子は女性にとっては正式な服装の一部とされ、食事中でも脱がなくてもよい。一方、男性は室内でも戸外でも、女性の前では帽子を脱ぐのがマナーとされる。

●主な hat の種類
top hat シルクハット
山が高く、つばの狭い円筒形の帽子。男子の正装用で silk hat とも言うが、top hat のほうが普通。
felt hat 中折れ
山の中央部を前後にくぼませてあるフェルト製の帽子。soft hat(ソフト帽)とも言う。
bonnet ボンネット
あごの下でひもを結ぶ、主に子ども用の帽子。なお、つばの広い女性用の日よけ帽を sunbonnet と言う。
sombrero ソンブレロ
スペインやメキシコなどで用いる、山が高くてつばの広い帽子。麦わら、またはフェルト製。
cowboy hat カウボーイハット
sombrero に似たカウボーイ用の山高帽。ten-gallon hat（テンガロンハット）とも言う。なお、stetson（ステットソン）はもともと商標名だが、カウボーイハットの代名詞にもなっている。
Derby hat ダービーハット
フェルトの山高帽。イギリスの Epsom Derby（エプソムダービー）の競馬場で、よく着用されたことからという。bowler hat とも言う。
Panama hat パナマ帽
中南米産のヤシに似たパナマ草の若葉の繊維を編んで作る軽い夏帽子。単にPanama とも言う。名前は集散地だったパナマ市から。

<関連表現>
I'll eat my hat if…　もし…なら驚きだ、…なんてことは絶対にありえない
▶「もし…ならおれは帽子を食ってもいい」が直訳。

pass [send] the hat around　寄付金を集めて回る
take one's hat off to A　A(人) に脱帽する
talk through one's hat　（知ったかぶって）ばかげた［無責任な］話をする

～ cap について～

hat と異なり、縁のない帽子を cap という。ひさし (peak, visor) はあってもよい。
主な cap には次のようなものがある。

baseball cap　野球帽

swimming cap　水泳帽　▶女性用のものは bathing cap とも言う。

skullcap　スカルキャップ　▶お椀を伏せたような形の帽子。おもに聖職者や老
人がかぶる。

beret　ベレー帽
円くて平たい縁なしの帽子。もとはフランスとスペインの国境地方に住むバスク
人の男子の典型的な帽子だった。

fool's cap　道化師帽
昔、王侯・貴族にかかえられた道化（fool）がかぶった帽子。とさか、ロバの耳、
鈴が付いているものが多い。

COLUMN

cap and gown について

　大学の教官や学生が卒業式などに着用する式服を cap and gown（正帽とガウン）と
いう。academicals ともいい、帽子の上部には mortarboard と呼ばれる正方形の板状の
部分がついている。mortarboard とは左官屋がモルタル（mortar）を塗るときのこて板
（board）のことで、形が似ていることからこう呼ばれる。cap and gown はアメリカで
は高校の卒業式でも着用することが多い。

cap and gown

＜関連表現＞

cap in hand　ぺこぺこして
▶「脱いだ帽子を手に持って」の意から。hat in hand ともいう。
Where is your cap?　「おじぎはどうしたの？」
▶親が子どもをたしなめるときの表現。
If the cap fits, wear it.　そのことば［批評］に思い当たるなら、自分のこと
と思って認めなさい ▶「その帽子が自分の頭に合うなら、それをかぶれ」が直訳。
wear it は言わないことも多い。また、《米》では cap の代わりに shoe を用いる
こともある。

hat のいろいろ

top hat

felt hat

Derby hat

bonnet

sombrero

Panama hat

cowboy hat

160

cap のいろいろ

baseball cap

beret

swimming cap

fool's cap

skullcap

| hot dog
| ホットドッグ

1）縦に割った細長いパンにフランクフルトソーセージ（frankfurter）をはさんだもの。ハンバーガー（hamburger）と並んで、典型的なアメリカの食べ物とされる。アメリカでは、野球やフットボールの試合などでホットドッグを食べながら応援する人が多いが、今ではかつてほどの人気はないようだ。なお、hot dog は「フランクフルトソーセージ」の意味でも用いる。

2）ホットドッグがアメリカで注目され始めたのは 20 世紀の初頭で、場所はニューヨークの遊園地コニーアイランド（Coney Island）とされる。特に、夏の海水浴シーズンには、店先の鉄板で焼くホットドッグが名物となった。この地で 1916 年に開店した Nathan's（ネイサンズ）という店は、今もニューヨークの簡易食堂チェーンとして残っている。

3）ホットドッグは軽食堂やドライブインなどで手軽に食べられるが、大都市では屋台（hot dog stand）で食べる人が多い。ホットドッグを持ち帰るときは、たとえば "Five hot dogs to go [to take out], please."（ホットドッグを 5 個持

ち帰りにしてください）のように言う。

4）hot dog の名の由来については諸説あるが、熱々のソーセージが胴体の長いダックスフント犬に似ていたから、という説が有力。

5）hot dog という語は、アメリカの俗語で「やったー！」「すげー！」という称賛の表現として用いられることがある。また、「見せびらかし屋」とか「やり手」という意味でも用いる。なお、hotdog skiing はアクロバットのような妙技を見せるスタントスキーのことである。

hot dog stand

上に載せるものはいろいろ

好みでからしやケチャップをかける

jeans
ジーンズ

1）ジーンズは青色のものが主流なので、blue jeans とも呼ばれる。ジーンズを考案したのは、ドイツ出身の Levi Strauss（リーバイ・ストラウス）という20歳の仕立て屋である。彼は1849年アメリカのカリフォルニアにゴールドラッシュ（gold rush）が起きたとき、金鉱掘りの鉱夫たちに幌馬車やテント用のキャンバス（帆布）を売ろうと西部に乗り込んだ。ところがこのテントはさっぱり売れず、困った彼はこのテント地をインディゴブルー（indigo blue）に染めてキャンバス地のズボンを作ったところ、鉱山労働者の間で大評判となった。彼は

1860 年代にこのキャンバス地を柔らかいデニム (denim) に変えた。ちなみに、Levi's（リーバイス）というジーンズの商標名は Levi Strauss の名に由来する。アメリカでは、今でも Levi's が「ジーンズ」の意味で用いられる。

2）ジーンズがアメリカで最初に流行したのは 1935 年とされる。この年、女性ファッション誌『ヴォーグ』(Vogue) に最初の広告が出て、女性たちの目を引きつけた。その後、1970 年代にはデザイナージーンズ（designer jeans）なども発表され、労働服は一気におしゃれ商品となっていった。なお、日本語では「ジーパン」とも言うが、これは jeans と pants から作られた和製語。英語では単に jeans と言い、「1 本のジーパン」は a pair of jeans である。

3）jeans という語は、この生地が最初に織られたイタリアの町 Genoa（ジェノバ）から来ている。フランスの織工はこの町を Genes と呼び、これが jeans の語源となった。また、ジーンズの材料である厚手の綿布デニム（denim）は *serge de Nimes*（フランス、ニーム原産のサージ）から来ていて、これが英語に入り denim となった。複数形の denims は「ジーンズ」の意味にもなる。

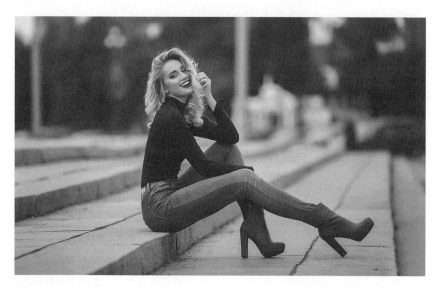

jewelry
ジュエリー

1）日本語では「ジュエリー」と言っているが、英語の jewelry は「宝石類」の意の総称で、個々の宝石は jewel と言う。なお、jewelry はイギリスでは jewellery とつづる。

2）「宝石」を表す語には、jewel のほかに gem、precious stone などがある。後者は「貴重な石」の意で、特にダイヤモンド、ルビー、エメラルドなどを指す。gemstone という語もあるが、これは通例「宝石用の原石」を指す。

3）西洋では古来、diamond（ダイヤモンド）、ruby（ルビー）、emerald（エメラルド）、sapphire（サファイア）、pearl（真珠）が五大宝石として珍重されてきた。日本では、ほかに jade（ひすい）、amber（こはく）、crystal（水晶）、corral（さんご）、agate（めのう）、opal（オパール）なども好まれる。

4）costume jewelry（コスチュームジュエリー）という語があるが、これは比較的安い素材を使った「模造装身具」である。もとは、舞台や仮装などで用いられたが、今ではファッションショーなどでも好んで用いられる。

● birthstone（誕生石）について

生まれ月にちなんで定められた宝石で、自分の誕生石を持っていると幸せになれると考えられている。起源は古代にさかのぼるとされるが、現在の誕生石は1912年に商魂たくましいアメリカの宝石商が定めたものといわれる。

ダイヤモンド（4月）　　　真珠（6月）　　　　　ルビー（7月）

key
鍵

1）プライバシーが特に重視される欧米では、鍵が生活の中で果たす役割は我々日本人が考えるよりもはるかに大きい。家や部屋はもちろん、机の引き出しや戸棚などにも鍵をかける。key は家だけでなく、共同体や国家を守るものの象徴でもあり、中世においては鍵を他者に渡すことはしばしば降伏のしるしだった。現在では、親善のしるしとして都市間で鍵を交換することが行われている。

2）日本語の「鍵」はしばしば「錠」（lock）の意味も含むが、英語では key と lock ははっきり区別される。「鍵をかける」は lock を動詞として用いて lock the door（ドアに鍵をかける）のように言う。また、「ドアは鍵がかかっていた」

は The door was locked. である。なお、「家の鍵」は house key または key to the house と言う（前置詞 to に注意）。

3）キリスト教では、鍵は天国の扉を開閉するものとされる。これは、イエス・キリストが彼の一番弟子であるペトロに「わたしはあなたに天国の鍵を授けよう」と言ったことに由来する（『マタイの福音書』16 章）。絵画や像で大きな鍵を手にしている聖人がいたら、それは間違いなく聖ペトロ（Saint Peter）である。

バチカン市国の国章
（天国への鍵を表している）

「聖ペトロへの天国の鍵の授与」ピエトロ・ペルジーノ画（システィーナ礼拝堂）

pancake
パンケーキ

1）小麦粉、卵、牛乳、砂糖などで作った生地をフライパンまたは鉄板（griddle）で焼いたもの。griddle cake とか flapjack とも言う。日本でいう「ホットケーキ」に似ているが、もっと薄くて甘さは控えめ。アメリカ人はベーコンやスクランブルエッグなどと一緒に朝食に食べることが多い。ブルーベリーを入れたり、すりおろしたじゃがいもで作ることもある。

なお、イギリスの pancake も薄くて、クレープ（crepe）に近い。春巻（spring roll）のように巻いて、レモン汁や砂糖をかけてデザートとして食べる。

2）イギリスなどでは、復活祭（Easter）前の告解火曜日（Shrove Tuesday）にパンケーキを食べる習慣があり、この日を Pancake Day [Tuesday] とも言う。また、この日は主にイングランドの各地で、毎年パンケーキレース（pancake race）が行われる。フライパンにパンケーキを載せて、途中3回空中にトスして裏返しながら、約400mの距離を走り、速さを競う。最も有名なのは、バッキンガムシャー州オールニー（Olney）のもの。なお、この行事の起源は15世紀にさかのぼるという。

＜関連表現＞
(as) flat as a pancake（パンケーキのように）平べったい、ぺちゃんこの
pancake landing（飛行機の）平落ち着陸（早めに失速させて、ほぼ水平に着陸すること）

Olney Pancake Race（オールニーのパンケーキレース）

pie
パイ

1）pie は肉や果物などを小麦粉などで作った生地に入れて焼いたものである。元来は中に肉が入ったものを pie と呼び、果物を入れたものは tart（タルト）と呼んでいたが、アメリカでは pie という語が一般化した。

2）アメリカで pie といえば何と言っても apple pie（アップルパイ）が代表的。apple pie は開拓時代、数少ない保存食の 1 つでもあった。そのため apple pie はアメリカ人にとって伝統的な愛国心の象徴になっている。as American as apple pie は「きわめてアメリカ的な」という意味である。

3）また、アメリカでは感謝祭（Thanksgiving Day）のつきものとして pumpkin pie（カボチャパイ）がある。そのほか、cherry pie（チェリーパイ）、blueberry pie（ブルーベリーパイ）、blackberry pie（ブラックベリーパイ）、peach pie（ピーチパイ）など、さまざまなパイがあり、パイだけを売る専門チェーン店もある。

4）tart は一般に中身の見える小型のパイを指す。中には果物やジャムなど甘いものを入れ、上にはパイ皮をかぶせない。なお、tart は俗語で「ふしだらな女」「売春婦」という意味にもなるので注意。

5）shepherd's pie（シェパードパイ、羊飼いのパイ）という食べ物がある。これはひき肉とタマネギのみじん切りをいため、上にマッシュポテトをかぶせてオーブンで焼いたもので、パイ皮は用いない。特にイングランドで好まれ、as English as shepherd's pie（きわめてイギリス的な）という言い方もある。

＜関連表現＞
(as) easy [simple] as pie ひどく簡単な
(as) nice as pie とても愛想［行儀］のよい
eat humble pie 非を認める、屈辱に甘んじる ▶この humble はシカの臓物を意味する方言。昔、これを使用人などに食べさせたという。
have a finger in the [every] pie 何にでも首を突っ込む、余計な手出しをする
pie in the sky 当てにならない幸福の約束［成功の望み］、「絵に描いた餅」
apple-pie bed （いたずらで）シーツを折りたたんで足を伸ばせないようにしたベッド ▶アップルパイの皮を折り込むことから。
in apple-pie order 整然として

pie のいろいろ

apple pie（アップルパイ）

pumpkin pie（カボチャパイ）

pork
豚肉

1）豚肉はハム（ham）、ソーセージ（sausage）、ベーコン（bacon）などに加工されることが多く、牛肉のように生焼け（rare）で食べることはしない。豚肉には寄生虫などがいることがあるからである。代表的な料理は、大きな塊をオーブンで焼いた roast pork（ローストポーク、焼き豚）だが、豚一匹を丸焼きにしたものは roast pig [hog] と呼ぶ。

2）pork chop（ポークチョップ）はあばら骨付きの豚肉の厚切りをあぶり焼きにした料理で、英米で人気がある。しばしば甘酸っぱいアップルソース（apple sauce）を添える。また、porkpie（ポークパイ）は豚のひき肉の入ったパイで、主にイギリスで食べられる。

3）英米人にとっては豚肉は重要な食べ物だが、イスラム教、ヒンズー教、ユダヤ教の人々は絶対に豚肉を食べない。イスラム教の場合、聖典である『コーラン』に、「死肉、血、豚肉、またアッラー以外に捧げられたものを食べてはならない」と書かれているからだという（アッラーはイスラム教の唯一絶対の神）。

4）アメリカの俗語に、pork-barrel politics（利益誘導型の政治、予算ばらまき政治）という言い方がある。これは、かつてアメリカで奴隷に樽（barrel）に入れた塩漬けの豚肉を報奨として与えたことに由来すると言う。

豚肉の部分名称

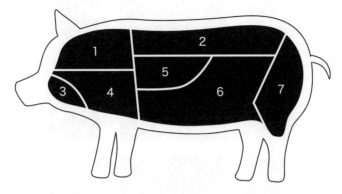

1 shoulder butt（肩ロース）　2 loin（ロース）　3 jowl（ほお肉）
4 picnic shoulder（肩ばら肉）　5 spareribs（骨つきばら肉）
6 bacon（わき腹肉）　7 ham（もも肉）

pub
パブ

１）イギリスの pub は public house（大衆酒場）の略で、庶民の憩いの場であると同時に、社交場でもある。大きな都市の町内には必ず 1 軒くらいはあるといわれる。パブは昼食時にも開いていて、軽食をとることもできる。

２）パブの店内はふつう public bar と呼ばれる庶民的な一般席と、lounge bar とか saloon bar と呼ばれる特別席とに分かれていることが多い。前者は主として労働者向きに設けられた席で、立ち飲みが主。後者は主としてホワイトカラーや社会的地位が高いとされる客用の部屋で、女性客も多い。なお、この区別はイギリスの階級制度の反映とされ、近年はしだいに消えつつあるようだ。

３）飲み物はビールが多いが、日本のようなラガービール（lager）よりも、イギリスの地ビールである苦みの強いビター（bitter）が好まれる傾向がある。

４）イギリスには約 5 万軒の pub があるとされる。昔の pub は宿と居酒屋を兼ねたもので、文字が読めない人のために看板に絵を描くことが多かった。pub の名前としては、Red Lion（赤いライオン）がいちばん多いとされ、The NAGS HEAD（老いぼれ馬の頭）とか、The Crooked House（ゆがんだ家）などというおもしろい名前もある。

個性的なパブの看板（pub sign）

pudding
プリン

1）pudding という食べ物はちょっとやっかいである。定義としては、「小麦粉や米などに牛乳、卵、果物など、いろいろな材料を加えてオーブンで加熱した菓子」となるが、英米で内容が異なる。

2）アメリカでいう pudding は、米、小麦粉、パン、レーズンなどの材料に砂糖、牛乳を加えたムースのようなやわらかい冷製デザートを指すことが多い。chocolate pudding はココアの入った甘いプディングで、子どもに人気がある。

3）イギリスでは、クリスマスのディナーで食べる Christmas pudding（クリスマスプディング）が有名。ドライフルーツをたくさん入れた甘いデザートで、plum pudding とも言う（この plum は「スモモ」ではなく、「干しブドウ」のこと）。部屋を暗くして、かけたブランデーが燃えるのを楽しむことが多い（これを flambé「フランベ」と言う）。また、米と牛乳、砂糖などを混ぜてオーブンで長時間蒸す rice pudding もイギリスの伝統食とされるが、今ではあまり作らなくなってきているようだ。

4）ほかに Yorkshire pudding（ヨークシャープディング）というものもある。これは、小麦粉に牛乳、塩、卵を加え、さらにローストビーフ（roast beef）から出る肉汁をかけてオーブンで焼いたもの。まずいイギリス料理の典型とされることもあるようだが、ローストビーフのつきものとされる。なお、Yorkshire はイングランド北東部の地方名である。

＜関連表現＞
The proof of the pudding is in the eating.「プディングの味は食べてみないとわからない」が直訳で、「実際に試さなければ真価はわからない」の意のことわざ。日本語の「論より証拠」に相当する。

＜参考＞
日本語の「プリン」は pudding の発音がなまったものだが、これは英語では custard (pudding) や caramel custard が相当する。

pudding のいろいろ

Christmas pudding

custard (pudding)

Yorkshire pudding

salad
サラダ

1）主に生野菜をドレッシング（dressing）であえた料理。ふつうは野菜が主体なので、わざわざ vegetable salad とは言わない。肉料理の添え物として出されることが多いが、コース料理の一品となることもある。

2）salad はラテン語で「塩」を意味する sal に由来する。西洋では古くから生野菜に塩味をつけて食べていた。「塩味をつけた」の意味の中世ラテン語 salata がフランス語を経て 15 世紀末の英語に入った。

3）「サラダを作る」は mix [prepare, make, fix] (a) salad という。cookは火を使って料理することを指すので、cook salad は不可。

●主なサラダの種類
Caesar salad シーザーサラダ
レタスを半熟卵の黄身、ニンニク、アンチョビーなどで作ったドレッシングであ
え、チーズやクルトンを加えたもの。名前の由来はローマの英雄シーザー（Caesar）
とは全く関係はなく、メキシコのレストラン Caesar's Place からとされる。
chef's salad シェフサラダ
野菜サラダの上にゆで卵や細切りのチーズ、ハムなどを飾った量のあるサラダ。
「コック長のサラダ」の意で、店によって趣向は異なる。
coleslaw コールスロー
千切りのキャベツをドレッシングやサワークリームであえたもの。「キャベツの
サラダ」を意味するオランダ語から。
combination salad 盛り合わせサラダ
fruit salad 果物のサラダ
tossed (green) salad トストサラダ
緑色野菜をドレッシングであえたサラダ。toss は「軽くまぜる」の意。

●主なドレッシングの種類
French dressing フレンチドレッシング
オリーブオイルと酢、塩、マスタードなどで作る。サラダソースの代名詞となっ
ているが、フランスで創案されたものではない。
oil and vinegar オイルアンドビネガー
文字通り酢と油だけのドレッシング。
Thousand Island dressing サウザンドアイランドドレッシング
マヨネーズにチリソース、刻んだピーマン、ゆで卵などを加えたもの。

＜関連表現＞
salad bar サラダバー（レストランなどの、セルフサービス式サラダコーナー）
salad bowl サラダボウル（サラダを混ぜ合わせたりするのに使う丸くて深い鉢）
▶《米》では、多様な人種が独自性を保ちながら共存する状態についても言う。
salad days （世間知らずの）青二才時代；最盛期
▶シェイクスピアの『アントニーとクレオパトラ』（*Antony and Cleopatra*）の
中のせりふから。

salt
塩

1）塩には腐敗を防ぐ力があるため、西洋では昔から神聖なものとされてきた。
また、魔よけになるとされ、塩を棺の中に入れる風習もあった。カトリックの洗

礼式では今でも清めに塩を使う。日本で葬儀から帰って家に入る前に玄関先で塩をまいたり、大相撲で仕切り前に土俵に塩をまくのも同じ考え方である。

2）西洋では、塩とコショウ（pepper）は一対のものとされ、salt and pepper は食卓の必需品とされる。ちなみに、日本では「塩と砂糖」が料理の基本である。

3）塩は貴重なものなので、食卓で塩をこぼす（spill salt という）のは縁起が悪いという迷信がある。うっかり塩をこぼしてしまった人は、右手で一つかみの塩を左の肩越しに投げるとよいとされる。これは、魔物［悪魔］は人の左側にいるとされることによる。→右ページ図

4）新約聖書の『マタイの福音書』（5：13）に、イエスのことばとして、"You are the salt of the earth."（あなたがたは地の塩である）がある。これは、塩にすぐれた腐敗防止の性質があるように、きみたちも「社会の塩」となって社会の腐敗を防ぐ健全な存在になりなさい、という意味である。この故事から、the salt of the earth は「模範的な人格者」の意味で用いられる。

5）古代ローマでは、生活必需品である塩を買う代金として兵士に与えられた銀貨を *salarium*（= salt money）と言った。salary（給料）という英語はこの語が変化したものである。ちなみに、be not worth one's salt は「（従業員などが）給料分だけの働きをしない」という意味である。

＜関連表現＞

rub salt in A's wound(s)「人の傷口に塩をすり込む」とは、「A(人)をいっそう苦しめる」の意。

take A with a grain [pinch] of salt「1粒［つまみ］の塩をつけて食べる」とは、「A(人の話など)を割り引きして聞く」の意。

塩の採掘（エチオピア）

spill salt のイメージ。
黒いのは魔物。

sandwich
サンドイッチ

1）パンの間に肉、卵、チーズ、野菜などをはさんで作る食べ物。食パンにロー
ストビーフをはさむのが本格的だが、好みにより何をはさんでもよい。日本で
は、食パンの「耳」を切り取って作ることが多いが、英米では耳を切らず、2つ
折りにしただけのものが多い。なお、1枚のパンの上に具を載せただけのものを
open sandwich（オープンサンド）と言う。また、hamburger（ハンバーガー）
なども一種の sandwich である。

2）sandwich の名は John Montagu（1718～92）というイギリスの政治家の
名前にちなむ。彼は第4代サンドイッチ伯爵（4th Earl of Sandwich）だったが、
ギャンブルの常習者として悪名が高かった。彼は食事のために長時間の賭け事を
中断することのないように、片手で食べられるサンドイッチを作らせたという。

●主なサンドイッチの種類
BLT, B.L.T. ビーエルティー
bacon, lettuce and tomato sandwich（ベーコンとレタスとトマトのサンドイッ
チ）の頭文字をとったもの。
club sandwich クラブサンドイッチ
3段重ねのトーストにチキン、レタス、トマトなどをはさんだもの。ロンドンの
二階建てバス (double-decker) の形にちなんで double-decker（二重サンド、ダ
ブルデッカー）とも言う。
submarine サブマリーン
細長いフランスパンを縦に切って、いろいろな具をはさんだもの。形が
submarine（潜水艦）に似ているところからこう呼ばれる。略して sub とも、
また hero sandwich とも言う。

club sandwich (double-decker)

submarine

shoe
靴

1）靴の原型はサンダル（sandal）である。古代の地中海周辺では、開放的なサンダルが一般的だった。今のような形の靴が一般化するのは 16 世紀末になってからである。

2）靴を大きく分けると、普通の「短靴」、くるぶしの上までくる「深靴」、ふくらはぎの上までくる「長靴」の 3 種類になるが、イギリスとアメリカで呼称が異なることに注意。イギリスでは「短靴」を shoes、「深靴」を boots と呼んでいるが、アメリカではどちらも shoes と言い、特に区別する場合は low shoes（くるぶしより下のもの）、high shoes（くるぶしより上にくる靴）と言う。

3）boots はもともと乗馬や釣りなどのスポーツや悪天候の場合に用いる特別な靴だったが、1960 年代後半からはミニスカートの流行とともに女性間に広まった。ちなみに、イギリスでは wellingtons という語が「ゴム長靴」（rubber boots）の意味で用いられる。これは、イギリスの軍人で首相も務めた Arthur Wellesley Wellington（1769 ～ 1852）の名から来ている。また、boots はアメリカではカウボーイの靴（cowboy boots）を指すことが多い。

●主な靴の種類
clog クロッグ、木靴
木やコルクの厚い底をもつサンダル式の靴。フランスやオランダでは庶民の履き物だった。
moccasin モカシン
北米先住民が使った靴。シカの一枚皮で足裏から甲へと包み込むもの。これを模して作った靴は現代でも用いられている。

sneakers スニーカー
ゴム底の運動靴。歩いても足音があまりしないことから sneak（しのび歩く）という動詞に -er を付けて作った語。「ナイキ」（Nike）はスニーカーを含むスポーツシューズの有名ブランドである。

loafer ローファー
かかとの低いひもなしのカジュアルシューズ。

pumps パンプス
結びひもや留め金のない靴。

slip-on スリッポン
結びひもや留め金がなく簡単にはける靴。「するりと着用する」の意の slip on から名詞化。

＜関連表現＞

If the shoe fits (, wear it). そのことばに思い当たるところがあれば素直に受け入れなさい ▶「その靴があなたにぴったりのサイズなら（はきなさい）」の意。wear it は省略することも多い。

The shoe [boot] is on the other foot [leg]. 情勢［立場］は逆転した

where the shoe pinches 悩みの種［原因］

clog

moccasin

sneakers

loafer

pumps

tea
ティー、紅茶

1）単に tea と言えば、ふつうは紅茶（black tea）を指す。日本人が日常的に飲んでいる緑茶は green tea と言う。紅茶も緑茶も同じ茶の葉（tea leaf）から作るが、茶の若葉を発酵・乾燥させたのが紅茶で、発酵させないのが緑茶である。また、半発酵の中国茶がいわゆる「ウーロン（烏龍）茶」で、英語では oolong / ウーロン / （tea）と言う。なお、緑茶などと区別して紅茶を black tea と言うことがあるが、これは茶葉を発酵させると黒色になるからである。

2）イギリス人ほど紅茶を愛好する国民はないといわれる。彼らは午前11時頃にオフィスや工場で tea break（または elevenes）という午前の休憩をとり、午後にはまた afternoon tea（午後のお茶）を飲む。これは午後3時頃から5時頃までの間にとるビスケットやケーキなどの軽食付きのお茶である。また、high tea という夕食を兼ねたお茶の時間もあるが、これは肉料理付きのティーで、夕食の代わりにする地方もある。このように、イギリスでは tea という語はお茶そのものだけでなく、「お茶の時間」や、お茶と一緒に出る食べ物、さらには「お茶の集い」という意味でも用いることに注意。

3）a nice cup of tea（1杯のおいしいお茶）はイギリス人の家庭の団らんを象徴する表現である。また、落ち込んでいる人などに向かって "Sit and have a nice cup of tea." と言えば、「落ち着いてお茶でも飲んだら？」という励ましのことばになる。→ cup (p.152)

4）アメリカでもイギリス同様紅茶が飲まれていたが、イギリス政府はアメリカ植民地に対し紅茶税を課し、東インド会社（the East India Company）に紅茶の輸入特権を与え、アメリカの業者を圧迫した。これに反対する人々が1773年にボストン港に停泊していたイギリス船を襲い、積み荷の茶箱を海中に投げ入れた。これは the Boston Tea Party（ボストン茶会事件）と呼ばれ、これが口火となってアメリカの独立戦争が起きた。これ以来、アメリカ人は紅茶の代わりにコーヒーを飲むことが多くなったという。なお、この事件から tea party は「紛争」という意味で用いられることもある。

5）tea の原産地は中国南西部だが、現在は中国とインドが2大生産地で、近年ではケニアでの生産が多い。イギリスには17世紀にオランダ経由でもたらされ、それまでのコーヒーに代わって上流階級の飲み物になった。なお、19世紀には clipper（クリッパー）と呼ばれる快速帆船による中国からの茶の輸入が盛んに行われた。

6）tea は熱湯で入れるのが大切で、陶製の茶わん（teacup）を温め、ポット（teapot）には tea cozy [cosy] という保温カバーを掛ける。ふつう、ミルクをたっぷり入れて飲む。

＜参考＞

tea の語源は中国語の chá（茶）からで、te などを経由して tea となった。日本語の「茶」も同語源。なお、日本の「茶道」（茶の湯）は英語では tea ceremony と言う。

イギリスの afternoon tea の風景

Americans throwing the Cargoes of the Tea Ships into the River, at Boston

アメリカの独立戦争のきっかけとなった the Boston Tea Party

tie
ネクタイ

　「ネクタイ」は necktie から来ているが、今の英語では tie が普通で、necktie という言い方は英米とも堅い（または、古めかしい）言い方になっている。なお、ゆるく結ぶ男性用のスカーフ（scarf）を cravat（クラバット）と言い、「ネクタイ」の意味にもなるが、主にイギリスの商用語として用いられる。

●主なネクタイの種類
Ascot（tie） アスコットタイ
スカーフ状の幅の広いネクタイ。イギリスのアスコット競馬場に集まる紳士たちが着用したことから。単に ascot とも言う。
bolo tie ボロタイ
ひも状のネクタイで、string tie とも言う。細い皮ひもや編みひもを用いる。南米のカウボーイが用いる石または鉄の玉が付いた投げ縄（bola）に似ていることからこう呼ばれるようになった。bola tie とも言う。日本で「ループタイ」と呼んでいるもの。
bow tie ボウタイ
蝶ネクタイのこと。この bow はひもやリボンなどの「蝶結び」のことである。
four-in-hand フォーインハンド
結んで下げる最も一般的なネクタイ。結び目（knot）から下が手の幅の約4倍になることからこう呼ばれる。
old school tie オールドスクールタイ
イギリスのパブリックスクール（public school）の出身者が用いる母校の色柄のネクタイ。この語はしばしば軽蔑的に、「母校びいき」「学閥（意識）」の意味でも用いられる。

<参考>
①略式の男子夜会服であるタキシード（tuxedo, dinner jacket）を着用するときにつける黒の蝶ネクタイを black tie と言う。また、正式の夜会服（tailcoat；えんび服）を着たときにつける白の蝶ネクタイを white tie と言う。
②「ネクタイ留め」には、細い板状の tie clasp [clip], ピンの形の tiepin や tie tack などがある。

tie のいろいろ

Ascot tie（結び方はいろいろ）

bow tie

bolo tie

whiskey, whisky
ウィスキー

1）大麦・ライ麦・トウモロコシなどを発酵させ蒸留した酒。カシ材（oak）の樽に貯蔵して熟成させる。

2）ウィスキーは古代ケルト民族が作っていた地酒で、語源的には「生命の水」（water of life）を意味するゲール語（ケルト語）の *usquebaugh*（アスクィボー）が whiskeybae となり、短縮されて 18 世紀に whisky になったと考えられている。

3）イギリスのウィスキーでは、何と言ってもスコットランド産のスコッチウィスキー（Scotch whisky）が有名で、単に Scotch と言えば通例これを指す。このウィスキーは、原料である大麦の麦芽（malt）をピート（peat）という泥炭を使って乾燥させるので、特有の香りが生まれる。麦芽だけを原料にして oak の樽で 3 年以上熟成させたものは malt whisky（モルトウィスキー）と言い、愛好者が多い。特にスペイ（Spey）川流域地方産の「グレンリベット」（Glenlivet）や「グレンフィディック」（Glenfiddich）は人気が高い。しかし今では各種の穀類をブレンドして作った blended whisky が Scotch の主流になっている。日本でも有

名な「オールドパー」(Old Parr)、「シーバス・リーガル」(Chivas Regal)、「バランタイン」(Balantine's)、「ジョニー・ウォーカー」(Johnnie Walker) なども、すべて blended whisky である。

4）アメリカのウィスキーでは、バーボン（bourbon）が代表で、法律によって原料中にトウモロコシを51％以上含むものと規定されている。バーボンで最も有名なのは「ジャック・ダニエルズ」(Jack Daniel's) である。アメリカを代表する最高級のウィスキーで、他のバーボンと区別してテネシーウィスキー (Tennessee whisky) と呼ばれることもある。最初、テネシー州のリンチバーグという小村で作られたことによる。ほかにも「ワイルド・ターキー」(Wild Turkey)、「アーリータイムズ」(Early Times)、「ジム・ビーム」(Jim Beam) など多くの有名銘柄がある。なお、bourbon という名前は、1789 年ケンタッキー州の Bourbon で最初に作られたことによる。今でも、バーボンはこの州で最も多く作られている。

5）「ウィスキー」には whisky と whiskey の 2 種類のつづりがある。本来はどちらも同じであったが、純粋のスコッチウィスキーだけが whisky のつづりを使う資格があるというスコットランド人の主張により、他の土地（アイルランドとアメリカ）で作られたウィスキーは whiskey とつづられる傾向がある。

＜参考＞
Scotch という語は「スコットランド（人）の」という意味だが、スコットランド人自身は飲食物以外ではこの語の使用を嫌う。特に、名詞の Scotch は「スコッチウィスキー」に限られる。

window
窓

1）window という語は、「風の目」を意味する北欧のスカンディナビア語から来ている。古代スカンディナビア人は長い冬の間、ドアは閉め切りにし、換気はもっぱら屋根に開けた穴（すなわち「目」）に頼った。風はその穴からひゅうひゅう入ったので「風の目」と呼ばれたのである。

2）現在のように一般家屋にガラス入りの窓が現れるのは16世紀の末から17世紀の初めの時代とされる。また、大きな1枚の厚板ガラスをはめ込む技術が開発されたのは19世紀の中期になってからである。

3）一般に英米の家屋の窓は、2枚から成る窓枠を上げ下げして開閉する sash window か、ちょうつがいで内側または外側に開く casement (window) のどちらかである。

●主な窓の種類
bay window 張り出し窓、出窓
壁から三角形または多角形に張り出した窓。このうち特に半円形（弓形）のものは bow window と言う。
casement window 開き窓
ちょうつがいで内側または外側に開く、いわゆる「観音開き」の窓。単に casement とも言う。
sash window 上げ下げ窓
2枚から成る窓枠を上げ下げして開閉する。イギリスの家ではこの方式の窓が一般的。
French window フランス窓
観音開きで、ドアのように床面まで達する窓。French door とも言う。
picture window 見晴らし窓
大きな1枚ガラスをはめ込んだ窓。

＜関連表現＞
window dressing ショーウインドーの飾りつけ　▶比喩的に「見せかけ」「粉飾決算」などの意味にもなる。
window-shopping ウインドーをのぞいて歩くこと（ウインドーショッピング）。それをする人を window-shopper と言う。

wine
ワイン

1）ブドウ（grape）を発酵させて作るワインは人類が最も古くから作っていた酒である。古来、地中海周辺が主産地だったが、現在では世界各地で作られている。

2）ワインを製法上の分類で分けると次の4種類になる。
① still wine（スティルワイン）
発泡性でない通常のワインのこと。「静かなワイン」の意。
② sparkling wine（スパークリングワイン）
炭酸ガスが含まれた発泡性のワイン。フランスのシャンパン（champagne）が代表的。
③ fortified wine（フォーティファイドワイン）
still wine にブランデーなどを加えてアルコール度を高めたワイン。「（酒精）強化ワイン」とも言う。スペインのシェリー（sherry）、ポルトガルのポート（port wine）など。
④ flavored wine（フレイバードワイン）
果汁や薬草などで風味づけしたワイン。イタリアのベルモット（vermouth）など。

3）ワインは十字架にかけられて死んだイエス・キリストの血の象徴で、キリストの肉を象徴するパンとともにミサの儀式で用いられる。そのため、ワイン醸造の伝統は中世から近世にかけての教会や修道院に負うところが大きい。→ **bread**

●主なワインの種類
Bordeaux ボルドーワイン
フランス南西部のボルドー一帯で作られるワインで、世界最高の品質を誇っている。イギリスでは、ボルドー産の赤ワインを claret と呼ぶ。claret は「濃い赤紫色」のことである。
Burgundy ブルゴーニュワイン
フランス南東部のブルゴーニュ（Bourgogne）地方産のワイン。ボルドーと並ぶ名酒との誉れが高い。なお、びんの形はボルドーと異なり、「なで肩」である。
champagne シャンパン
フランス北東部のシャンパーニュ（Champagne）地方で作られる発泡性の白ワイン。厳密にはこの地方産のものだけを指すが、今ではイタリアやアメリカなどでも生産される。シャンパンを抜くことは敬意や歓待を表し、またパーティーの景気づけとしてもよく用いられる。「シャンペン」とも言う。
Chianti キャンティ
イタリアのトスカーナ地方の Chianti 地区で生産される赤ワイン。わらづとで包

んだ下ぶくれのびんがトレードマークだったが、今は飾り程度。

hock ホック
ドイツのライン（Rhine）河畔の村で産する辛口の白ワイン。

Madeira マデイラ
モロッコ沖の、ポルトガル領マデイラ島で生産される酒精強化ワイン。カラメル風味の個性的な酒で、かつてはイギリスの上流社会で好まれた。

Médoc メドック
ボルドーワインの1つで、最高級の赤ワインとされる。

Moselle モーゼル
ドイツのモーゼル川流域で生産される白ワイン。ラインのものと並んで有名。Mosel ともつづる。

port ポート
ポルトガル北部産の酒精強化ワイン。甘口が多く、主に食後酒として飲まれる。port wine とも言う。なお、port の名はこのワインの積み出し港 Oporto から。

sherry シェリー
スペイン南西部原産の酒精強化白ワイン。イギリスの家庭でも愛飲される。

　このほか、アメリカではカリフォルニア州、サンフランシスコ北東のナパバレー（Napa Valley）産の California wine は軽い飲み口で人気が高い。また近年は、オーストラリア、アルゼンチン、チリ、南アフリカなどのワインも人気が高まっている。なお、イギリスでも11世紀からワイン作りが行われており、近年は特に南東部がワイン産地として注目されている。

＜関連表現＞

put new wine in old bottles 新しい酒を古い革袋に入れる
「新しい思想を旧来の古い形式に盛る」という意味だが、一般には、新しい思想や内容を入れるには新しい形式が必要であるという意味で使われる。新約聖書『マタイの福音書』（9：17）から。

In wine there is truth. 酒に真実あり（ことわざ）

＜参考＞
① wine はラテン語の *vinum*（ぶどう酒）から。vine（ブドウの木）、vineyard（ブドウ園）、vintage（ブドウの収穫（期））も同語源。
②ボルドーワインの産地のブドウ園をシャトー（château）と呼ぶが、これは「城」の意味ではなく、特定のブドウ園を指す名称である。

シャトー・オー・ブリオン
（ボルドーの５大シャトーの１つ）

ボルドー地方のブドウ園

有名ワインのびんの形

ブルゴーニュワイン
（なで肩が特徴）

ボルドーワイン
（怒り肩が特徴）

第7章

スポーツの文化

Sports Culture

American Football
アメリカンフットボール

　football の一種だが、アメリカで football と言えば American football を指す。19 世紀後半にアメリカで生まれ、現在アメリカで最も人気のあるスポーツになっている。最初はラグビーの変型のようなものだったが、20 世紀になってルールの改正が進んだ。今では、大学対抗フットボールとともにプロの人気も高く、フットボールはアメリカ人の生活の一部となっているといわれる。日本語では「アメフト」とか「アメラグ」とも言う。

〈試合方法〉
1）11 人編成の 2 チームが攻撃側（offense）と守備側（defense）に分かれて、楕円形のボールを相手のエンドゾーン（end zone）に持ち込むことで得点を競い合う。

2）プレーはボールを持った選手が相手の選手によって倒されるまで続けられる（これを down という）。攻撃側は 4 回のダウンの間に 10 ヤード進むとさらに 4 回のダウンが与えられるが、もし 10 ヤード進めない場合は攻撃権は相手側に渡る。

3）ラグビーとの主な相違点
①パス（pass）は、ラグビーでは自分より後方にいる味方にしか渡せないが、アメフトでは前にいる味方に投げてもよい。
②ラグビーでは、原則としてボールを持った人にしかタックル（tackle）できないが、アメフトではボールを持っていない選手への妨害（blocking）が許される。
③ラグビーでは、1 人の選手が攻撃にも守備にも加わるが、アメフトでは 1 つのチームの中に攻撃側（offense）と守備側（defense）があり、それぞれが専門化されている。
④アメフトでは、ヘッドギア（headgear）、肩当て（shoulder pad）などの防具を身につけることが義務づけられている。

4）チームの花形は攻撃の司令塔となるクォーターバック（quarterback）である。フォワードの後方に位置し、攻撃の作戦を指令する。QB または q.b. と略す。
ちなみに、アメリカの口語に Monday morning quarterback という表現がある。これは、日曜日に観戦したアメフトの試合について翌日の月曜日の朝（Monday morning）になって批判する人のことで、比喩的に「結果論であれこれ言う人」の意味でも用いられる。quarterback はまた「指示を出す」の意の動詞としても用いる。

5）フットボール試合の呼び物はハーフタイムショー（halftime show）である。ハーフタイムになると、行進しながら演奏するマーチングバンド（marching band）とともに、きらびやかなユニフォームを身につけたチアリーダー（cheerleader）たちのショーが観客を楽しませる。

● **大学対抗フットボールについて**

　大学対抗フットボールは conference と呼ばれる「リーグ」（league）の中で行われる。シーズン終了後には公式戦で好成績を残したチームによる bowl game（ボウルゲーム）と呼ばれる選抜試合が毎年1月1日に行われる。中でも「4大ボウル」と呼ばれるのは次の4つで、いずれもその地方の名産品などを Bowl の前に冠している。

① Rose Bowl——カリフォルニア州南西部の Pasadena（パサデナ）で行われる最古のボウル。Rose Bowl のテレビ観戦は、アメリカ人にとっては正月の大きな楽しみである。

② Orange Bowl——フロリダ州 Miami（マイアミ）で行われる。

③ Cotton Bowl——テキサス州 Dallas（ダラス）で行われる。

④ Sugar Bowl——ルイジアナ州 New Orleans（ニューオーリンズ）で行われる。

なお、bowl というのはフットボールのスタジアムの形が鉢（bowl）に似ていることから。スタジアムはまた gridiron とも呼ばれるが、これはスタジアムの5ヤードごとに引いてある白い線が焼き網(gridiron)のように見えることから来ている。

　ちなみに、日本では毎年1月3日に学生代表と社会人代表が対決する「ライスボウル」（Rice Bowl）が1948年以来行われている（rice は日本を象徴する「お米」である）。

● **プロフットボールについて**

　プロのフットボールは1890年代にすでに始まっていたが、現在のような人気スポーツになったのは第二次大戦後のことである。今では NFL（National Football League）という連盟の中でリーグ戦を行い、その勝者が王座決定戦である「スーパーボウル」（Super Bowl）に臨む。

● **主なアメフト用語**

block ブロック
相手の進行を体を使って妨げること。

field goal フィールドゴール
タッチダウン（touchdown）でなく、キックによる得点。

gain ゲイン
ボールを前進させること。

huddle ハドル、作戦タイム
選手が次のプレーの指示を受けるために集合すること。

intercept　インターセプト
相手側のボールをさえぎる［奪う］こと。
punt　パント
ボールが手から離れて地面に着く前にけること。
snapback　スナップバック
センターが手ですばやく後方にいるクォーターバックにボールを送ること。
touchdown　タッチダウン
相手側のエンドゾーン（end zone）に味方のボールを持ち込むこと。これによって6点が入る。

<参考>

アメフトのボールのことを俗にpigskinとかovalと言う。前者は「豚の皮」の意で、フットボールの球が豚のなめし皮でできていることから来ている。ovalは「楕円形」の意で、フットボールの球の形から。

試合風景

2008年BCSナショナル・チャンピオンシップ・ゲーム

halftime show（ハーフタイムショー）

cheerleader（チアリーダー）たち

●アメリカンフットボールの防具

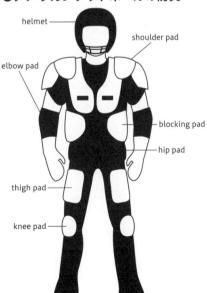

helmet
shoulder pad
elbow pad
blocking pad
hip pad
thigh pad
knee pad

helmet（ヘルメット）

Baseball
野球

１）野球はアメリカの国民的スポーツだが、近年はアメリカンフットボール、バスケットボールなどの速い動きが魅力のスポーツに押されぎみである。しかし、野球選手にとってはメジャーリーガー（major leaguer）になることは今でも最大の夢である。

２）野球はアメリカ人が「発明」したものではなく、ラウンダーズ（rounders）というイギリスの球技が原型とされる。南北戦争（1861 〜 65）の最中に兵士の間で盛んになり、その後、アメリカの国技として受け入れられた。

３）日本には 1873 年にアメリカ人教師によって伝えられた。第一高等学校その他の旧制高校で行われたのが最初とされ、baseball を「野球」と訳したのも第一高等学校の野球部員だった中馬庚（ちゅうまかのえ）とされる。ちなみに、俳人の正岡子規も野球に夢中になり、日本に野球が導入された最初期の熱心な選手でもあった。「打者」「走者」「四球」「飛球」など、多くの用語は彼が翻訳したものだという。後年、二人は野球の発展に貢献したとして「野球殿堂」（the Baseball Hall of Fame）入りしている。

●野球起源の表現
　野球用語の中には、慣用表現として日常的に用いられるものも多い。以下はその一例である。

ball game　状況、事態　▶「野球の試合」の意味から転じて、「状況」とか「事態」の意味でも用いる。（例）It's a whole new ball game.（状況は一変した）

ballpark　概算、許容範囲　▶「野球場」の意だが、球場のおおまかな入場者数から ballpark figure は「だいたいの数字」の意になる。また、be in the ballpark は「（見積もりなどが）ほぼ予算内だ」の意。

play ball　仕事を始める、協力する　▶「試合開始」「プレーボール」の意から。

on the ball　有能で　▶「（投手が）いろいろな球種を持っている」の意から。（例）He has a lot on the ball.（彼は仕事ができる）

drop the ball　しくじる、へまをする　▶「落球する」の意から。主に新聞で用いる。

(right) off the bat　すぐさま

batting average　成功率、業績　▶「打率」の意から。

get to first base　（成功などの）第一歩を踏み出す、足がかりをつかむ　▶「一塁に出る」の意から。reach [make] first base とも言う。

off base　見当違いをして、不意を突かれて　▶「（走者が）塁から離れていて」

の意から。

touch base　連絡を取る、情報交換する　▶「ベースにタッチする」の意から。

strike out　失敗する　▶「三振する」の意から。

have two strikes against one（追い込まれて）ピンチだ、不利な立場に立っている　▶「（打者が）ストライクを２つ取られている」の意から。

pinch-hit　（急場に）代役を務める　▶ pinch-hitter（代打者）の動詞形。pinch-hit for him（彼の代役を務める）のように用いる。

left field　主流からはずれた位置、無関係な立場　▶「左翼、レフト」から。out in left field（間違って、トンチンカンで）の形で用いることが多い。

screwball　おかしなやつ、変人　▶いわゆる「シュート（ボール）」から。

throw a curve　意表を突く、汚い手を使う、だます　▶「カーブを投げる」の意から。

●和製の野球用語

　「ナイター」や「ゲッツー」が和製の野球用語であることはよく知られているが、ほかにも日本独特の用語はたいへん多い。以下はその一部である。カタカナが和製英語で、太字が正しい英語。

インコース　inside
「内角高目」（インハイ）は high and inside、「内角低目」（インロー）は low and inside のように言う。なお、「アウトコース」は outside である。

ウェイティングサークル　on-deck circle
日本では「ネクストバッターズサークル」とも言っている。

エンタイトルツーベース　ground-rule double
ground rule とはその球場特有の規則を指す。

オーバースロー　overhand pitch
英語の overthrow は「悪送球」「暴投」を指す。なお、「アンダースロー」は underhand pitch、「サイドスロー」は sidearm pitch が一般的。

キャッチボール（をする）　play catch
catch ball という英語はない。

クッションボール　carom
ビリヤード用語から。

クリーンアップ　heart of the order
cleanup hitter [batter] はふつう「四番打者」のみを指す。

ゲームセット！　The game is over.
単に Game over! とも言う。

サヨナラホームラン　walk-off home run
打たれた投手がマウンドを去って行くことから。game-ending home run とも言う。

ストッパー　closer, fireman（火消し役）

「抑えの切り札投手」の意味では stopper も使われる。

ストレート　fast ball

「速球」の意。straight ball は「棒球」の意味になることが多い。

スリーバント　bunt with two strikes

two-strike bunt とも言う。

セーフティーバント　drag bunt

drag は「ひきずる」の意。

タイムリーヒット　RBI single

RBI は run(s) batted in（打点）の略。打者には「打点」がつくことから。俗語では ribbie とも言う。

タッチ　tag

「タッチアウト」は tag out、「タッチアップ」は tag up と言う。これらの意味では touch を用いないことに注意。

テキサスヒット　Texas leaguer

hit は付けない。blooper とも言うが、これは「大失敗、ちょんぼ」の意から。日本では「ポテンヒット」とも言う。

デッドボール　hit by (a) pitch

dead ball はファウルなど一時的にプレーが中断するボールのことで、日本でいう「死球」の意味ではない。

トスバッティング　pepper game

トップバッター　leadoff batter [hitter]

top batter は「最高の打者」の意。

ノック　fungo / ファンゴウ /**、fielding practice**

ノーヒットノーラン　no hitter

バックホーム　throw to the plate

バックスクリーン　center-field screen

ハーフスイング　checked swing

アメリカの大学野球リーグなどでは half swing も用いられる。

ファウルグラウンド　foul territory

フォアボール　base on balls、walk（四球による出塁）

フリーバッティング　batting practice

「打撃練習」の意。

フルベース　bases loaded、bases full

ヘッドスライディング　head-first sliding [slide]

ホームインする　get home、reach home

ホームベース　home plate

単に plate とも言う。

ランニングホーマー　inside-the-park home run

●メジャーリーグについて

アメリカプロ野球の二大リーグである American League（アメリカンリーグ）と National League（ナショナルリーグ）のうちの 1 つを Major League（メジャーリーグ）と言う。Major League Baseball は略して MLB と言う。

〈チーム名と愛称〉

アメリカンリーグ	ナショナルリーグ
Boston RED SOX 　sox は socks と同じ。ユニフォームの socks は赤である。 **New York YANKEES** 　Yankee は「米国の北部の人」「南北戦争時の北軍兵士」 **Baltimore ORIOLES** 　oriole は「アメリカムクドリモドキ」という北米産の鳥。 **Toront BLUE JAYS** 　blue jay は「アオカケス」という鳥。 **Tampa Bay RAYS** 　ray は「エイ」。2007 年までは Devil Rays（イトマキエイ）と言っていた。 **Detroit TIGERS** 　球団発足当時の監督が、いつもトラの縞模様に似た靴下をはいていた。 **Chicago WHITE SOX** 　かつてはホワイトストッキングスという名だったが、地元紙が略してホワイトソックスと書くようになり、それが正式名になった。地元では単に Sox とも呼ぶ。 **Cleveland INDIANS** 　かつてこのチームで活躍した MLB 初の Indian のプロ野球選手に敬意を表した命名だという。 **Minnesota TWINS** 　twins は「双子」。本拠地であるミネアポリス市とミシシッピ川対岸のセントポール市は Twin Cities と呼ばれる。 **Kansas City ROYALS** 　カンザスシティで毎年開催される American Royal（家畜祭り）に由来する。 **Oakland ATHLETICS** 　athletics は「運動選手」。 **Texas RANGERS** 　ranger は「騎馬警官隊」。 **Los Angeles ANGELS** 　angel は「天使」。本拠地はカリフォルニア州アナハイム。 **Seattle MARINERS** 　mariner は「水夫、船員」。Seattle はかつて港町だった。 **Houston ASTROS** 　astro- は「宇宙の」の意。Houston には宇宙基地がある。	**Atlanta BRAVES** 　braves は「勇敢な人々」。 **Philadelphia PHILLIES** 　Phillies は「フィラデルフィアの人」。 **New York METS** 　Mets は metropolitans（大都市の住民）の短縮形。 **Washington NATIONALS** 　national は「国民」「同胞」の意。 **Miami MARLINS** 　marlin は「マカジキ」という魚。 **Cincinnati REDS** 　女性ファンが、チームに赤い靴下を編んで贈ったことから。 **Chicago CUBS** 　cub は「子グマ」。結成当時は若くて活きのいい選手が多かったから。 **Pittsburgh PIRATES** 　pirate は「海賊」 **St. Louis CARDINALS** 　cardinal は「ショウジョウコウカンチョウ」という北米産の鳥。 **Milwaukee BREWERS** 　brewer は「ビール醸造人（会社）」。ミルウォーキーにはビール業者が多い。 **San Francisco GIANTS** 　チームが巨漢（giant）ぞろいだったからという。 **Los Angeles DODGERS** 　trolly dodgers（路面電車をよける人たち）に由来するといわれる。 **San Diego PADRES** 　padre は「軍艦つきの牧師」の意。サンディエゴにはアメリカの海軍基地がある。 **Colorado ROCKIES** 　コロラド州の半分はロッキー山脈（the Rockies）である。 **Arizona DIAMONDBACKS** 　diamondback は「背にダイヤモンド形の模様があるガラガラヘビ」。アリゾナに生息する。

Basketball
バスケットボール

1）野球やアメリカンフットボールと並んで、アメリカで最も人気のあるスポーツの1つ。1チーム5人のプレーヤーがお互いに相手のゴールのバスケット（リングとネットから成る「かご」）にボールを投げ入れて得点を競い合う。5人1組なので、バスケットボールのチームのことを five とも言う。なお、バスケットボールに使用するボールも basketball である。

2）このスポーツは1人の人物によって考案された数少ない競技の1つとされる。考案者は、マサチューセッツ州スプリングフィールドのYMCAトレーニングスクールで体育部教官を務めていたカナダ人のジェームズ・ネイスミス（James Naismith）。彼は全米各地のYMCAから出ていた、冬期に屋内でできるスポーツがほしいという要望に応じて、1891年にこのスポーツを考案した。ネイスミスは当初、ゴールに箱を使う予定だったが、適当なものがなく、代わりに桃を入れるかご（basket）を使うことにしたという。これが basketball という名称の由来である。現在のように、ネット状で底が切れているゴールではなかったので、当初はシュートが決まるたびに棒などを用いてボールを取り出していたという。

3）バスケットボールはアメリカで当初から人気があり、YMCAを通じて急速に世界各地に広まった。アメリカ国内では1949年にNBA(National Basketball Association) というプロのリーグが誕生し、隆盛を誇っている。1998年に引退したマイケル・ジョーダン（Michael Jordan）や、「魔術師」というあだ名のあるマジック・ジョンソン（'Magic' Johnson；1991年引退）はスター的存在として国民的な人気を集めた。なお、バスケットボールはプロだけでなく、アマチュアでも大変な人気があり、全米の大学対抗戦は国民的行事の1つとなっている。

4）屋外のコートを使って行われる変種のバスケットボールに streetball（ストリートボール）がある。「ストリートバスケット（ボール）」ともいう。公式ルールはなく、たとえば3人対3人で行うものは '3 on 3'（three on three）などと呼ばれる。ふつう、審判はいない。アメリカでは、公園などにストリートボール用のコートが多く設置されている。

●主なバスケットボール用語
hoop　フープ
バスケットボールのリング（ネットがぶら下がっている輪）のことだが、hoops で「バスケットの競技［試合］」の意味になる。なお、shoot hoops は「シュートの練習をする」の意。

shot　ショット、シュート

「ジャンプシュート」は jump shot、「振り向きざまのシュート」は turnaround (shot) と言う。shoot は「シュートする」の意の動詞であることに注意。

dunk　ダンクシュート

ジャンプしてボールをリングの真上からたたき込むようにして入れるシュート。dunk shot とも言うが、dunk shoot は間違い。

three-pointer　3点シュート

離れた場所から打つシュートのことで、決まると3点入る。3-pointer とも書く。

zone defense　ゾーンディフェンス

man-to-man defense（1対1のディフェンス）に対して、ある決められた範囲を守ること。なお、in the zone（絶好調で、集中して）という言い方がある。

＜参考＞

日本では「籠球（ろうきゅう）」とも言う。「籠」は竹などを編んで作った「かご」のこと。バスケットボールは 1908 年、YMCA の訓練校を卒業した大森兵衛によって日本にも紹介された。

八村塁選手の dunk（ダンクシュート）　　　　　写真：松尾 / アフロスポーツ

Boxing
ボクシング

1）ボクシングの原型は古代エジプトや古代ギリシャにさかのぼるとされる。古代ギリシャでは紀元前 688 年の第 23 回古代オリンピック大会で競技種目に加えられた。当時はボクシングのことを pugilism（プジリズム）と呼んでいた。これはラテン語の *pugnus*（拳）から出たことばで、pugilism/ ピュージリズム / は今でも英語の中に「ボクシング」の意の古風な語として残っている。当時の競技者は拳を保護するために子牛の皮を細長く切ったものを巻いて戦ったが、まだリング（ring）もルールもなく、どちらかが倒れて動けなくなるか、ギブアップするまで続けるという残酷なものだったようだ。

2）近代ボクシングの始祖とされるのはイギリスのジェームズ・フィグ（James Figg）という格闘家で、1718 年にロンドンに「ボクシング・アカデミー」を開校してボクシングを教えた。当時はまだグローブ（glove）はなく、素手でなぐり合うものだった。また「リング」もなく、地面に円を描いてその中で試合をした。現在、ロープを張った正方形の台のことを「輪」を意味する ring と呼ぶのはこの名残りである。なお、「プロボクシング」のことを prizefighting と言うことがあるが、これは勝者に prize（賞金）が与えられた当時の「懸賞ボクシング試合」から来ている。

3）フィグの跡を継いでボクシングの近代化を図ったのは、フィグの弟子のジャック・ブロートン（Jack Broughton；1705 ～ 89）という人物で、7 条から成る「ブロートン・ルール」（Broughton's rules）を制定し、「近代ボクシングの父」と呼ばれる。この「ブロートン・ルール」を改良し、今日のボクシングの基礎を築いたのは、当時のボクシングのパトロンだったスコットランドの貴族、第 8 代クイーンズベリー侯ジョン・ダグラス（Sir John S. Douglas；1844 ～ 1900）だった。彼は 1867 年に「クイーンズベリールール」（Queensberry rules）という規則を定め、これが現在のボクシングのルールの基礎になっている。このルールで初めて 1 辺が 24 フィートの四角形のリングを使用することなどが決められた。

●**主なボクシング用語**
blow　強打、一撃
break　ブレイク
選手にクリンチ（clinch）を解いて両者に離れることを命じるレフェリーのことば。
butting　バッティング
頭・肩・ひじなどを相手にぶつける反則行為。butt は動物が「頭［角］で突く」の意。
clinch　クリンチ

組みついて相手の攻撃を逃れること。

counterpunch　カウンターパンチ
相手のパンチをはずして反撃すること。counterblow とも言う。counter は「…に反撃する」の意。

ducking　ダッキング
ひょいと身をかわして相手のパンチをかわすこと。カモ（duck）がひょいと水にもぐる動作から。

hook　フック
腕を直角に曲げて打つ（こと）。hook は「鉤（かぎ）」の意。

infighting　インファイト
相手に接近して戦うこと。反対は outfighting と言う。

jab　ジャブ（する）
顔面やボデーを小刻みに打つ（こと）。

knockout　ノックアウト（する）
KO と略す。なお、technical knockout（テクニカルノックアウト）は試合続行が不可能であるとレフェリーが判定したケース。TKO と略す。

one-two punch [blow]　ワンツーパンチ、左右のすばやい連打
単に one-two とも言う。比喩的に「悪いことが２つ重なること」の意味でも用いる。

sparring　スパーリング
防具をつけて実戦形式の練習試合をすること。

sway back　スウェーバック
上体を後ろに反らして相手のパンチをかわす防御法。単に sway とも言う。

uppercut　アッパーカット
相手のあごを下から突き上げるように打つこと。

weaving　ウィービング
頭や上体を左右に揺り動かして相手の攻撃をかわしながら攻撃の機会をねらう動作。weave は「縫うように前進する」の意。

●ボクシングに由来する表現

(be) on the ropes　窮地に陥って（いる）
「ロープに追いつめられて（いる）」の意から。

be saved by the bell　どたん場で救われる
ゴング（競技の開始や終了を知らせる鐘）に救われることから。なお、ゴング（gong）は「どら」の意。

blow-by-blow　（記事などが）きわめて詳細な
ボクシング試合の実況解説がパンチの１つ１つを詳しく伝えることから。

down and out　落ちぶれて
「ノックアウトされて」の意から。

hit below the belt　汚い [ひきょうな] やり方をする

「ローブロー（low blow）をする」の意から。low blow は相手のベルトより下を打つことで、反則行為。

pull (one's) punches　批判などを控える
「パンチを手加減する」の意から。

punch-drunk　頭がボーっとなって
「パンチを食らってふらふらになった」の意。

(straight) from the shoulder　率直に、真っ向から
「パンチが肩からまっすぐに出て」の意。

take … on the chin　苦境にじっと耐える
（急所である）あごにパンチを食らうことから。なお《米》では、「（事件などで）大きな痛手を受ける」の意でも用いる。

throw in the towel　敗北を認める、降参する
（負けたしるしに）タオルをリングに投げ入れることから。

＜参考＞
boxing という語は、「平手打ちをする」の意の box から来ている。「ボクシングの試合」は boxing match と言う。なお、かつてはボクシングのことを「拳闘」とも言った。

右は伝説のボクサー、モハメド・アリ（Muhammad Ali；1942 〜 2016）

Golf
ゴルフ

ゴルフの起源

1）ゴルフの起源については、はっきりしたことはわかっていないが、15 世紀ごろからスコットランドで行われていたという説が有力。ほかに、13 世紀ごろからオランダで行われていたという説もある。

2）1754 年、スコットランドのセント・アンドルーズ（St. Andrews）に創設された the Royal and Ancient Golf Cub（略称 R&A）は世界最古で最も権威のあるゴルフクラブとされる。St. Andrews は今では「ゴルフの聖地」として知られる。→ p.204

3）ゴルフは主にイギリスの軍人たちによってインド、カナダ、アメリカへと広まり、今では世界的なスポーツとなっている。日本では、イギリスのビジネスマンによって導入され、1903 年に兵庫の六甲山上に「神戸ゴルフ倶楽部」が作られたのが最初である。

〈競技方法〉

1）クラブ（club、打棒）を使ってボールを打ち、遠くにあるホール（hole、穴）に何回で入れられるかを競う。通常、1 つのコースは first half（前半；out ともいう）と second half（後半；in とも言う）の各 9 ホール、計 18 ホールから成る。総打数の少ないほうが勝ち。

2）各ホールやコースの「基準打数」をパー（par）と言う。par は「平均、標準」の意で、各ホールで上手な選手がミスなしにプレーした場合に必要とされる打数を指す。18 ホールの基準打数（一般には 72）より少ないスコアをアンダーパー（under par）、多いスコアをオーバーパー（over par）と言い、基準打数と同じスコアをイーブンパー（even par）と言う。even par は単に even とも言う。He finished at even. は「彼はイーブンパーでラウンドを終えた」の意である。

3）par より少ない打数で 1 ホールを終了することをホールアウト（hole out）と言う。ホールアウトには鳥にちなむ名がつけられているが、これは鳥のように球がよく飛んだという意味とされる。すなわち、par より 1 つ少ない打数を birdie（バーディー、「小鳥さん」）、2 つ少ない打数を eagle（イーグル、ワシ）、3 つ少ないのを double eagle（ダブルイーグル）と言う。double eagle はイギリスでは albatross（アルバトロス、アホウドリ）とも言う。なお、「打数」は stroke と言う。

4）逆に、par より 1 つ多い打数は bogey（ボギー）、2 つ多い打数は double bogey（ダブルボギー）、3 つ多い打数は triple bogey（トリプルボギー）と言う。bogey はもともとは基準打数を示すことばだったが、なかなか捕まえられないことから、「おばけ」とか「魔物」を意味する bogey が用いられるようになったという。

〈競技大会について〉

　プロ・アマを問わず参加できる競技会を open（オープン）と言う。世界的に最も権威のあるオープンは、1860 年に始まった British Open（正式には British Open Golf Championship）と、1895 年に始まった the U.S. Open（全米オープン）である。ちなみに、単に the Open と言えば前者を指す。この 2 つに、the Masters Tournament（マスターズトーナメント、1934 年〜）と PGA Championship（全米プロ選手権、1916 年〜）を加えて、ゴルフの 4 大大会と言う。これらの大会すべてを 1 シーズンで制することをグランドスラム（grand slam）と呼ぶ。

●主なゴルフ用語

address　アドレス
（ボールに）ねらいをつける、打つ構えをとる。（例）Address the ball more comfortably.（もっと楽にアドレスして）

approach (shot)　アプローチ
フェアウェー (fairway) からグリーン (green) に向けて打つショット、寄せ球。

bunker　バンカー
コースの中で、砂におおわれた凹地。(sand) trap とも言う。bunker と water hazard（海・池・川・溝などの障害）を含めて hazard（ハザード、障害地域）と言うことが多い。hazard は本来は「危険」の意。なお、いわゆる「バンカーショット」は和製英語で、正しくは sand shot とか explosion (shot) と言う。

course　コース
一般的には、18 ホールから成る競技が可能な施設全体、つまり「ゴルフ場」を指す（正式には golf course と言う）。なお、特に海に面したゴルフ場を links とか golf links と言うことがある。

fairway　フェアウェー
ティーグラウンド（teeing ground）からグリーンまでの、芝を刈り込んだ場所。なお、fairway の両側の芝を刈り込んでない雑草地を rough（ラフ）と言う。

green　グリーン
putting green の意味にも、golf course の意味にもなる。

hole　ホール
グリーン上に開けられた穴のことで、《英》では cup と言う。また、ティー (tee) から穴に至る区間のことも hole と言う。たとえば play 18 holes は「18 ホール

をプレーする」の意である。さらに、hole は「ボールを穴に入れる」という意味でも用いる。

hole in one ホールインワン
ティーグラウンドから打ったボールがいきなりホールに入ること。ace（エース）とも言う。

pin ピン
ボールの位置を示す標柱。

putt パット
グリーンで、ボールをホールに入れるため、主にパター（putter）という転がし専用のクラブを使って軽く打つこと。putting とも言う。

putting green グリーン
芝を短く刈り込み、カーペット状に手入れしてある区域。単に the green とも言う。なお、the green は「ゴルフコース」の意味でも用いる。（例）You're on the green!（グリーンに乗ったね！）。この場合、単に You are on! で通じる。

round ラウンド
コースを1回りすること。play a round of golf は18ホールを回ることを指す。

shot ショット
クラブを使ってボールを打つこと。（例）You've made a fine shot!（いいショットをしたね）。fine の代わりに good、wonderful なども用いるが、nice shot とはあまり言わない。なお、「ミスショット」は miss shot ではなく、missed shot または bad shot と言う。また、ボールの手前の地面をクラブでたたいてしまうことを duff と言う。duff は「打ちそこねる」の意。

stance スタンス
（スイングするときの）足の位置、構え。

tee ティー
各ホールのティーショット（tee shot）を打つときにボールを載せる小さな台。なお、ティーショットを打つ場所を teeing ground（ティーグラウンド）と言う。

●**主な和製のゴルフ用語**
アゲンスト（逆風）
against the wind（逆風をついて）という言い方はあるが、against だけでは「逆風」の意味にはならない。英語では headwind と言う。なお、「追い風」は tailwind、「横風」は crosswind と言う。

オーバードライブ
日本語では、先に打った人の飛距離を超すティーショットを打つことを「オーバードライブ」というが、正しくは outdrive である。You outdrove me!（おれより飛ばしたな！）のように用いる。

カップイン
ホール（hole）のことを cup とは言うが、cup in は全くの和製用法。正しくは、

It went in. など。

テークバック

クラブをトップの位置に持っていく動作は takeaway（引き）がふつう。

<参考> ─────────────────────────────────

①ゴルフ場のクラブハウスのことを the nineteenth [19th] hole（19 番ホール）と言うことがある。プレーヤーが 18 ホールの 1 ゲーム終了後に立ち寄ることから。

②ゴルフに夢中の夫を持つ妻のことを golf widow（ゴルフやもめ）と言うことがある。

③1 ラウンド（18 ホール）を自分の年齢以下のスコアでプレーした人のことを age shooter（エージシューター）と言う。

世界最古のゴルフ場：セント・アンドルーズ・オールド・コース
建物は R&A（Royal and Ancient Golf Club of St. Andrews）のクラブハウス

Horse Racing
競馬

1）イギリスでは、競馬は狩猟（hunting）と並んで the sport of kings（王侯のスポーツ）と呼ばれるほど人気が高い。日本と同様、「賭け」(bet) が行われるが、不健全な娯楽というイメージは全くない。なお、the races といえば「競馬（会）」の意味になる。また、「競走馬」は racehorse、「競馬場」は racetrack または racecourse と言う。

2）競馬はイギリスでは 18 世紀から国民的なスポーツになっており、特に人気があるのは the classic races と呼ばれる次の 5 大競馬である。
the Derby（ダービー）／ the Oaks（オークス）／ the St. Leger（セントレジャー）／ the Two Thousand Guineas（ツー・サウザンド・ギニー）／ the One Thousand Guineas（ワン・サウザンド・ギニー）

3）三大競馬について
一般にイギリスの「三大競馬」とされるのは次の 3 つである。
the Derby　ダービー
ロンドン南西のエプソム（Epsom）近郊で毎年 6 月の第 1 水曜日に行われるイギリスの代表的な競馬。創設者は第 12 代ダービー伯爵（Earl of Derby；1752 ～ 1834）で、第 1 回は 1780 年。出場できるのは 3 歳馬に限られる。なお、Derby という語はイギリス以外でも「大きな競馬」という意味で用いられる。たとえば、アメリカで 1875 年に始まったケンタッキー・ダービー（the Kentucky Derby）は世界的に有名。毎年 5 月の第 1 土曜日に、ケンタッキー州のルーイビル（Louiville）で開催される。
the Ascot　アスコット競馬
イギリスのウインザー王宮の近くの小村 Ascot Heath（アスコットヒース）にある競馬場で、Derby の 2 週間後の 6 月中旬に 4 日連続で催される。伝統と格式を誇る競馬で、王族が臨席するので the Royal Ascot とも言う。創設はアン女王（Queen Anne；1665 ～ 1714）の時代にさかのぼるとされる。金杯レースの行われる木曜日には、王室をはじめ政府高官や外国大使らがずらりと並び、さながら上流社会の社交場の観を呈する。特に、女性のかぶる奇抜な帽子はいつも話題になる。庶民的な Derby に対して、貴族的なイメージのある競馬である。
the Grand National　グランドナショナル
3 月末から 4 月の初め頃に、リバプール北部の Aintree（エイントリー）で行われる障害物競馬。1839 年創始で、the Derby と並んで国民的人気がある。

〈関連表現〉

dark horse　ダークホース、穴馬
比喩的に、「予想外の有力選手」の意味でも用いる。なお、「本命」「人気馬」は
favorite と言う。

homestretch　ホームストレッチ、（ゴール前の）直線コース
比喩的に「（仕事などの）最終段階、追い込み」の意味でも用いる。

nose out　僅差で勝つ
「鼻の差で勝つ」は win by a nose と言う。

paddock　パドック、下見所
レース前に馬と騎手 (jockey) が待機する場所。観衆はここで馬の下見ができる。

back [pick] the wrong horse　負け馬に賭ける
比喩的に、「負けそうな側を応援する」「判断を誤る」の意味でも用いる。

(straight) from the horse's mouth　たしかな筋から、信頼できる情報源
から。

● Ascot 競馬の光景

女性の派手な帽子が目立つアスコット競馬

Rugby
ラグビー

1）1チーム15人ずつの2チームが楕円形のボールをパス（pass）やキック（kick）、ドリブル（dribble）などで相手の陣地に運び込み、相手ゴールへのトライ（try）によって得点を競う球技。正式には rugby football と言う。口語では rugger とも言う。

2）ラグビーはサッカー（soccer）から派生した競技で、rugby という名称は、イギリスのパブリックスクールの1つであるラグビー校（Rugby School）に由来する。1823年、フットボールをしていたラグビー校のエリス（Webb Ellis）という少年が突然ボールを持って走り出し、相手のゴールに飛び込んだのが始まりという話はあまりにも有名であるが、これは事実とは異なるようだ。ラグビー校では1820年代からボールを持って走ることが定着しつつあったという。1871年には、Rugby Union（ラグビーユニオン）という連合が設立され、ラグビーはイギリスの国技となった。

3）ラグビー校を含むイギリスのパブリックスクール（public school）では、スポーツがバランスのとれた紳士（gentleman）を養成する上で有効なものと考えられ、知育同様にスポーツが重視された。このような経緯もあって、サッカーが労働者階級のスポーツというイメージがあるのに対し、ラグビーは中流より上の階級のスポーツというイメージがある。

4）ラグビーは今では世界的な競技だが、ニュージーランドでは最も人気のあるスポーツで、黒いユニフォームの All Blacks（オールブラックス）は国際的に有名。キックオフ前に、先住民マオリ族由来のハカ踊り（haka ; → p.210）をしながら上げるウォークライ（war cry）でも知られる。そのほか、ウェールズ（Wales）でもラグビーは国民的なスポーツとなっている。なお、2019年のラグビー・ワールドカップ日本大会で、日本代表が史上初のベスト8入りを果たした。

COLUMN

public school について

public school といえば、アメリカやカナダでは文字通り「公立学校」を意味するが、イングランドでは公立ではなく、長い伝統を持つ名門の私立中等学校を指す。全寮制のエリート校で、生徒のほとんどが大学に進み、イギリス社会の支配層におさまる。

最も古い歴史を持つのは、1382年創立のウィンチェスター（Winchester）と、1440年創立のイートン（Eton）である。ほかに、ハロー（Harrow）、ラグビー（Rugby）、ウェストミンスター（Westminster）なども有名。現在、public school の総数は200校とも300校ともいわれる。

●主なラグビー用語

goal　ゴール
ゴールをねらったキックがゴールポストとクロスバーの間を越えたときに与えられる得点で、2点になる。

try　トライ
相手方のゴールラインの上、またはそれを越えてボールを地面にタッチすること。5点と、ゴールキックをする権利が与えられる。

tackle　タックル
ボールを持っている相手の選手に体当たりして組みつき、前進をはばむこと。タックルされた選手はただちにボールをパスするか、置くか、転がすかしなければならない。なお、タックルされて地面に倒されてもボールを離さない行為は 'not release the ball'（ノットリリースザボール）と呼ばれ、反則になる。

scrum　スクラム
軽い反則によってゲームが中断した後にプレーを再開する方法の1つ。肩を組んだ両チームの選手（8人対8人）が相対し、その中間の地面に、ミスをしなかったチームの選手が投げ入れたボールを奪い合うこと。scrummage とも言う。

line-out　ラインアウト
プレーを再開する方法の1つ。ボールがタッチライン（touch line）の外へ出た場合、両チーム各2人以上の選手が2列に並び、投げ入れられたボールを奪い合う。

ruck　ラック
ボールが地面にある状態で密集すること。ボールは足だけで外へかき出す。

maul　モール
ボールを手に持った選手の周囲に密集すること。→ **ruck**

knock-on　ノックオン
ボールを手または腕に当てて前方へ落としてしまうこと（軽い反則）。スクラムで相手方のボールになる。

throw forward　スローフォワード
持っているボールを前に投げること（軽い反則）。

penalty kick　ペナルティーキック
相手側に反則があった場合に与えられるキック。ゴールに成功すれば3点（penalty goal）が得られる。

offside　オフサイド
ボールを持った味方選手より前にいる選手がプレーに関与すること。反則行為。

no side　ノーサイド
「試合終了！」（レフェリーのことば）。この瞬間に敵味方がなくなり、全員が仲間として互いの健闘をたたえ合う。今では full time が一般的。

ラグビーボール
もともとは豚の膀胱をふくらませて
作ったため、楕円形になったという。
なお、現在のボールは耐久性のあるゴ
ム製である。

penalty kick（ペナルティーキック）

tackle（タックル）

scrum（スクラム）

ラグビー、ニュージーランドチームの All Blacks のハカ踊り

Soccer
サッカー

1) football（フットボール）の1種。11人ずつの2チームが決められた時間内に腕や手以外の体の部分でボールを扱い、相手のゴールに入れることを競う球技。1チームが11人であることから、サッカーのメンバーやチームをイレブン（eleven）と呼ぶ。→ **American football, rugby**

2) サッカーの原型は12世紀ごろからイギリスで行われていたが、当時はもっぱら下層階級の人々の娯楽だった。地域社会がそれぞれ異なるルールで競技していたため、争いや死亡事故が起きることも珍しくなかったという。

3) 1800年代には、イギリスの public school（私立の名門中等学校）の間で盛んになったが、当時はまだ学校によってルールが異なっていた。現在のようなルールが確立されたのは、1863年にロンドンでフットボール協会（The Football Association）が設立されてからである。このルールによるフットボールを association football と呼び、その後 association の "soc" に接尾辞の -er を付けて soccer という語ができたとされるが、今でもサッカーの正式名称は association football である。イギリスで単に football といえばサッカーのことであり、イギリス人の中には soccer という言い方を好まない人もいるという。

4）サッカーは世界で最も広く行われている球技で、特にヨーロッパやラテンアメリカで人気がある。1908年のロンドン大会からオリンピックの正式種目になった。さらに、1930年以来4年に1度行われるワールド・カップ（the World Cup）は、オリンピックを上回る世界最大のスポーツイベントとなっている。日本も1997年にワールド・カップ初出場を果たした。

●主なサッカー用語

additional time　アディショナルタイム
added time、injury time、stoppage time ともいう。なお、「ロスタイム」は和製語。

dribble　ドリブル（する）
足でボールを転がしながら運ぶ（こと）。

hat trick　ハットトリック
1人の選手が1試合で3得点を上げること。昔、このプレーをした選手に帽子が贈られたことから生まれた言い方とされる。アイスホッケーなどでも用いられる。

header　ヘディングシュート［パス］
頭でボールを受ける、または打つプレー。「ヘディングすること」の意味では heading と言う。

hooligan　フーリガン
試合会場で大暴れする観衆。本来は「暴徒」とか「ちんぴら」の意。

kick off　キックオフ
試合開始（時間）のこと。一般に「開始」の意味でも用いる。

offside　オフサイド
選手がプレーしてはいけない位置にいる反則。フォワード（forward）がゴール前で「待ち伏せ」することを禁止するルールである。

own goal　オウンゴール
味方チームの選手が誤って味方のゴールにボールを入れてしまうこと。相手側の得点になる。

pitch　ピッチ、競技場

set play　セットプレー
ボールが止まった状態からけるプレー。free kick（フリーキック）、corner kick（コーナーキック）など。

shoot-out　PK（ペナルティーキック）戦
「(決着をつけるための)撃ち合い」の意から。penalty shoot-out とも言う。なお、サッカーでは PK という略語はない。

shot　シュート
「シュートする」は shoot でよいが、名詞は shot と言う。「ロングシュート」は long shot である。また、「シュートを決める」は get [make] a goal などと言う。

sweeper　スイーパー
味方のゴールキーパーの前の位置で防御する役割の選手。

volley kick　ボレーキック
飛んできたボールを地上に落ちる前にけること。なお、バレーボルの「バレー」も同じ意味からきている。

yellow card　イエローカード
悪質な反則をした選手に審判が示す黄色の警告カード。なお、反則を重ねたり、きわめて悪質な反則をした選手には red card（レッドカード）という赤色のカードが示され、その選手は退場となる。

overhead kick（オーバーヘッド・キック）

header（ヘディング）

Tennis
テニス

テニスの起源

1）13世紀ごろ、フランスの宮廷では *jeu de paume*（ジュドゥポーム）という室内ゲームをやっていた。文字通り、*paume*（手のひら）でボールを打ち合う *jeu*（遊び、ゲーム）だった。これがテニスの原型とされる。

2）その後、16〜17世紀になって、イングランドの貴族はフランス人から屋内式の競技を学んだが、これは court tennis とか real tennis と呼ばれた。court はもともと「中庭」の意味であった。

3）かつて「ローンテニス」(lawn tennis) と呼ばれた芝生のコートで行うテニスは、19世紀後半にイギリスで生まれた。イギリスの気候は芝生 (lawn) を生育しやすいこともあって、lawn tennis の人気は一気に高まり、1877年にはロンドン郊外のウィンブルドン (Wimbledon) で第1回ウィンブルドン選手権が行われた。

4）現在では、テニスコート (tennis court) は土やコンクリートで固めたハードコート (hard court) が一般的だが、もともとは芝生のグラスコート (grass court) が普通だった。なお日本では柔らかいゴムボールを使うテニスを「ソフトテニス」とか「軟式テニス」と呼んでいるが、本来テニスといえば、硬式ボールを使用する硬式テニスを指す。

5）テニス用語にはフランス語起源のものが多い。そもそも tennis という語は、フランス語で「取る」の意の *tenir* の命令形 *tenez*（トゥネ）から来ているという説がある。これは、サーバー (server) が相手に「(ボールを) 取ってみよ！」と言ったことから来ているとされる。なお、「テニス」はフランス語でも tennis と言う。

COLUMN

ウィンブルドン選手権について

　ロンドン南西部郊外のウィンブルドンで毎年、原則として6月最終月曜日から2週間にわたって行われるテニスの選手権大会 (the Wimbledon Championships) は、個人対抗として世界最高のテニス大会として知られる。権威ある世界大会のうち、芝 (lawn) のコートで行われるのはウィンブルドンだけである。この大会だけのために、庭師たちによる心血を注いだ芝生の手入れが行われる。芝生の緑と選手たちの白を基調としたウエアのコントラストがウィンブルドンの品格を高めているとされる。

●主なテニス用語
ace　エース
相手がラケットに触れることができなかったサーブ (serve)。
advantage　アドバンテージ
ゲームがデュース (deuce) になった後、どちらかの側が点を先取した状態。原義は「有利な立場」。
break　ブレーク
相手にサービス権があるゲームを「破る (勝つ)」こと。正しくは service break と言う。
clay court　クレーコート（表面が土のコート）。
cross shot　クロスショット
コートの対角線に沿って打たれるショット。

deuce　デュース、ジュース
1 セットまたは 1 ゲームの勝負が決まる直前に同点になること。以後は一方が続けて 2 点取るまでデュースを繰り返す。古フランス語で「2」を意味する *deus* から。

down the line　ダウンザライン
相手のコートへ打たれたボールがサイドラインに沿ってまっすぐであること。

drop shot　ドロップショット
ネットぎわに落とされる短いショット。

fault　フォールト、フォルト
サーブの失敗。続けて 2 回フォールトすると、double fault（ダブルフォールト）となり、サーバーはそのポイントを失う。原義は「過失」。

game、set and match　試合終了
「ゲーム終了、セット終了、そして試合終了」の意で、試合終了時にコールされる。(例) Game, set and match to Nishikori.（この試合は錦織の勝利）。なお、「ゲームセット」は和製語。

ground stroke　グラウンドストローク
コート面で一度バウンドしたボールを打つこと。

let　レット
ネットに触れて入ったサーブで、やり直し（ノーカウント）になる。この let は「妨害する」の意の古い英語から。

lob　ロブ
相手の頭上を越えるようにボールを高く打ち上げること。lobbing とも言う。

net play　ネットプレー
ネットぎわに進出して相手に対して有利に進める戦術。

passing shot　パッシングショット
ネットぎわにいる相手のわきを抜くショット。

rally　ラリー
ボールの打ち合いが続くこと。

return　リターン
サーブを打ち返すこと。

return ace　リターンエース
レシーブ側が相手のラケットに触れさせないで決めたショット。

serve　サーブ
ボールを空中に上げ、そのボールをラケットで打ち、相手コートのサービスエリア内に入れること。service(サービス)とも言う。サーブを打つ人は server(サーバー) である。

shot　ショット
ラケット（racket）でボールを打つこと。]

smash スマッシュ
ボールを頭上からラケットでたたきつけるように相手のコートに打ち込むこと。overhead とも言う。原義は「打ちくだく」。

stroke ストローク
ラケットでボールを打つこと。利き腕側から振り切る forehand stroke、利き腕の反対側から振り切る backhand stroke、ラケットの柄を両手で握って振り切る double hands stroke がある。

tie break タイブレーク
セットカウントが 6 - 6 のときに 7 ポイント先取で行われるゲーム。tie breaker とも言う。

volley ボレー
相手の打ったボールをバウンドする前に打ち返すこと。

〈関連表現〉
The ball is in your court. さあ、きみの番だ ▶「ボールはきみのコートにある」の意から。比喩的に、「きみ次第だ」の意味にもなる。
tennis elbow テニスひじ ▶テニス愛好者に見られる、ひじの酷使によって起こる障害。

COLUMN
Davis Cup（デビスカップ）について
1900 年から毎年行われている男子テニスの国別対抗戦。Davis Cup とは、アメリカのテニス選手で、のち陸軍大臣を務めた Dwight F. Davis が英米対抗試合のために寄贈した純銀製の優勝杯を指す。この優勝杯、およびこの杯の争奪戦を the Davis Cup と言う。日本では「デ杯戦」の名で親しまれている。なお、女子テニスの国別対抗戦にフェドカップ（Fed Cup）がある。Fed は Federation（連盟）の略である。

<参考>
①スコアが 0 点のことをテニス用語で love と言う。これは数字のゼロ（0）の形が卵に似ていることからフランス語で *l'oeuf*（ルフ；卵）と呼ばれるようになり、これがその後、英語の発音で love となったもの。love game は敗者が 1 ポイントも取れなかったゲームを指す。なお、love の由来については別の説もある。
② grand slam（グランドスラム）という言い方がある。年間の主要 4 大会で優勝を独占することを言い、テニスでは全米オープン、全仏オープン、全豪オープンとウィンブルドン大会（全英テニス選手権大会）を制覇することを指す。また、以上の 4 大会のことを grand slam とも言う。slam はもともとトランプ用語で「全勝」の意。なお、grand slam はゴルフについても言う。→ **golf**

全米オープン（世界最大規模のテニス大会）

●テニスコートと用具

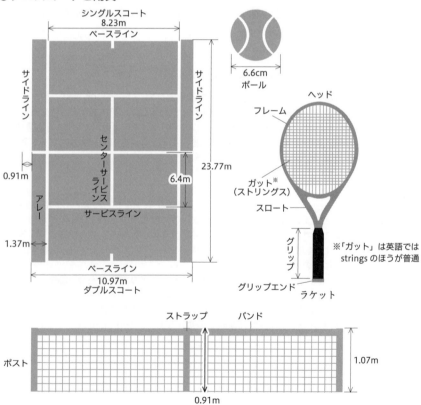

シングルスコート
8.23m
ベースライン

サイドライン

6.6cm
ボール

サイドライン

センターサービスライン

23.77m

0.91m

6.4m

アレー

サービスライン

1.37m

ベースライン
10.97m
ダブルスコート

ヘッド

フレーム

ガット※
（ストリングス）

スロート

グリップ

グリップエンド

ラケット

※「ガット」は英語では
stringsのほうが普通

ストラップ　　バンド

ポスト

1.07m

0.91m

ネット

第8章

架空の人物と民間のヒーロー

Fictional Characters and
Folk Heroes

～文学の登場人物～

Alice
アリス

1）イギリスの作家ルイス・キャロル（Lewis Carroll；1832 ～ 1898）作の『不思議の国のアリス』（*Alice's Adventures in Wonderland*、1865）および『鏡の国のアリス』（*Through the Looking-Glass*）の主人公。アリスのモデルはキャロルの知人だった人の娘で、ボート遊びをしているときに彼女にせがまれて即興で作って聞かせた地下の冒険話が基になっている。アリスは夢の中で「不思議の国」へ行き、チェシャー猫（Cheshire Cat）、気違い帽子屋（Mad Hatter）、三月うさぎ（March Hare）、まがい海亀（Mock Turtle）など、不思議な生き物に出会い、奇妙な体験をする。

2）この物語の筋や登場人物の多くはことば遊びとしゃれによるもので、教訓的なおとぎ話の多かった時代にあって、異色の作品だった。近代児童文学の先駆けとされると同時に、ブラックユーモアとノンセンスに満ちたファンタジーとして名高い。

3）キャロルはことば遊びが大好きで、Lewis Carroll というペンネーム自体がことば遊びである。本名の Charles Lutwidge をラテン語で言い換え、それをばらばらにして、さらに姓と名を逆にして英語読みに直したもの。また、作品にはしゃれやもじりが頻出する。たとえば、chortle という語が出てくるが、これは chuckle（くすくす笑う）と snort（いびきをかく）を合わせて作ったキャロルの造語で、「得意げに笑う」という意味で用いられている。ほかにも、snake（ヘビ）と shark（サメ）をつなぎ合わせた snark（スナーク）などというのもある。これらはキャロル自身によって portmanteau word（かばん語）と名づけられ、辞書にも載せられている。

●作者について

　ルイス・キャロルは本職はオックスフォード大学の数学・論理学の教授だった。1832 年、チェシャー州で牧師の子として生まれ、生涯独身で学寮に暮らし、1898 年に没した。作品はほかに、『スナーク狩り』（*The Hunting of the Snark*、1876）、『シルビーとブルーノ』（*Sylvie and Bruno*、1889）などがある。

ルイス・キャロル
(1832 ～ 1898)

『不思議の国のアリス』から（ジョン・テニエル画）

「三月うさぎ」と「帽子屋」
(狂った茶会)

チェシャー猫

ハートの女王

アリスを地下の世界へ
導いた白うさぎ

Dracula
ドラキュラ

1）一般に知られる「ドラキュラ」は、アイルランドの作家ストーカー（Bram Stoker；1847 ～ 1912）が書いた怪奇小説 *Dracula*（1897）の主人公である。この作品はルーマニア西部のトランシルバニア地方に伝わる吸血鬼（vampire）の伝説を基にしたもの。小説では、Dracula は黒衣を着けた長身の老伯爵として登場し、夜ごとにドラキュラ城の棺おけから抜け出し、若い女性の生き血を吸い、何百年も生き続けている。十字架とニンニクと太陽光線に弱く、胸に白木の杭を打たれると、サラサラと灰のように分解してしまう。

2）小説 Dracula は発表と同時にセンセーションを巻き起こし、以後 100 編にのぼるドラキュラ映画が製作された。ドラキュラ役を演じた俳優としていちばん有名なのはクリストファー・リー（Christopher Lee；1922 ～ 2015）である。

3）vampire から生まれた vamp は「妖婦」「魔性の女」の意で、「バンプ」として日本語にもなっている。なお、中南米産で家畜の血を吸うチスイコウモリ（血吸い蝙蝠）も vampire (bat) と呼ばれる。

ドラキュラ伯爵に扮するクリストファー・リー

ムンクの版画『吸血鬼』

Frankenstein
フランケンシュタイン

1）フランケンシュタインはイギリスの女性作家メアリー・シェリー（Mary Shelley；1797 ～ 1851）の書いた小説に登場する科学好きな青年の名前である。小説の原題は *Frankenstein ; or, The Modern Prometheus*（『フランケンシュタイン―現代のプロメテウス』）という（1818 年刊）。

2）フランケンシュタインは一般に「人造人間」や「怪物」を指すと信じ込まれているが、正しくはこの怪物を作り出した人物がフランケンシュタインである。小説では怪物に名前がつけられていないので、のちに「怪物＝フランケンシュタイン」と誤解されてしまった。したがって、怪物を指すときは Frankenstein('s) monster（フランケンシュタインの怪物）というのが正しいが、誤解が広まって今では単に Frankenstein と言うことが多い。小説では、フランケンシュタインは墓地や解剖室から盗み出した死体に電気ショックによって生命を与え、異様な姿の人間に作り変える。その怪物は周りのすべての人に嫌悪されたため凶悪になり、作り主であるフランケンシュタインに復しゅうする・・・

3）作者のメアリー・シェリーは有名なロマン派の詩人 P. B. シェリーの夫人である。小説『フランケンシュタイン』は詩人のバイロン（G. G. Byron）とシェリー夫妻がスイスのジュネーブで夏を過ごしたとき、夫人がインスピレーションを得て語った怪談を、のちに夫の勧めで当時流行していた怪奇小説風に書いたものである。この小説は今では SF 小説の先駆的作品ともされている。また、最近の遺伝子組み換えによる生命合成（と、その危険性）にもつながるとされる。frankenfood という語があり、これは「遺伝子組み換え食品」のことである（Frankenstein food とも言う）。なお、Frankenstein は「自分の作ったもので身を滅ぼす人」の意味でも用いられる。

メアリー・シェリー

フランケンシュタイン
映画「フランケンシュタイン」（1931 年）でボリス・カーロフが演じた。

Gulliver
ガリバー

1 ）イギリスの作家スウィフト（Jonathan Swift；1778 ～ 1745）の小説 *Gulliver's Travels*（「ガリバー旅行記」、1726）の主人公。ガリバーは医者の資格を持つインテリで、結婚して開業医となるがうまく行かず船医になり、16 年間に 4 度の航海に出る。その航海が何とも奇想天外である。

2 ）小説の第 1 部では、ガリバーは南洋に向かう途中、難破して、身長 6 インチ（約 20cm）足らずの小人の国リリパット（Lilliput）に漂着する。第 2 部では、巨人国ブロブディンナグ（Brobdingnag）に行き、捕まって見せ物にされてしまう。第 3 部は奇妙な 5 つの空中の浮島ラピュータ（Laputa）ほかを旅する話で、ここの島民は現実離れした思考にふけっている。また、ガリバーは踏み絵の行われていた江戸時代の日本へも行ったことになっている。最後の第 4 部では、ガリバーは馬の国フイヌム（Houynhum）を訪れる。ここでは馬は最高の知性と美徳を持った動物で、人間はヤフー（Yahoo）と呼ばれ、野蛮で不潔な家畜とされている。なお、Houynhum は馬のいななき whinny（ヒヒーン）から作られた語である。

3 ）作者のスウィフトはアイルランドのダブリン出身。著述家、聖職者、また政治的野心家としても活動した。イギリスでの栄達を遂げようとしたが挫折し、最後はアイルランドの聖職者となった。晩年は発狂し、廃人に近い状態だったという。『ガリバー旅行記』は人間の愚かさを徹底的に罵倒した痛烈な風刺小説で、ガリバーはスウィフトの分身そのものとされる。また、スウィフトの風刺はほとんどすべて、当時のイギリス社会に実際にあった事件や、具体的な風俗をやり玉にあげたものであったとされる。

4 ）英語として一般化したスウィフトの造語もある。たとえば lilliputian は小人の国 Lilliput から生まれた語で、「非常に小さな」「偏狭な」の意である。また Yahoo は作品中では人間の形をした野獣だが、一般名詞としては「粗野で野蛮な人」の意になる。ちなみに、'Yahoo！' は今ではインターネットの検索エンジンとして有名だが、ガリバーの Yahoo との関係は明らかではない。一説では、開発者の二人が自分たちのことを「ならず者」と考え命名したともいう。また Yahoo には「やったー！」「ヤッホー！」の意味もある。

フイヌムと話すガリバー（J.J.Grandville 画）

空飛ぶ島ラピュータ（J.J.Grandville 画）

Huckleberry Finn
ハックルベリー・フィン

1）アメリカの作家マーク・トウェーン（Mark Twain；1835 ～ 1910）作の小説『ハックルベリー・フィンの冒険』(*The Adventures of Huckleberry Finn*、1884) の主人公。同じ作者による『トム・ソーヤーの冒険』(*The Adventures of Tom Sawyer*、1876) などにも脇役として登場する。通称は「ハック」(Huck) で、年齢は 13 歳ぐらい。

2）ハックはミシシッピ河畔の村の飲んだくれの浮浪者の子どもで、自分も浮浪生活をしている。天真らんまんで、何よりも自由を愛する。逃亡奴隷の黒人ジム (Jim) を助け、いかだに乗ってミシシッピ川を下る・・・

3）ハックは表面的には手に負えない悪ガキだが、才智も良心もある自然児である。この小説には、お上品ぶったにせ紳士淑女の生き方への批判と風刺が込められている。

4）huckleberry とは、ブルーベリーに似た植物の名。また、Finn は作者が育った村に実際にいた酔っ払い男の名字をとったものとされる。

●作者について

　本名は Samuel Langhorne Clemens で、Mark Twain というペンネームは水
先案内人の用語で、船が浅瀬の深さを計りながら進むときの「深さ2尋（ひろ）！」
という合図のことばである（1ひろは約1.5m～1.8m）。なお、Mark Twain は
アメリカ最初の国民作家とされる。

初版本の口絵から

Humpty Dumpty
ハンプティ・ダンプティ

１）「マザーグース」（Mother Goose）に現れる最もポピュラーな主人公の１人。ルイス・キャロル作の『鏡の国のアリス』（*Through the Looking-Glass*）の登場人物としても有名だが、もともとはマザーグースの次のようななぞなぞ唄で、答は An egg.（卵）である。

> Humpty Dumpty sat on a wall,
> Humpty Dumpty had a great fall;
> All the king's horses and all the king's men
> Couldn't put Humpty together again.

> ハンプティ・ダンプティ　塀の上にすわってた
> ハンプティ・ダンプティ　落っこちた
> 王様の騎兵隊と王様の家来がみんな寄っても
> ハンプティをもとにもどせなかった

２）つまり、「ハンプティ・ダンプティ」は卵を擬人化したものである。英語圏の人は Humpty Dumpty から「（卵を連想させるような）丸々とした人」や、「非常に危なっかしい状態（にある人）」などをごく自然に思い浮かべるという。

Peter Pan
ピーター・パン

1）スコットランド生まれのイギリスの作家バリー（J. M. Barrie；1860～1937）作の同名の劇の主人公。生後7日で成長するのをやめてしまい、ロンドンのケンジントン公園（Kensington Gardens）で Never Land（「どこにもない土地」；Never Never Land とも）という妖精の国へ行き、女友だちのウェンディー（Wendy）、海賊船のフック船長（Captain Hook）、妖精のティンカー・ベル（Tinker Bell）などと一緒にさまざまな冒険をする。最後にピーター・パンは必ず魔法の力を使って危機を切り抜ける。

2）この劇は 1904 年の初演以来、クリスマスのパントマイム（pantomime；子ども向けのバラエティー）の定番として、「シンデレラ」（Cinderella）や「眠り姫」（Sleeping Beauty）などとともに、毎年欠かさずロンドンで上演されてきた。

3）いつまでも子どもみたいな人や、子どものときの夢を捨てきれないでいる大人のことを軽蔑的に Peter Pan と言うことがある。

ロンドンのケンジントン公園内にあるピーター・パンの像

Peter Rabbit
ピーター・ラビット

1）Peter Rabbit はイギリスの女性作家ポッター（Beatrix Potter；1866 〜 1943）作の絵本の主人公であるいたずら者のウサギ。4 匹のきょうだいウサギの末っ子ピーターは、お母さんウサギと大きなモミの木の根元の砂でできた穴に住んでいる。どの作品でも、ピーターは腕白でお母さんの手を焼かせるウサギとして描かれている。

2）この絵本の原題は *The Tale of Peter Rabbit*（ピーター・ラビットのおはなし）で、最初は私家版として出版された（1902 年）。作者のポッターはロンドン生まれ。本は病気の男の子のお見舞いに送った絵手紙が元になっている。これが、ローンズリー（H. D. Rawnsley）という牧師の助言と援助によって、絵本の形で世に出た。

3）ローンズリー牧師は「美しい自然をそっくり残す唯一の方法は自分で買って管理するしかない」と考え、「ナショナル・トラスト」（National Trust）を興した。ポッターはこの作品の印税で美しい「湖水地方」(Lake District)の土地を次々と購入し、遺言ですべてをナショナル・トラストに寄付した。

COLUMN

National Trust について

National Trust はイギリスの美しい自然や歴史的環境を守るために、広く国民から寄金を募って土地の取得や管理を行う民間の団体で、1895 年上記のローンズリー牧師を含む 3 人の市民の話し合いから生まれた。National Trust は現在イギリス第 3 位の土地保有者になっていて、所有する財産は、城・教会・庭園などのほか、自然遊歩道など驚くほど多岐にわたっている。

湖水地方（Lake District）

Robinson Crusoe
ロビンソン・クルーソー

1）イギリスの小説家デフォー（Daniel Defoe；1660 ～ 1731）作の同名の小説の主人公。ロビンソン・クルーソーは家出して船乗りになったが、船が難破して南海の無人島に漂着、この島で 28 年間 1 人で自給自足の生活をする。

2）ある日、ふとしたことから 1 人の原住民の若者を助けるが、その日がたまたま金曜日だったので「フライデー」(Friday) と名付ける。そして彼を従僕にし、英語を教え、キリスト教徒にさせる。26 年目にイギリス船に救われ、35 年ぶりに故郷に帰り、結婚して幸せに暮らす。

3）この小説は、1704 年～ 09 年までの 4 年 4 か月、チリ沖の孤島に置き去りにされたスコットランド人セルカーク（Alexander Selkirk）の実体験をヒントにしているとされる。

4）この小説から man Friday（忠僕、信頼できる部下）という表現が生まれた。女性なら girl Friday となる。また、Robinson Crusoe は「1 人で生きていく人」の意味でも使われる。

●作者について

　Daniel Defoe はイギリスの小説家・ジャーナリスト。『ロビンソン・クルーソー』(1719) のほかに、『モル・フランダース』(*Moll Flanders*) などの小説や、『疫病流行記』(*A Journal of the Plague Year*) などを書いた。イギリス近代小説の先駆者とされる。

初版本（1719 年）の口絵

ダニエル・デフォー（1660 ～ 1731）

Sherlock Holmes
シャーロック・ホームズ

1）世界で最も有名な私立探偵で、「名探偵」の代名詞になっているが、実在の人物ではなく、イギリスの小説家コナン・ドイル（Sir Arthur Conan Doyle；1859〜1930）の書いた探偵小説の主人公である。deerstalker（ディアストーカー）と呼ばれる鳥打帽とパイプがトレードマークで、inverness（インバネス）という短いケープがついたコートを着用する。痩せてはいるが、驚異的な体力の持ち主で、生活はきわめてシンプル。ただし、たいへんな愛煙家であり、ときには刺激を求めてコカインやモルヒネを吸ったりもする。

2）ホームズは、ロンドンのベーカー街 221B のアパートで、退役軍医のワトソン（Doctor Watson）らと一緒に暮らしている。そして、ビクトリア朝末期のロンドンの霧に浮かぶガス灯と hansom（ハンサム）という二輪の辻馬車のひづめの音が響く街に次々と起こる犯罪事件をあざやかな推理で解決していく。その間、ワトソンはホームズにとって忠実な相棒であり、格好のからかい相手でもあったが、何よりも事件のすぐれた記録係だった。

3）ホームズの宿敵にモリアーティ（Moriarty）がいる。数学の教授だが、天才的な犯罪者でもある。1891 年、二人はついに対決し、共にアルプス山中の滝に落下する。ホームズは生き返ったが、モリアーティの生死は不明。

4）ホームズは 49 歳でサセックス（Sussex）の別荘に引退し、養蜂と読書で晩年を過ごし、103 歳の誕生日に死んだことになっている。

スイスのマイリンゲンにあるホームズ像　　ホームズの肖像（シドニー・パジェット画：1904 年）

Uncle Tom
アンクル・トム

1）アメリカの女性作家ストウ（H. B. Stowe；1811〜96）作の小説『アンクル・トムの小屋』（*Uncle Tom's Cabin*）の主人公。敬けんなキリスト教信者である黒人奴隷トムは転々と売られ、最後は冷酷な主人によっていじめ殺される。

2）uncle（おじ）は年配の黒人男性に親愛の情をこめたアメリカ南部での呼称。Uncle Tom は「トムじい」の意味だが、今では「白人の言いなりになる卑屈な黒人男」を指す軽蔑語となっている（Tom も同様）。これは、トムが残虐な主人にいじめ殺されるまで逃げようとしないからである。

3）原作は 1852 年に刊行され、1 年で 30 万部超という、当時としては空前のベストセラーとなった。奴隷解放の気運を促進し、「南北戦争」（the Civil War；1861〜65）を引き起こす遠因の 1 つになったともされる。

Uncle Tom's Cabin の
初版本とストウ夫人

初版本の挿絵

Winnie-the-Pooh
クマのプーさん

1）イギリスの作家ミルン（A. A. Milne；1882〜1956）の童話 *Winnie-the-Pooh*、および続編の *The House at Pooh Corner* に登場するクマ。実際は、作者の息子であるクリストファー・ロビン（Christopher Robin）の良き伴侶であるぬいぐるみのクマである。

2）食いしんぼうのプーはハチミツに目がない。好奇心が旺盛で行動的だが、性格は自己中心的。いつも失敗ばかりしている。しかし、森の中でミツバチの音を聞くと、「ブンブンという音にはわけがある。それはだれかがブンブン言っているからだ。それで、ブンブンというのはそれがミツバチだからだ」などという子どもっぽい考え方をする。また、プーはどんな失敗にもめげない行動者で、物事はやってみなければわからない、という一種の「哲学」を持つ。この作品には、知恵者の子ブタ、学者のフクロウ、世話好きなウサギ、ふさぎ屋のロバなど、さまざまな「人物」が登場するが、皆クリストファー・ロビンが大事にしていたおもちゃである。

3）Winnie はロンドンの動物園にいた子グマの名から取られ、Pooh はクリストファーが幼児の頃に出会った白鳥から着想されたという。

4）作者のミルンはイギリスのロンドン生まれ。ケンブリッジ大学で数学を専攻した。彼は愛児クリストファーに読み聞かせるためにこの物語を書いた。ミルンはまた、ユーモアミステリー『赤い館の秘密』（*The Red House Mystery*）の作者としても知られる。

ワルシャワの街路表示板

The Wizard of Oz
オズの魔法使い

1）アメリカの児童文学作家ボーム（Lyman Frank Baum；1856 ～ 1919）が書いた *The Wonderful Wizard of Oz*（1900）という童話の登場人物の1人だが、本当の主人公はドロシー（Dorothy）というみなし子の少女である。なお、Oz（オズ）という語の由来については諸説あるが、特に意味はないようだ。

2）ドロシーはカンザス州の大草原で農業を営むヘンリーおじさん、エムおばさん、そして子犬のトートー（Toto）と幸せに暮らしていたが、ある日カンザス名物の大旋風に吹き飛ばされて、Oz という魔法使い（wizard）の支配する不思議の国へ運ばれてしまう。しかし、彼女は絶対に家に帰るんだと決意し、ブリキのきこり（Tin Woodman）、かかし（Scarecrow）、臆病なライオン（Cowardly Lion）という道連れを得て、オズの住む「エメラルドの都」（Emerald City）めざして旅を続ける。そして、冒険に次ぐ冒険の末、オズ（実は、ただの老ペテン師）を探し出す。オズは従者の3人に欠けていたもの──きこりは「心」、かかしは「知恵」、ライオンは「勇気」──を与える。

3）この作品はアメリカ最初のファンタジー童話として名高い。作者の友人デンズロー（W. W. Denslow）のユニークな挿絵の魅力も手伝って、発売と同時に爆発的な人気を呼んだ。ミュージカル映画にもなり、特に女優ジュディ・ガーランド（Judy Garland）主演の The Wizard of Oz（1939）はジュディ本人が歌った主題歌 "Over the Rainbow"（虹のかなたに）で人気が定着した。"Somewhere, over the Rainbow"（いつかどこかで）はその後、決まり文句としても使われるようになったほどで、第2次大戦へとひた走るアメリカで、人々の心を明るくしたとされる。

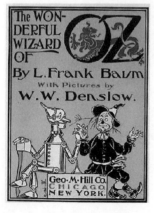

ドロシーとかかしがブリキ男に出会うシーン

臆病なライオンに出会うシーン

～映画や漫画の主人公～

Superman
スーパーマン

1）アメリカ漫画の主人公。オハイオ州の2人の高校生（Jerry Siegel と Joe Shuster）がアイディアを考え、1938年に Action Comics という雑誌に初登場した。不況時代のアメリカでたちまち大人気を博し、その後、ラジオの連続ドラマやテレビアニメを通してスーパーヒーローとなった。

2）スーパーマンはクリプトン（Kripton）という惑星の出身。ふだんはクラーク・ケント（Clark Kent）という名前で Daily Planet 紙に勤める穏やかで平凡な新聞記者だが、ひとたび事があるとスーツを脱ぎ捨て、途方もない頭脳と超能力の持ち主に変身し、正義と真実のために戦う。"Faster than a speeding bullet ! More powerful than a locomotive ! Able to leap tall buildings in a single bound !"（弾丸よりも速い！　機関車よりも強い！　高いビルもひとっ飛び！）というキャッチフレーズは有名である。

Superman（スーパーマン）

写真：Everett Collection／アフロ

Batman
バットマン

１）アメリカの漫画家ボブ・ケイン（Bob Kane）が創造した漫画の主人公。Gotham City（ゴッサム市）の平和を守る正義の戦士で、黒いコウモリ（bat）のマントを着けている。相棒の少年ロビン（Robin）と、Batmobile（バットモビール）、Batplane（バットプレーン）など Bat を冠した新鋭兵器を使って戦う。敵の代表はジョーカー（The Joker）である。

２）Batman は 1939 年に登場し、映画やテレビアニメなども作られ大人気を呼んだ。なお、コミックブックの中では Superman（スーパーマン）と一緒に活躍することも多いが、スーパーマンと異なり超能力はなく、空は飛べない。

Batman（バットマン）　　　　　Everett Collection/ アフロ

Tarzan
ターザン

1）アメリカの小説家エドガー・ライス・バローズ（E. R. Burroughs；1875
～ 1950）の小説『猿人ターザン』（*Tarzan of the Apes*）によって生み出され
た 20 世紀アメリカの代表的民間ヒーロー。バローズによって合計 26 冊のター
ザン小説が書かれ、1918 年からは映画や漫画にもなり、「ターザン」は絶大な
人気を得た。映画ではオリンピックの水泳選手から俳優になったワイズミュラー
（Johnny Weissmuller）がターザン役として最も有名。彼は毛皮のパンツ 1 つだ
けのスタイルと、「アー、アアー」という雄たけびで観客の印象を深めた。

2）小説では、ターザンはアフリカの海岸に置き去りにされたイギリス人貴族の
子とされ、類人猿（ape）によって育てられ、高貴な人間の知性と動物の野性を
併せ持って「ジャングルの王者」となる。しかし、実際は文明と自然のどちらに
も属することができない悩める男でもある。なお、Tarzan というのは、小説中
の類人猿のことばで「白い肌」という意味。彼は両親が残していった絵本によっ
て、独力で英語をマスターしたことになっている。

Tarzan 役として有名なワイズミュラー

King Kong
キング・コング

1）アメリカの映画、King Kong（1933）に登場する架空の巨大なゴリラ。南海の孤島で生け捕りにされ、ニューヨークに連れて来られる。ブロンドの娘を愛し、彼女を守るために大暴れ。彼女をかかえてエンパイア・ステート・ビルをよじ登り、最後の戦いをする。

2）この映画は大ヒットし、小説化もされた。1976年には、巨費を投じてコンピュータ技術も駆使した新版の映画『キング・コング』によって再び脚光を浴びた。『キング・コング』は怪獣映画の先駆となり、日本映画『ゴジラ』（1954）などを生んだ。ちなみに「ゴジラ」はゴリラとクジラを合成した語で、英語でもGodzilla として知られる。なお、英語のアクセントは第2音節に来る。

King Kong（キング・コング）　　　　Everett Collection/アフロ

Popeye
ポパイ

1）アメリカの漫画の主人公。シーガー（E. C. Segar；1894〜1938）という漫画家が 1929 年に新聞漫画 Thimble Theatre（シンブル・シアター）で登場させた。Popeye the Sailor（船乗りポパイ）と呼ばれ、アニメ映画やテレビで子どもたちの人気を集めた。日本では、昭和 34 年からテレビアニメで初登場。

2）ポパイは体は貧相だがけんかの好きな船乗りで、いつもコーンパイプ（corncob pipe）をくわえている。恋人はオリーブ（Olive Oyl）といい、彼はオリーブを熱愛している。また、友人にウィンピー（Wimpy）がいて、いつも人にたかる。この男はハンバーガーに目がない。ちなみに、かつて日本にも出店したことがあるハンバーガーチェーン「ウィンピー」はこの男の名前を取ったもの。

3）ポパイは缶詰のホウレンソウがお気に入りで、これを食べるとがぜん強くなり、腕の力こぶはもりもり。ポパイのおかげで、不人気だったホウレンソウの需要が急増したという。そのため、ホウレンソウの主産地であるテキサス州のクリスタルシティ（Crystal City）には巨大なポパイの銅像が建てられた。

4）Popeye という名は、pop（飛び出る）と eye（目）から作られたとされる。ちなみに、pop-eyed は「（驚いて）目を丸くした」の意の形容詞。なお、俗語では Popeye で「ホウレンソウ」を意味する。

コーンパイプ

Everett Collection/アフロ

ポパイと恋人オリーブ

Mickey Mouse
ミッキー・マウス

1）ウォルト・ディズニー（Walt Disney）製作の漫画やアニメに登場するネズミ。黄色い靴、白い手袋、赤いズボンがトレードマーク。

2）最初は無声の漫画映画に登場し、1928年ディズニー最初のトーキー（有声映画）から Mickey Mouse として一躍スターとなった。最初は暴れん坊として登場したが、やがて正義漢のイメージを強めた。その後ミッキー映画は続々と作られ、新聞や雑誌にも登場し、さらにはミッキーの人気に乗じてさまざまなキャラクター商品が生産された。

3）Mickey は Michael（マイケル）の愛称で、彼の恋人はミニー（Minnie Mouse）、愛犬の名はプルートー（Pluto）、悪役はピート（Pete）である。なお、Mickey Mouse はアメリカの俗語で「くだらないもの」の意味でも用いられ、形容詞的に「子どもだましの」「安っぽい」、また「（学科が）単位の取りやすい」などの意味でも用いられる。

● **Walt Disney について**

　アメリカの映画製作者（1901 〜 1966）。Mickey Mouse のほかに、1934年にはセーラー服を着た短気なアヒル Donald Duck（ドナルド・ダック）を生み出し、映画作品として、ほかに「白雪姫」「バンビ」「シンデレラ」「不思議の国のアリス」「ピーター・パン」「眠れる森の美女」など、またドキュメンタリー映画として『砂漠は生きている』なども作った。さらに、大衆文化事業家として、1955年にはロサンゼルス郊外にテーマパーク Disneyland（ディズニーランド）を開設した。ディズニーランドは、ナイアガラの滝（the Niagara Falls）、グランドキャニオン（the Grand Canyon）とともに、アメリカ人が生涯に必ず一度は訪れる3大観光地の1つとされる。

オーランド（フロリダ州）のディズニーランド

〜アメリカンヒーロー列伝〜

Al Capone
アル・カポネ

1）アメリカのギャング団の首領（1899 〜 1947）。酒類の醸造や販売が禁止された「禁酒法時代」（Prohibition；1920 〜 33）にギャング団のボスとして暗躍した。彼の収入源は主として密造酒の独占販売だった。

2）カポネは貧しいイタリア移民の子で、少年時代はニューヨークの下町ブルックリン周辺で過ごした。この頃、不良仲間とのけんかで刺され、左ほおに作った傷のため、のちに "Scarface Al"（顔傷のアル）と呼ばれるようになったという。のちシカゴに移り、着々とギャングとしての地位を固め、「暗黒街の帝王」として君臨した。

3）1931 年、脱税の容疑で起訴され、11 年間の禁固刑に処されたが、精神異常と梅毒のため釈放され、1947 年にフロリダの屋敷で死去した。ちなみに、日本では「アル・カポネ」と呼んでいるが、英語の発音は / アル・カポウン / である。「カポネ」は Capone のイタリア語読みで、アクセントは「ポ」に来る。なお、Al は Alphonse（アルフォンス）の略称。

Al Capone（アル・カポネ）

Appleseed, Johnny
ジョニー・アップルシード

１）Johnny Appleseed という名前は伝説化しているが、本名は John Chapman という実在の人物（1774 ～ 1845）である。彼はオハイオ州やインディアナ州などでリンゴ園を営む一方、新しく来た入植者にリンゴの種（appleseed）を配ったり、苗木を売ったりしていた。

２）アップルシードは武力による先住民の征服などとは無縁の平和な聖者で、先住民だけでなく動物たちも彼になついていたという。コーヒー袋に首と手を通す穴をあけて作ったぼろをまとい、頭には帽子代わりに鍋をかぶっていたという。

３）アメリカ人は、自分たちが食べるリンゴはすべてアップルシードが作ったものと思っているらしい。

Billy the Kid
ビリー・ザ・キッド

1）アメリカ西部のアウトロー（無法者）。1859 年生まれの実在の人物だが、正確な生涯については不明な部分が多い。

2）ニューヨーク市で生まれたが、辺境のニューメキシコで育った。命知らずの流れ者で、21 年の短い生涯に 21 人の男を殺したガンマンとして知られる。御者、カウボーイ、牛泥棒などをして各地を渡り歩いたが、1881 年メキシコ人女性の部屋にいるところを友人でもあった保安官パット・ギャレット（Pat Garrett）に射殺されたという。

3）ビリー・ザ・キッドの生涯は死の直後から美化され、ダイムノベル（dime novel）と呼ばれる安っぽい小説や西部劇映画などで語り継がれてきた。20 世紀には、彼を主人公にした約 40 作もの映画が作られた。

4）ビリー・ザ・キッドはいわゆる「殺人鬼」ではなく、義理堅い人間だったともいう。「ニューメキシコのロビン・フッド」という異名もある。

Buffalo Bill
バッファロー・ビル

1）アメリカ西部の勇者で、民間のヒーロー。本名は William Frederick Cody という（1846 〜 1917）。西部開拓者だが、バッファロー（野牛）狩りが得意だったので、Buffalo Bill と呼ばれた（Bill は William の愛称）。1 日に数百頭のバッファローを殺したという伝説がある。→ **buffalo**〈第 9 章〉

2）バッファロー・ビルの生涯は生前から美化され、彼を扱った多くの大衆小説が書かれた。また、Wild West Show（大西部ショー）という見世物を興行して成功を収めた人物としても知られる。

3）Wild West Show は古き良き時代の西部の実際の姿を見せるというふれこみで、バッファロー・ビルが 1883 年に始めた大がかりな野外ショー。カウボーイによる曲馬や投げ縄の妙技、先住民による駅馬車襲撃のシーンなどを屋外でくり広げた。このショーは熱狂的な歓迎を受け、国内だけでなく、のちにはヨーロッパ巡業まで行った。一座の花形には、女性の射撃の名手アニー・オークリー（Annie Oakley）や、先住民スー族の首長シッティング・ブル（Sitting Bull）などもいた。ちなみに、アニー・オークリーは空中に投げ上げたトランプのカードのすべての目にライフルで穴をあけることができたという。なおアニーは、『アニーよ銃をとれ』(Annie Get Your Gun) というミュージカル（1946 年）の主人公でもある。1950 年には映画にもなった。

Crockett, Davy
デイビー・クロケット

1）アメリカの西部開拓者で政治家（1786 〜 1836）。実在の人物だが、その存在は生前から半ば伝説化されていた。テキサスの独立運動に参加し、186 人の仲間とともにアラモ（Alamo）の要塞に立てこもり、約 5000 人のメキシコ軍を迎え撃って戦死した。

2）テネシー州東部の辺境に生まれ、鉄砲の名手として早くから奥地の開拓に従事した。のちに州会議員に選ばれ、1827 年から国会の下院議員となって合計 3 期つとめた。この政治家時代から彼は民衆のヒーローだったが、職業的な政治家たちにその名声をうまく利用され、4 度目の当選に失敗。最後は一人西部へ去って行く。

３）クロケットは「ほら話（tall tale）」の達人でもあり、自分のことを「半身は馬、半身はワニ、スッポンの血もちょっぴり混じってるぜ」などと誇張して話し、娯楽のない時代のアメリカ人に大いに受けたらしい。彼がアラモで戦死すると、『クロケット暦』(Crockett almanac) という一種のカレンダーが次々と出された。これには読み物ページがあって、クロケットの英雄伝説がでっち上げられ、クロケット人気はますます高まったという。

COLUMN

Alamo について

もともとは、スペイン人がテキサスのサンアントニオに建てた教会だが、のちに要塞として使われた。1836 年、テキサスに移住したアメリカ人は独立を宣言してメキシコ軍と戦った（テキサス独立戦争）。このとりでに立てこもったデイビー・クロケットら 187 人は約 5000 人のメキシコ軍に包囲されて全滅した。Remember the Alamo！（アラモを忘れるな！）は以後テキサス軍の合言葉になり、テキサス軍は 4 月 21 日にメキシコ軍を破り、テキサスは独立を達成した。

Davy Crockett
（デイビー・クロケット）

アラモ守備隊の記念碑（テキサス州サンアントニオ）

Paul Bunyan
ポール・バニヤン

１）アメリカ人ならだれでも知っているといわれる伝説的な民間ヒーロー。雲をつくような巨人のきこり (lumberjack) で、途方もない怪力と知恵の持ち主。ベーブ（Babe「赤ん坊」）という巨大な青牛と大勢の部下を引き連れ、北部のミシガンからミネソタあたりの大森林を次々と伐採していったという。19 世紀半ばの西部開拓時代の話である。

２）ポール・バニヤンは最初はある木材会社の宣伝文の中に登場し、その後、民間伝承の形を取りつつ、何人もの作家によって話に尾ひれがついていったようだ。曲がりの多い道をベーブに引っ張らせてまっすぐにしたとか、つるはし (pick) で地面を引っかいたらグランドキャニオン (Grand Canyon) が出来たなどという、とてつもない「ほら話」(tall tale) が多い。これらは、辺境で苦しい労働に従事するきこりたちが創作したものとされる。

３）また、アメリカ南西部にはペーコス・ビル (Pecos Bill) という伝説的な巨人もいて、西部開拓時代のカウボーイの理想像とされる。リオ・グランデ (Rio Grande) 川を手で掘ってメキシコ湾から水を引いたなどという、ポール・バニヤンの話に似た言い伝えがある。こちらも、重労働に従事する民衆の夢が生んだほら話である。

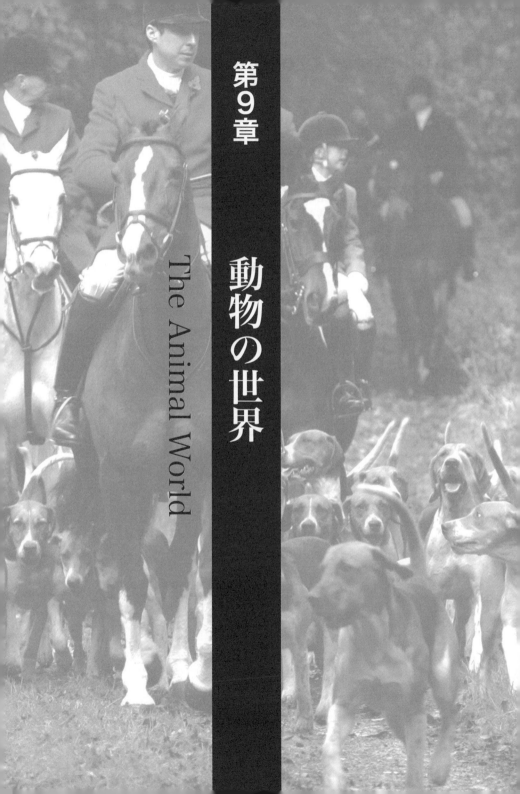

第9章

The Animal World

動物の世界

alligator ／ crocodile
ワニ（鰐）

＜プロフィール＞
ワニ目の爬虫類の総称。英語では alligator と crocodile に大別される。

1）alligator は比較的小型で、あごは丸く、口を閉じると歯が隠れる。性質は
おとなしく、人を襲うことも少ない。アメリカのミシシッピワニ、中国のヨウス
コウワニ（揚子江鰐）が代表的。南米のカイマン（caiman）を含むこともある。

2）crocodile はアフリカやアジアの熱帯産の大型ワニで、大きなあごと鋭い歯
が特徴。alligator よりも気が荒く、ときに人を襲う。アメリカではフロリダ州
南部にいる。なお、インドに生息する大型のワニは gavial（ガビアル）と言う。

3）"See you later, alligator!"（じゃ、またね）という会話表現がある。
alligator は later と韻を踏んだだけで、別に意味はない。答えるほうも韻を踏ん
で "After a while, crocodile!"（またそのうちに）と返す。1960 年代にはやっ
た表現。

4）ワニ皮はベルトやバッグなどの素材として人気がある。フランスのアパレル
メーカー、ラコステ（Lacoste）は緑色のワニの商標で知られる。ラコステ社は
元プロのテニス選手だったルネ・ラコステが 1933 年に創業した。ラコステは特
にポロシャツが有名。

＜関連表現＞
shed [weep / cry] crocodile tears そら涙を流す、うそ泣きをする
▶ワニはそら涙を流して餌食を誘い、また餌食を食べながらも涙を流す、という
俗信から。実際には、ワニには涙腺がないので涙を流すことはない。

alligator

crocodile

bat
コウモリ（蝙蝠）

＜プロフィール＞
コウモリ目の哺乳類の総称。世界中に広く分布する。英語の bat には「夜」「悪魔」「死」などの連想がある。

1）コウモリは哺乳類で空を飛べる唯一の動物である。飛ぶとはいっても、鳥とは異なり羽毛はなく、いっぱいに伸ばした飛膜（皮膚でできた薄い膜）をはばたかせて飛ぶ。

2）(as) blind as a bat（全く目が見えない）という成句があるが、コウモリは目が見えないのではなく、自分の位置を特定するために視覚を使っている。しかし、真っ暗闇では不十分なので、口から超音波を発し、その反響を高感度の耳で拾って障害物などの位置を測定する。これを echolocation(エコーロケーション、反響定位) とか、biosonar（バイオソナー）と言う。

3）have bats in the [one's] belfry という成句もある。文字通りには「(教会の)鐘楼の中にコウモリを持っている」で、鐘楼を人の頭に見立てたもの。「頭がおかしい」「風変わりである」の意味で使われる。また、この句から batty、bats（ともに「頭のいかれた」の意の形容詞）という語も生まれた。an old bat は「くそばばあ」の意味になる。

4）西洋では、コウモリは不吉な動物というイメージが強い。夜行性のため「夜」や「闇」との連想も強く、また「悪魔」「魔女」「死」などの連想もある。

5）中南米には、動物の生き血だけで生きているチスイコウモリ（血吸い蝙蝠）がいる。16世紀になって発見されたコウモリで、英語でも vampire bat というが、ヨーロッパの吸血鬼（vampire）伝説とは関係がない。

bat（コウモリ）

247

bear
熊

＜プロフィール＞
クマ科の哺乳類の総称。体が大きく、四肢が太い。体色は、白・褐色・黒など。
bear には「力が強くて乱暴」というイメージがある。

１）日本には北海道の「ヒグマ」と、本州以南の「ツキノワグマ」の２種類し
かいないが、世界的には８種が知られ、北方にすむものほど体が大きい。たと
えば。北極にいる「ホッキョクグマ」（polar bear）は世界最大の熊で、体重は
約 300 ～ 600kg に達する。

２）北米の中北部には、体重 400kg に達する grizzly bear（灰色グマ）がいる。
ヒグマ（brown bear）の一種だが、性質が荒く、シカや家畜をしばしば襲う。
かつて、北米先住民にとっては、これを殺すことは大人のしるしとされたが、今
では数が減っている。

３）子熊のぬいぐるみは teddy bear（テディーベア）の名前で世界中の子
どもたちに親しまれている。Teddy とは第 26 代アメリカ大統領 Theodore
Roosevelt（セオドア・ルーズベルト）の愛称。彼が 1902 年に熊狩りに出かけ
た折、子熊を見逃してやったことが新聞記事になり、全米に知れ渡った。この
記事がきっかけで子熊のぬいぐるみが作られ、Teddy's Bear の名で売り出され、
大当たりした。→右図

４）ぬいぐるみといえば、*Winnie-the-
Pooh*（くまのプーさん）も有名。これ
は、イギリスの作家ミルン（A.A.Milne）
の童話のタイトルで、「くまのプーさ
ん」とは作者の息子で物語の主人公で
あるクリストファー・ロビンが大切に
しているぬいぐるみの熊の人形である。
→ **Winnie-the-Pooh〈第 8 章〉**

５）アメリカの森林保護局（US Forest
Service）のシンボルは "Smokey" の文
字が入った熊で、森林警備隊員はこの
文字の入った帽子やバックルを身に着
けている。このシンボルは Smokey the

Bear（熊のスモーキー）と呼ばれる。→下図右

6）15〜16世紀のイギリスでは、bear-baiting（熊いじめ）という見世物が盛んに行われた。つないだ熊に猛犬をけしかけるもので、庶民だけでなく王侯貴族までもがこの見世物を娯楽として楽しんだが、1835年に禁止された。

7）熊は大きくて力が強いので、特に北方民族の間では神聖視された。ユーラシアから北アメリカ北部の狩猟民族の間には、毎年定期的に熊の霊を神のもとに送り返す「熊送り」という行事が見られる。日本では、アイヌ民族が熊を神とみなし、春に捕った子熊を2頭ほど丁重に育て、弓矢で殺してからその霊を親元に送り返す「イオマンテ」（熊祭り）という宗教儀礼が有名。

8）熊は「力が強くて乱暴」とか「がさつ」というイメージがあるので、粗野な人や不機嫌な人のことを bear と呼ぶことがある。また、その形容詞形として bearish（乱暴な、粗野な）がある。さらに、人がぷりぷりしている状態を be cross as a bear（熊のように不機嫌で）とか、like a bear with a sore head（頭痛持ちの熊のように）と表現することがある。なお、bear hug は「（荒々しく）力強い抱擁」のことである。

<参考>
株などの相場が「弱気筋」のときに bear とか bearish という。これは、株の売り手の手振りが熊のしぐさに似ているからという説がある。反対に「強気」のときは bull（雄牛）で表現する。bear market は「弱気市場」、bull market は「強気市場」のことである。

teddy bear〈テディーベア〉

Smokey the Bear（ポスター）

bee
ミツバチ（蜜蜂）

＜プロフィール＞

日本語の「ハチ（蜂）」は各種のハチの総称だが、英語の bee (honeybee とも言う) はふつうは「ミツバチ」を指す。ミツバチは１匹の女王バチ（queen）を中心に数万の働きバチ（worker）と数百から数千の雄バチ（drone）が集団を作り、１つの社会を構成している。

１）ミツバチは働き者で、「勤勉」の代表である。比喩的に、よく働く人も bee とか busy bee と呼ばれ、(as) busy as a bee は「非常に忙しい」の意味で用いられる。

２）働きバチは生殖機能が退化しており、もっぱら巣の造営をしたり、花粉や花蜜（nectar）を採取する。働きバチが巣に蓄えた蜜がハチミツ（honey）である。また、働きバチが女王バチのために分泌する高たんぱくの物質が royal jelly（ローヤルゼリー）である。

３）drone（雄バチ）は巣にいて働かないのらくら者で、人間に適用して「働かない怠け者」の意味でも用いる。また drone には「（雄バチのように）ブーンという音を出す」という意味もあり、「無人航空機」を指す「ドローン」はこの意味から生まれたという説が有力。

４）「ハチの巣」は honeycomb で、人間が人工的に作った「巣箱」は hive または beehive と言う。また、「ハチがブンブン飛ぶ」は hum または buzz と言う。

●主なハチの種類

bumblebee　マルハナバチ

ずんぐりと丸みを帯びた毛深い大型のハチ。花粉を媒介する昆虫として重要で、特にクローバーの授粉には欠かせない。童話や童謡にもよく登場する。

wasp　スズメバチ、ジガバチ

bee, bumblebee 以外のハチの総称。多くは黒と黄の縞模様をしているので yellow jacket ともいう。腰はくびれていて、wasp waist は細くくびれたウエストの女性を指す。また、「怒りっぽい人」や「気難しい人」を wasp といい、waspish（怒りっぽい）という形容詞もある。

hornet　モンスズメバチ、クマ（ン）バチ

大型の wasp で、体長は約 25㎜。大きな巣を作り攻撃性が強いので、bring a hornets' nest about one's ear は「ごうごうたる非難を浴びる」という意味になる。

なお、「クマ（ン）バチ」と言うのはクマのように体毛が密生しているからである。

＜関連表現＞
have a bee in one's head [bonnet]
おかしな考えに取りつかれている、思い込みが激しい　▶「頭や帽子の中でミツバチがブンブン飛んでいる」が直訳。

＜参考＞
bee という語はアメリカで大勢の人の寄り合いや集まりの意味でも使われる。ミツバチの群れのように集まって何かをすることから来ているという。たとえば、トウモロコシの皮をむく集まりを husking bee（または cornhusking）という。ほかに、編み物をする knitting bee, キルティングをする quilting bee, つづり字の正しさを競う spelling bee などもある。

ハニカム枠（honeycomb）を持つ男性

quilting bee の光景

buffalo
バッファロー

＜プロフィール＞

buffalo と呼ばれる動物は２種類いる。１つは water buffalo（水牛）である。この動物は東南アジアやアフリカに分布し、水辺に生活するためこの名がある。もう１つは北米原産の巨大な野牛 American buffalo [bison]（アメリカ野牛）である。体重は 350 ～ 1000kgにも達する。water buffalo も American buffalo も、生物学上はともに bison（バイソン）と言う。アメリカにいる動物を buffalo と呼ぶのは、本来は誤り。

１）北米の buffalo は、かつて先住民や初期の入植者の重要な生活資源だった。肉は生で食べたり、乾燥させて jerky（干し肉、ジャーキー）として保存し、毛皮は tepee（ティピー）と呼ばれる円錐形のテント小屋や衣服に、骨はやじり（矢尻）にするなど、単に食料として以上の重要な役割を果たしていた。

２）1850 年当時でも、buffalo は東アパラチア山脈から西はロッキー山脈に至る広大な草原地帯に約 2000 万頭がいた。しかし、やがて白人のバッファロー狩りが激しくなり、バッファローの数は急速に減少した。これによって、先住民の生活資源が奪われることになった。1889 年には、全米で約 550 頭にまで減少し絶滅の危機にあったが、保護運動のおかげで、現在は約 15000 頭が保護区にいるとされる。→ **Buffalo Bill 〈第 8 章〉**

３）buffalo は力の強いものの代表とされ、アメリカ俗語では「おどす」「困らせる」「だます」などの意味の動詞としても用いられる。

American buffalo（アメリカ野牛）

water buffalo（水牛）

butterfly
チョウ（蝶）

＜プロフィール＞

チョウ目（旧称鱗翅目）のうち、蛾（ガ）以外の昆虫の総称。全世界に約1万8000種がいるとされ、日本でも約250種が知られている。なお、ガ (moth) もチョウと同じ仲間で、両者に本質的な区別はないとされる。

1）チョウは、さなぎ（pupa）という死んだような休止の状態から羽化して飛び出すので、ギリシャ時代には人間の霊魂、あるいは魂の化身とみなされて、psyche（プシュケ、魂）と呼ばれた。プシュケはギリシャ神話では、チョウの羽をつけた美少女として登場する。なお psyche は英語では / サイキ / と発音し、psychology（心理学）などの語の大元である。

2）甘い蜜を求めて花から花へ飛び移ることから、butterfly は「移り気な人」「浮気者」の意味になる。たとえば、social butterfly は「社交好きな女性」を指す。一般に butterfly には「快楽」「軽薄」「見栄っ張り」といったイメージがある。

3）特に有名なチョウには次のようなものがある。
red admiral（アカタテハ）
欧州・北米産で、はでな色彩が特徴。admiral は「海軍の提督」の意。
monarch（オオカバマダラ）
北米産。大群で大がかりな渡りをすることで知られる。monarch は「王者」の意。
morpho（モルフォチョウ）
南米産。青く輝く羽を持ち、美しいチョウの代名詞になっている。

4）日本の主なチョウの英名
アゲハチョウ（揚羽蝶） swallowtail　特にキアゲハ（黄揚羽）を指す。
ヒョウモンチョウ（豹紋蝶） fritillary　ダイダイ色の羽にヒョウのような黒点がある。
モンシロチョウ（紋白蝶） cabbage butterfly　世界に広く分布するチョウで、菜の花畑やキャベツ畑を飛び回って雌を探す。
オオムラサキ（大紫） great purple emperor, great purple butterfly
大型の美しいチョウ。1957年に日本の国蝶に指定された。

＜関連表現＞

have [get] butterflies (in one's stomach)　（緊張などで）ひどくどきどきする　▶「胃の中にチョウがいる」という意味から。

camel
ラクダ（駱駝）

＜プロフィール＞

ラクダ科の哺乳類のうち、ヒトコブラクダとフタコブラクダの総称。日本では動物園でしか見ることができないが、砂漠の国では日常生活に欠かせない動物である。また、かつてはラクダは単に労働力としてだけでなく、保有する頭数によって貧富の差を分ける重要な財産と考えられた。一般に、ラクダは「服従」や「従順」の象徴となる。

１）ラクダは古代から知られていたが、初めて家畜化されたのは馬と同様、紀元前 3000 年頃のこととされる。何千年もの間、人や荷物を運んだり、乳や肉を提供する便利な動物として、特にアラビア半島や北アフリカの砂漠地帯で重宝されてきた。ラクダは食料がなくても何日間も歩き続けることができる。

２）ラクダは聖書にもたびたび登場する。特に有名なのは、新約聖書の『マタイの福音書』にある次のイエスの教えである。It is easier for a camel to go through the eye of a needle, than for a rich man to enter into the kingdom of God. （金持ちが神の国へ入るよりはラクダが針の穴を通るほうがやさしい）。これは、「金持ちが神の国に入るのはラクダが針の穴を通るよりもむずかしい」という意味である。

＜関連表現＞

the last straw （忍耐の限界を超える）最後の一撃　▶ It is the last straw that breaks the camel's back. 「ラクダの背骨を折るのは最後に載せた 1 本のわらだ」とは、「（限度を越せば）たとえわら 1 本載せてもラクダの背骨は折れる」ということ。

Bactrian camel（フタコブラクダ）
中央アジアやモンゴルにいる。

dromedary（ヒトコブラクダ）
北アフリカやアラビア半島にいる。
Arabian camel ともいう。

canary
カナリア

＜プロフィール＞

カナリアはアフリカ北西岸沖の7島から成る諸島 (the Canary Islands) 原産のアトリ科の小鳥（ヒワの一種）で、canary bird とも言う。15世紀末にヨーロッパに持ち込まれ、cage bird（かごに入れて飼う鳥）として愛されてきた。日本語では「金糸雀」とも書く。なお、canary の発音は / カネアリ / に近い。

1）Canary という島の名は、「犬（*Canis*）の島」の意のラテン語に由来する。ヨーロッパ人が初めてこの島に上陸したとき、大きな犬がたくさんいたので、こう呼ばれた。また、この島には鳴き声の美しい小鳥がいたため、両者が結びついて canary (bird) と呼ばれるようになった。

2）カナリアはよくさえずることから canary は19世紀には「女性歌手、歌姫」の意の俗称として用いられた。さらに20世紀に入ると「密告者」の意の俗称としても用いられるようになった。これは sing（歌う）に「たれこむ」という意味があるからである。

3）ヨーロッパに輸入されて羽の色と姿が改良され、canary yellow は「明るい黄色」を意味するようになった。

cardinal
ショウジョウコウカンチョウ

＜プロフィール＞

北アメリカ産の小鳥。頭に三角形の赤い羽冠があり、全体として派手な深紅色をしている。和名を漢字で書くと「猩々紅冠鳥」である（「猩々」とは、赤く長い毛をした中国の想像上の怪獣の名）。

1）深紅の姿が愛らしく鳴き声も美しいので、北米では人気が高く、7つの州（イリノイ、インディアナ、ケンタッキー、ノースカロライナ、オハイオ、バージニア、ウェストバージニア）の州鳥に選ばれている。これは州鳥の順位としては全米で第1位である。

2）日本では、野球の大リーグの球団「セントルイス・カージナルズ」（St. Louis Cardinals）でなじみ深い。セントルイスのあるミズーリ州の州鳥はbluebird（ルリツムギ）だが、この球団は深紅のユニフォームで、cardinal をマスコットにしている。

3）cardinal の名は、ローマ・カトリック教会の枢機卿（cardinal）の深紅の法衣の色から来ている。枢機卿はローマ教皇を補佐する最高顧問で、教皇を選出する権利を持つ。→ **Pope**〈第4章〉

＜参考＞ ────────────

cardinal は形容詞として、「きわめて重要な」「基本的な」などの意味を持つ。
cardinal number は one, two, three … などの「基数」を指す（反対の「序数」は ordinal number という）。また、宗教で the cardinal virtues といえば、justice（正義）、prudence（思慮深さ）、temperance（節制）、fortitude（堅忍）、faith（信仰）、hope（希望）、charity（愛）の七徳をいう。

メジャーリーグの「セントルイス・カージナルズ」のロゴマーク

┃ carp
コイ（鯉）

＜プロフィール＞

コイ科の淡水魚。2対の口ひげがあり、泥底の川や池を好む。原産地は中央アジアから中国とされ、イギリスには15世紀ごろに、アメリカには19世紀後半に持ち込まれた。コイは太古から重要な動物性タンパク源として、古代ローマや中国で養殖された。中国では魚類の代表とされる。フランスなどでは料理などに用いられる。

1）コイは日本では、姿の優美さと、急流をさかのぼる勢いの良さから淡水魚の女王として愛されてきたが、英語の中でのcarpのイメージはあまり良くない。特にアメリカでは、泥水の中でも生きている「汚い魚」というイメージを持たれている。そのため、アメリカ人はほとんどコイを食べない。一般に、carpには「大食いで貪欲な魚」というイメージがある。

2）日本では、5月の端午の節句に「こいのぼり（鯉幟）」を立てる風習があるが、これは江戸の町人が滝をも昇るコイを出世の象徴としてこいのぼりを立て、男の子の成長を祈ったのが始まりとされる。ちなみに、「こいのぼり」は英語ではcarp streamerと訳される（streamerは「吹き流し」）。

3）日本では、真鯉に対して赤・黄などの色を帯びた変種のコイを「緋鯉（ひごい）」と総称している。これを改良したものがいわゆる「錦鯉（にしきごい）」である。錦鯉はkoi（carp）として英語化している。

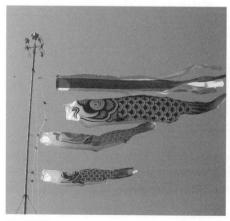

こいのぼり

緋鯉

▌cat
猫

Cheshire cat の
ぬいぐるみ

＜プロフィール＞
広義では、トラやライオンを含むネ
コ科の哺乳類を指すが、ふつうは家
猫（domestic cat）をいう。子猫は kitten、kitty で、子どもことばでは puss、
pussy、pussycat という。なお、pussy には「女性器」の意味もあるので注意。

１）猫は古代エジプト時代から飼育・家畜化され、神聖な動物として、殺した者
は死刑となった。しかし、のちにキリスト教がヨーロッパに広まると、猫は暗や
みの中で目が光ることや、足音を立てずに出没することから、魔性の生き物とい
う迷信を生んだ。特に黒猫は悪魔（Satan）や魔女（witch）の手先とされ、焼
き殺されたり、釜ゆでにされたりした。

２）猫は一般に優雅で誇り高いという良いイメージもあるが、成句やことわざ
にも見られるように、よくないイメージも多い。なお、アメリカでは黒猫が前
を横切ると不吉だと信じる人が多いが、イギリスでは逆に幸運だと思う人もい
るという。

３）イギリスでは、ディック・ウィッティントン（Dick Whittington；1358～
1423）の伝説がよく知られている。文無しの彼は自分の飼い猫を使って巨万の
富を得、のちに３度ロンドンの市長になったという。ロンドン北部のアーチウェー
にはウィッティントンゆかりの猫の像がある。

４）なぞめいた雰囲気をもつ猫は、文学作品にもたびたび登場する。たとえば、
ルイス・キャロル（Lewis Carroll）の『不思議の国のアリス』に出てくる「チェ
シャー猫」（Cheshire cat）は grin like a Cheshire cat（チェシャー猫のように
わけもなくニタニタ笑う）という句を残した。また、アメリカのポー（E.A.Poe）
の『黒猫』（*The Black Cat*）や、フランスのペロー（Charles Perrault）の『長
ぐつをはいた猫』（英名 *Puss in Boots*）も有名である。

＜参考＞
ロンドンのダウニング街 10 番地（イギリス首相の官邸）には「首相官邸ネズミ捕獲長（Chief
Mouser to the Cabinet Office）」という飼い猫がいる。昔からダウニング街にはネズミが多
く住みついていたため、その対策として猫を「ネズミ捕り（mouser という）兼ペット」として「雇
う」習慣が 1500 年代の初期からあったという。

●猫に関することわざ

A cat has nine lives. 猫に九生あり　▶猫は図太くて、めったなことでは死なないと考えられている。

(Even) a cat may look at a king. 猫でも王様が見られる　▶「卑しい人にも相応の権利がある」の意。マザーグースから。

Curiosity killed the cat. 好奇心が猫を殺した　▶「好奇心が過ぎると身を誤るよ」の意で、知りたがりをいさめるときに用いる。また、Care killed the cat. (猫でさえ心配で死ぬことがある→「心配は身の毒」) ということわざもある。

When the cat's away, the mice will play.　猫のいない間にネズミが遊ぶ　▶日本の「鬼のいぬ間に洗濯」に相当する。

＜関連表現＞

bell the cat 猫の首に鈴をつける；みんなのために進んで危険を冒す　▶イソップ物語から。

It is raining cats and dogs. 雨が土砂降りに降っている　▶おどけた言い方。

let the cat out of the bag うっかり秘密をもらす　▶「袋に入れた猫を出してしまう」の意から。

like a cat on a hot tin roof 落ち着かないで、そわそわして　▶「熱いトタン屋根に乗った猫のように」の意。

play cat and mouse (with A)　A をもて遊ぶ、なぶりものにする。

●主な猫の種類

Abyssinian　アビシニアン
原産地とされるアビシニア（エチオピアの別称）から。

Persian　ペルシャネコ
長毛種の猫で、イギリスでは longhair の名で呼ばれる。「猫のプリンス」とも呼ばれる。イランの別名 Persia（ペルシャ）から Persian (cat) と呼ばれるが原産地は不詳。

Manx　マンクス
イギリスのマン島（the Isle of Man）原産とされる尾のない猫。Manx は Man の形容詞形。

Russian blue　ロシアンブルー
ロシア原産とされる青みがかった灰色の毛並みの猫。目は緑で、あまり鳴かない。

Siamese cat　シャムネコ
短毛種で細身の猫。独特の V 字型の顔と高い鼻を持つ。Siamese は Siam(シャム；タイの旧名) に由来するが、起源は明らかではない。飼いやすく多産な猫である。

Abyssinian

Persian

Manx

Russian blue

Siamese cat

Scottish Fold（短毛で折れ耳）

cattle
牛

＜プロフィール＞

牛（cow、bull など）の総称。語源は「資本」の意のラテン語で、capital（資本）や chattel（動産）と同源。昔は家畜が財産の主要部分を占めていて、家畜の頭数によって財産の程度が計られていた。なお、cattle は複数扱いの集合名詞なので、a cattle とか cattles とはしない。

１）多くの古代文明では、牛は宗教的なシンボルだった。特にメソポタミアでは、牛の角は神と王の象徴だった。また古代エジプトでは、聖なる雄牛アピス (Apis) を奉る神殿があった。

２）牛と最も関係が深い文明はインドである。インドの宗教であるヒンドゥー教では牛を殺したり、その肉を食べたりすることは従来はなかった。このことから、sacred cow（聖牛）という言い方が生まれた。sacred cow は今では比喩的に、

神聖視されて批判が許されないもの（人、習慣、思想など）の意味で通例軽蔑的に用いられる。現代のインドでは、牛肉の需要が高まりつつあるという。

3）cattle は乳牛（dairy cattle）と肉牛（beef cattle）に大別される。cow は通例3歳以上の乳牛をいい、代表的な乳牛には Holstein（ホルスタイン）と Jersey（ジャージー）がある。cow は家畜の中で最も重要なもので、昔は「母性」や「豊饒」の象徴とされたが、英語としてのイメージは良くない。たとえば、乳牛の体つきから、「太った女」や「だらしない女」を俗語で cow と呼ぶ。また、田舎っぽい町を cow town、地方の大学を cow college と言ったりする。

4）cattle のうち、去勢してない雄牛が bull である。これに対して、去勢した牛は ox という（複数形は oxen）。bull は去勢していないので、気が荒くたけだけしい。その点、日本語の「牛」のイメージ（鈍重、忍耐）とは全く異なる。bull は比喩的に「大きくて力の強い人」を指すことがある。また、ゾウやクジラなど大きな動物の雄を bull と言うことがある。

5）スペインの国技として知られる闘技に bullfighting（闘牛）がある。これは闘牛士（bullfighter）と雄牛（bull）の闘いで、古代ローマでも行われた。現在は、スペインやポルトガル、メキシコなどでも行われる。なお、日本にも古くから「闘牛」があるが、これは雄牛同士を角を突き合わせて戦わせるものである。

＜関連表現＞

bull in a china shop　他人の迷惑を考えないで無作法にふるまう人　▶「瀬戸物屋に飛び込んだ雄牛」の意から、「気配りができない人」の意味で用いる。

take the bull by the horns　正面から難局に立ち向かう、恐れず困難に取り組む　▶「雄牛の角をつかむ」の意から。

bull session　ざっくばらんなおしゃべり　▶男同士のくだけた雑談を指すことが多い。

bull's eye　（アーチェリー、ダーツなどの）標的の中心　▶ hit the bull's eye は標的の中心に当てることから「図星を指す」「大成功を収める」「うまく行く」などの意味になる。

bullpen　ブルペン（野球場で救援投手がウォーミングアップをする場所）
▶もともとは「雄牛の囲い場」の意。口語では、「留置場」「ブタ箱」などの意味でも使われる。

bullshit　でたらめ、たわごと、ほら、ナンセンス　▶本来は「牛の糞」の意の卑語。

bull market　（株式で）強気市場、上げ相場　▶反対は bear market（弱気市場、下向き相場）→ p.249〈参考〉

●代表的な乳牛

Holstein
オランダのフリースランド地方原産で、ドイツのホルシュタイン地方で改良された。イギリスでは Friesian ともいう。

Jersey
イギリスのジャージー島原産の褐色の乳牛。その乳は脂肪分が多いので有名。

chicken
鶏

<プロフィール>

「鶏」に相当する語には、chicken, hen, rooster, chick がある。このうち chicken は「鶏」の一般語だが、主に「ひな鳥」「ひよこ」を指す。また chicken は数えられない名詞として「鶏肉」の意味にもなるが、鶏の原型をとどめていれば、数えられる名詞扱いである。なお、おんどりの「とさか」は crest とか cockscomb/ コックスコウム / と言う。

1）hen はめんどり、rooster はおんどりである。おんどりは cock ともいうが、この語には俗語で「ペニス」の意味もあるので、《米》では rooster が好まれる。chick は「ひな」「ひよこ」に相当し、特に若い女性について「かわいこちゃん」の意味で使うことがあるが、女性には嫌われる。また、子どもに向かって「ガキ」の意味でも用いる。

2）鶏はおんどりとめんどりで鳴き声が異なる。おんどりの鳴き声「コケコッコー」は crow といい、めんどりの「クックッ」「コッコッ」という鳴き声は cluck という。ともに動詞としても用いる。なお、日本語の「コケコッコー」に当たる英語は cock-a-doodle-doo であるが、主に小児語。

3）口語の hen には「おしゃべりな中年女」の意味もあるので、最近では差別語とされる。また、hen party は「結婚直前に女友だちだけで開くパーティー」をいう。反対の、男だけのパーティーは stag party という。なお、henpecked husband は「妻の尻に敷かれた夫」の意である。

4）一般に chicken には良いイメージは少ない。口語では「臆病者」「いくじなし」の意味になる。主に子どもが You chicken!（やーい、弱虫！）などと用いる。chicken-hearted [-livered]（腰抜けの）という形容詞もある。また、女性について She is no (spring) chicken. というと、「彼女はもう小娘じゃない」の意味になる（spring chicken は「若鶏」のこと）。

＜関連表現＞
a chicken-and-egg situation [problem]　鶏が先か卵が先かという（因果関係のわからない）状況 [問題]
Don't count your chickens (before they are hatched).　卵がかえる前にひなの数を数えるな　▶「捕らぬたぬきの皮算用」に相当することわざ。後半は言わないことも多い。イソップの話から。
go to bed with the chicken　早寝する　▶「鶏と同じように早く寝る」の意。
play chicken　度胸比べをする　▶たとえば、正面衝突する寸前まで対向して車を走らせ、先に避けたほうが敗け、といった危険な遊びをすること。このような危険な遊びを a game of chicken と言い、先に避けた者は chicken（臆病者）と呼ばれる。また、chicken out は「（おじけづいて）しりごみする」の意。

●鶏の品種名の由来 （→次ページ写真）
Plymouth Rock　プリマスロック
Plymouth は Pilgrim Fathers の上陸地の名前。ここにある Plymouth Rock という岩は記念史跡になっている。
Leghorn　レグホーン
イタリア西部のリボルノ原産。Leghorn はイタリア語 Livorno の英語名。
Rhode Island Red　ロードアイランドレッド
Rhode Island はアメリカ北東部の州名。

●代表的な鶏

Plymouth Rock プリマスロック（アメリカ産、卵肉兼用種）

Leghorn レグホーン（イタリア原産、採卵鶏）

Rhode Island Red ロードアイランドレッド
（アメリカ産、採卵鶏）

cod
タラ（鱈）

＜プロフィール＞

タラ科の海水魚でcodfish とも言う。マダラ（Pacific cod）のほかに、スケトウ
ダラ（pollack）などがいる。タラは大きな口と鋭い歯を持ち、何でも腹いっぱ

い食べる。日本語の「たらふく食べる」という言い方は、この魚の習性から来ている。

１）タラは北海で大量に獲れ、保存加工がしやすいので、有史以前からヨーロッパで大量に消費されていた。貴重な動物性タンパク源として、中世から近代にかけては主に干ダラ（dried codfish）として、ヨーロッパの家庭の台所の常備品だった。

２）アメリカのマサチューセッツ州にある Cape Cod（ケープコッド）は「タラ岬」の意で、人気の観光地。この岬の沖は名前の通りタラの漁場である。かつて、このあたりの漁夫がタラ漁で大もうけをしたことから、codfish aristocracy（タラ成金）という言い方が生まれた。

●タラの仲間
haddock　モンツキダラ、ハドック
北大西洋産のタラの一種で、体長は最大１ｍに達する。January haddock という言い方があり、冬場が最も美味とされる。また、イギリスの大衆的なファストフードである fish and chips（フィッシュアンドチップス）の材料でもある。
hake　ヘイク
主に大西洋の深海にすむタラ科の魚。体長は最大 1.3m に達する。日本で出回っているメルルーサ（merluza）も hake の一種。

＜参考＞
日本人が好むタラコ（メンタイとも言う）はスケトウダラの卵巣を塩漬けにしたものである。英語では (salted) cod roe と言う。roe / ロウ / は「魚卵」の意。

cod（タラ）

fish and chips（フィッシュアンドチップス）

crow
カラス（烏、鴉）

＜プロフィール＞

crow は南米とニュージーランドを除く全世界に分布するカラスの総称。主なカラスには carrion crow（ハシボソガラス）、rook（ミヤマガラス）、jackdaw（コクマルガラス）、raven（ワタリガラス）などがいる。鳴き声は一般に caw/ コー、カー /、または croak で、「不吉な鳥」というイメージがある。

１）イギリスの文学に crow として現れるのはたいてい carrion crow で、日本でふつうに見かけるカラスと同じ仲間（carrion は「腐肉」の意）。なお、アメリカには carrion crow はいない。

２）rook は群れて生活する習性を持つカラスで、特に繁殖期には林の中に集団営巣する。rook の群れや群居する場所を rookery と言う。rook はイギリス全土にすみ、イギリス人にとって身近な鳥である。

３）jackdaw は全長 30cm くらいの小型のカラスで、単に daw とも言う。人によくなつくので、ペットとしても飼われる。また、光る物があると何でも持って行く習性がある。イギリスの教会や塔につきものの鳥である。

４）raven はほとんど全世界に分布しているカラスで、カラス類の中で最も大型。何でも食べる悪食の鳥である。真っ黒な体の色から悪魔のシンボルとされる。なお、日本語で黒くて青みのある髪の色を「カラスの濡れ羽色」などと言うが、英語にもこれに相当する raven hair という言い方がある。raven は北米にも生息し、北太平洋沿岸の先住民はこの鳥を culture hero（文化英雄）としてあがめた。また、文学ではポー（Edgar A. Poe）の詩 "The Raven"（『大鴉』）が有名である。

＜関連表現＞

as the crow flies　直線距離で（行けば）　▶カラスは目標めがけて一直線に飛ぶことから。

eat crow　（屈辱を忍んで）前言を取り消す、自分の誤りを認める　▶ 1812 年の英米戦争のとき、誤って敵地に入ってカラスを撃ち落とした米兵が罰として英兵からそのカラスを食べさせられた、という話から。

crow's feet（加齢などによる）目じりのしわ　▶カラスの足跡に似ているところから、日本語では「カラスの足跡」と言う。

crow's nest 帆船のマストの上部にある見張り台、（一般に）やぐらの上にある監視台

cuckoo
カッコウ（郭公）

＜プロフィール＞

カッコウ科の鳥の総称で、発音は / ク（ー）クー /。日本にいるカッコウも同じ種類で、「カッコー、カッコー」と鳴くことからの命名。ともに鳴き声の擬声語である。イギリスでは春の到来を告げる鳥とされる。

1）イギリスでは4月中旬にアフリカから帰ってきて、特徴的な声でさかんに鳴く。カッコウはワーズワース（Wordsworth）ほか多くの詩人に詠われている。一方、アメリカにいるカッコウ（ハシグロカッコウ、キバシカッコウなど）の鳴き声は「ク、ク、ク」とか、「カ、カ、カ」という単調なものである。

2）カッコウは自分で巣を作らず、ほかの鳥の巣に卵を生んで育てさせる「托卵」という習性を持つ（この習性はホトトギスにもある）。この習性から、カッコウの雌は不実であるという考えが生まれ、妻を寝取られた男を指して cuckold/ カコウルド / と呼ぶことがある。フランス語では「コキュ」（*cocu*）と言い、日本語にもなっている。cuckold はシェイクスピアの戯曲にもしばしば登場する。

3）同じ鳴き声を単調にくり返すことから、cuckoo は口語で「ばかな」「気の狂った」という意味にもなる。ちなみに、日本語ではカッコウの異名に「閑古鳥」（かんこどり）がある。「閑古鳥が鳴く」は客が訪れず、ものさびしい状態をいうが、これはカッコウの鳴き声に寂寥を感じとったものである。

＜参考＞

日本では時刻を知らせるとき、巣から作り物の鳩が出てきて鳴く時計を「鳩時計」というが、英語では cuckoo clock という。実際は、日本の「鳩時計」も鳩ではなく、カッコウである。

| deer
シカ（鹿）

<プロフィール>

シカ科の動物の総称。シカはアフリカ以外の世界各地に約40種が分布している。北米では尾の白い white-tailed deer（オジロジカ）、耳の長い mule deer（ミュールジカ）がふつうだが、イギリスには red deer（アカシカ）、fallow deer（ダマジカ）、roe deer（ノロジカ）などがいる。日本のシカは sika/ シーカ / として英語化している。なお、deer は sheep（羊）と同様、単複同形であることに注意。

1）deer という語は「四足の動物」の意の古英語から来ている。もともとは動物一般を指したが、イギリスではシカが代表的な動物だったので、のちに「シカ」に限定されるようになった。

2）シカは年齢や性別により呼び名が異なる。一般的に、雄ジカは buck、雌ジカは doe/ ドウ /、子ジカは fawn というが、特に red deer の類は、雄を stag または hart、雌を hind/ ハインド / と呼ぶ。パーティーで女性を同伴しない男性を stag と言うのは、ここからきている。また、口語ではそういうパーティーのことも stag と言う。

3）deer の仲間に以下のような大型のシカがいる。これらのシカは牛と同じように雄は bull、雌は cow、子は calf と呼ばれる。

●シカの仲間

moose　アメリカヘラジカ、ムース　▶シカ科の中で最大のシカで、北米原産。ヨーロッパではこれを elk と呼んでいる。大男のスポーツ選手はしばしば moose とあだ名される。

elk　ヘラジカ　▶ヨーロッパではヘラジカを elk と言う。しかし、elk はアメリカではワピチ（wapiti）を指す。

wapiti　ワピチ　▶北米から北東アジアに分布する。アカシカ (red deer) によく似るが、大型で角も巨大。日本では「アメリカアカシカ」とも言う。

reindeer　トナカイ　▶ヨーロッパ北部やシベリアのツンドラ地帯に広く分布する。北欧のラップランド人にとっては、馬、羊、牛全部に相当する価値があるとされる重要な動物。クリスマスソングとして有名な『赤鼻のトナカイ』は "Rudolph the Red-Nosed Reindeer" である。なお、北米のツンドラ地帯には同種の caribou（カリブー）がいて、ヨーロッパのトナカイより大型。先住民にとって重要な生活資源だった。

4）イギリスでは昔からシカ狩り（deerstalking）が盛んだった。敏感な性質のシカに忍び寄って仕留める猟師が deerstalker である。この猟師たちが好んでかぶった、前後にひさしがあり、両側に耳おおいのある帽子のことも deerstalker と言う。コナン・ドイルの探偵小説の主人公である名探偵シャーロック・ホームズ（Sherlock Holmes）がかぶるのもこの帽子である。

5）シカの肉は venison、皮は buckskin、枝角は antler と言う。日本のサッカーＪリーグの「鹿島アントラーズ」は「鹿島」の鹿と antler をしゃれで結び付けたもの。

6）シカが登場する物語としては、オーストリアの作家ザルテン (Felix Salten；1869 ～ 1945) の *Bambi*(バンビ)が有名。子鹿のバンビの成長を描く物語で、ディズニーによる映画でも知られる。また、『子鹿物語』はアメリカの女性作家ローリングズ (M.K.Rawlings；1896 ～ 1953) による少年向けの小説で、原題は *"The Yearling"* である（1938 年刊）。なお、yearling は満 1 歳の動物をいう。

reindeer（トナカイ）

moose（アメリカヘラジカ）

wapiti（ワピチ）

sika（deer）として知られるニホンジカ

dog
犬

＜プロフィール＞
イヌ科の哺乳類。狩猟犬、作業犬、愛玩犬などとして世界中で広く飼育されている。犬は人間に対して従順なので、fidelity（忠実）の象徴とされる。

1）イギリス人の犬好きは有名で、家庭犬のほとんどは犬小屋 (kennel) ではなく、家の中で飼われていて、家族の大切な一員となっている。それだけに、しつけも厳しく、犬のしつけ教室（obedience classes）もある。犬は忠実な性質を持つ動物なので、英語では man's best friend（人間の最良の友）と呼ばれる。

2）イギリスでは、犬は昔から牧羊犬として使われてきて、犬と人間は仲間だという意識が強い。その点、日本では犬の地位は低く、現在のようにペットとして家の中で飼う習慣はなかった。表現としても「警察のイヌ」（回し者）、「犬死に」（むだな死）など、犬をおとしめた言い方が多い。

3）しかし、英語でも表現の面から見ると dog のイメージはあまり良くない。たとえば、go to the dogs は「破滅する」、lead a dog's life は「みじめな生活をする」、die like a dog は「みじめな死に方をする」という意味である。なお、die like a dog は日本語の「犬死にする（＝むだ死にする）」とは意味が異なることに注意。

● dog を含むことわざ
Barking dogs seldom bite. ほえる犬はめったにかまない　▶大声を上げて騒ぎ立てる人は実際に手を上げたりすることは少ないから恐れる必要はない、の意。
Every dog has his day. だれにも得意な時がある　▶one's day は「全盛期」の意。
Let sleeping dogs lie. 眠っている犬は寝かせておけ　▶「眠っている犬を起こしてかみつかれでもしたら大変だから、そっとしておけ」の意で、日本語の「寝た子を起こすな」に近い。「過去のあやまちなどを蒸し返したりするな」という意味でも用いる。
You can't teach an old dog new tricks. 老犬に新しい芸を教えることはできない　▶1つのやり方に慣れ切っている人に新しい方法を教えようとしても無理だ、の意。

<関連表現>

a dog in the manger 「飼い葉おけの中の犬」とは、自分の得にならないのに人のじゃまをする意地悪な人のこと。イソップ物語から。

dog eat dog 食うか食われるかの争い

dog days 盛夏、猛暑の候 ▶特に、Dog Star（大犬座のシリウス）が太陽とともに上る7月3日ごろから8月11日ごろまでを言う。

in the doghouse 面目を失って

put on the dog 気取る、見栄をはる

top dog （闘犬の）勝ち犬、「勝者」 ▶反対の「負け犬」は under dog という。

dead dog 死んだ犬、無価値なもの ▶旧約聖書の『サムエル記』（24:14）から。

● dog racing について

競馬と同じように、犬を競走させて楽しむレース。サラブレッド並みのスピードを持つ greyhound（グレーハウンド）が使われるので、greyhound racing とも呼ばれる。アメリカでも行われるが、現在ではイギリスで最も盛ん。主に労働者階級が賭けをして楽しむ。レースでは、犬は電気仕掛けのウサギを追って走る。

●主な犬の種類

プードル Poodle
賢く飼いやすい小型犬。毛色は白、黒、灰色、赤褐色など多様。

チワワ Chihuahua
メキシコのチワワ地方が原産地。大きな耳が特徴の小型犬。体重1.5～3kg。

ダックスフント Dachshund
巣穴にいるアナグマ（ドイツ語で「ダックス」）を
狩る目的で短い足に改良された。

ポメラニアン Pomeranian
原産地はバルト海南岸のポメラニア地方。小型の愛
玩犬として世界的に人気がある。

ダルメシアン Dalmatian
アニメ映画『101匹わんちゃん大行進』のモデル。
アメリカでは消防のマスコット的存在。

セントバーナード Saint Bernard
アルプス山中の救助犬として有名な大型犬。

シベリアンハスキー Siberian husky
北極圏でイヌぞりに使われる。社会性に富んだ大型
犬。

ブルドック Bulldog
牛いじめ (bullfighting) という見世物で牛と戦わせ
るためにイギリスで開発された犬。

シェパード shepherd dog
羊の番犬で、sheep dog とも言う。
高い知能を持ち、警察犬・麻薬探知犬・災害救
助犬として使われる。

ドーベルマン Doberman
軍用犬や警察犬として活躍。番犬にぴったりの
犬。本来は長く垂れた耳と細長い尾を持つが、
子犬のときに切断して独特のスタイルを作る。

ボルゾイ Borzoi
独特のスタイルと気品あふれる雰囲気を持つロシア
原産の大型犬。身体能力も高い。

ゴールデン・レトリーバー
Golden Retriever
温和な性格の大型犬。ペットとして人気がある。

ビーグル　beagle
イギリス原産の小型猟犬。野ウサギ狩り用に作
られたが、温和で人によくなつくので、家庭犬
として普及している。なお、アメリカの漫画家
シュルツ（C.M. Schulz；1922 ～ 2000）の新
聞連載漫画『ピーナッツ』（Peanuts）にも、主
人公のチャーリー・ブラウン（Charlie Brown）
の飼い犬として登場する。名前はスヌーピー
（Snoopy）である。

dolphin
イルカ（海豚）

＜プロフィール＞
クジラ目に属する哺乳類のうち、一般に大型のものをクジラ（whale）、小型のものをイルカ（dolphin）と呼んでいる。しかし、分類学上はクジラとイルカの区別は明確ではない。→ **whale**

1）イルカの種類は非常に多く、約70種類もある。このうち、くちばしの突き出た形のもの（マイルカ、バンドウイルカなど）は dolphin と呼ばれ、頭が丸くくちばしのないもの（ネズミイルカ、シャチなど）は porpoise/ ポーパス / と呼んでいるが、この区別も厳密ではないようだ。なお、狭義の porpoise はネズミイルカ（harbor porpoise）を指すが、このイルカは川をさかのぼる習性が強い。また、ガンジスカワイルカ、アマゾンカワイルカのように川にすむイルカも5種類いる。

2）イルカは人間に近い高性能の脳を持った動物である。超音波を発して、物体に反射した音波の反射音から自分の位置や物体の特徴を知る echolocation（反響定位、エコーロケーション）という能力を持っている。また、イルカが発する「ギーギー」「カチカチ」のようなクリック音（click）や、「キュー」とか「ピーピーピー」のようなホイッスル音（whistle）は dolphin talk（イルカ語）として研究が進んでいる。

3）おもしろいことに、魚のシイラ（dorado）も dolphin（または dolphinfish）と呼ばれる。シイラは体長1mを超すかなり大型の魚で、頭部がイルカに似ているところから dolphin と呼ばれるようになったらしい。シイラは釣り魚として有名だが、釣り上げられると、体色がみるみる虹色から黄金色に輝く。スペイン語の dorado（黄金）はこれから来たともいう。なお、シイラは mahimahi（マヒマヒ）とも言い、ハワイのマヒマヒステーキは現地では最高のごちそうとされる。

4）アメリカでは、Flipper（フリッパー）という名前のバンドウイルカと少年との交流を描いたテレビドラマ（1964～68）が大人気を博した。このドラマは日本では『わんぱくフリッパー』というタイトルで紹介された。flipper とは、イルカなどの「尾びれ」のことである。

donkey
ロバ（驢馬）

＜プロフィール＞

ウマ科の哺乳類で、馬より小さい。耳が大きく、尾の先端に長い毛の房を持つのが特長。ロバは北アフリカ原産で、約6000年も前から地中海地方や南アジアで家畜として飼われてきた。温和な性質で忍耐強く、頑丈で粗食に耐えるので、乗用のほか、荷物を運ぶのにも使う。

１）野生種も含めたロバの総称に ass という語があるが、この語は卑語として「けつの穴」「女性器」という意味があるため、一般的には donkey を用いる。しかし donkey にも「ばか者」「がんこな人」という意味があり、たとえば、"Don't be such a donkey!" は「そんなばかなことを言うな［するな］」という意味である。また、donkey work は主にイギリス口語で「退屈な骨折り仕事」という意味になる。

２）気の毒なことに、ロバは世界中で愚か者の見本にされている。イソップ物語では、ロバはキツネをこわがらせようとしてライオンの皮をかぶるが、ロバの鳴き声（bray という）を出したためにばれてしまう。このことから an ass in a lion's skin は（空威張りする臆病者、「虎の威を借る狐」）ということわざが生まれた。また、make an ass of oneself は「自分を笑い者にする」、つまり「ばかなまねをする」という意味になる。(as) stubborn as a donkey（ロバのように強情な）という言い方もある。

３）アメリカ南西部にいる小型のロバは burro/ バーロウ / と呼ばれ、やはり荷物の運搬用に使われている。なお、アメリカではロバを戯画化して民主党（the Democratic Party）のシンボルにしている。ちなみに、共和党のシンボルは象（elephant）である。

ロバに乗ってエルサレムに入城するイエス（ジョット・ディ・ボンドーネ画）

アメリカの民主党のシンボル　　　　アメリカの共和党のシンボル

dove ／ pigeon
ハト（鳩）

＜プロフィール＞

ハトに相当する英語は dove / ダブ / と pigeon だが、一般に小型のハトを dove と呼び、やや大型のハトを pigeon と呼ぶ。しかし、分類学上の区別はなく、多くは慣用に基づく。鳴き声は coo / クー /。イギリスで pigeon と呼ばれるのは wood pigeon（モリバト）だけである。

1）キリスト教美術では、dove は平和・純潔・優しさなどの象徴である。また、大文字で始まる Dove は聖霊（the Holy Spirit）を意味し、「受胎告知」など多くの絵画に登場する。

2）最も有名なのは、旧約聖書の「ノアの箱舟」(Noah's Ark)の話である（『創世記』6 ～ 9）。人類の堕落を怒った神は大洪水を起こして人類を滅ぼし、この世を裁こうとした。雨は 40 日間降り続き、大洪水によってすべての生き物は滅びたが、箱舟に乗ったノアの家族と選ばれた生き物だけは生き残った。箱舟は大洪水の中を漂い続け、150 日後にようやく水が引き始めた。ノアは水が引いたかどうかを見ようとハトを放ったが、ハトは止まるところがないため戻ってきた。7 日後再びハトを放つと、こんどはオリーブの若葉をくわえて帰ってきた。ノアはこれによって洪水が引いたことを知ったのである。この話から、ハトはオリーブとともに平和の象徴となった。→ **Noah's Ark〈第 4 章〉**

3）政治の世界では、強硬で好戦的なグループを hawk（タカ派）と呼ぶのに対し、穏健で平和主義のグループを dove（ハト派）と呼ぶ。

4）比喩的に、穏やかで優しい人（特に子どもや女性）を指して dove と言うことがある。一方、pigeon には「単純でだまされやすい人」「かも」の意味がある。

＜関連表現＞

pigeon-chested　鳩胸の　▶ pigeon-breasted とも言う。
pigeon-toed　内またの、足の指が内側に向いた
pigeonhole　ハトの巣穴、（転じて）書類などの整理棚

duck
カモ（鴨）

＜プロフィール＞

ガンカモ科の鳥のうち、比較的小型でずんぐりしたものを duck（カモ）と言う。野生のマガモ(mallard)を家禽化したものが「アヒル」で、これも duck である（正確には domestic duck と言う）。アヒルは漢字では「家鴨」と書く。鳴き声は quack である。

１）duck の雄を drake と言う。また、子ガモを duckling と言う。小児語では ducky または duckie（アヒルちゃん）と言う。幼児が風呂に入るときに持ち込むゴム製のアヒルは rubber duckie と呼ばれる。

２）duck は動作がかわいらしいので、イギリスの口語では「かわいい人」の意味になり、呼びかけにも用いられる（主に ducky の形で）。一方、俗語では「（すぐだまされる）ばか」の意味にもなる。

３）duck は水が好きなので、水に関連した表現が多い。たとえば a fine day for ducks（カモにとってのいい日）とは「雨降りの日」の意味である。いわゆる「水切り遊び」は ducks and drakes と言うが、これはカモが水辺から飛び立つ様子に似ているからという説がある。また、like water off a duck's back（カモの背中を流れる水のように）は「何の効き目もなく」の意で、日本語の「蛙のつらに水」に当たる。

４）動詞の duck は「ぴょこりと水にもぐる」「ひょいとかがむ」という意味だが、これはカモの動作と語源的に関係がある。ボクシングの ducking（ダッキング）もこの動作を言う。

＜関連表現＞

lame duck「足の不自由なカモ」とは、「役に立たなくなったもの」「敗残者」の意味。　▶アメリカでは、再選に失敗したがまだ任期が残っている議員（落選議員）を指す。最近では特に大統領についてこの語を用いることが多い。イギリスでは通例倒産しかかっている人や会社を指す。「レイムダック」とも言う。

ugly duckling みにくいアヒルの子　▶アンデルセンの童話から生まれた表現で、みんなから醜いとばかにされるが、最後には美しくなる子を指す。

eagle
ワシ（鷲）

＜プロフィール＞

ワシ、タカ、フクロウなどのように他の小動物を捕食する大型の鳥を birds of prey（肉食性の鳥、つまり猛禽類）と俗称するが、その中でも eagle は最も勇猛で、the king of birds（百鳥の王）と呼ばれる。また、ワシタカ科のうち、大型のものを一般に eagle と呼び、小型のものを hawk というが、両者の間に分類学上の明確な違いはない。なお、子ワシは eaglet という。→ **hawk**

1）北半球の代表的なワシに golden eagle（イヌワシ）がいる。成長すると頭から首にかけての羽が金色に光ることからこう呼ばれる。アメリカには、イヌワシのほかに bald eagle（ハクトウワシ）がすむ。成長すると頭部が白くなるためこう呼ばれるが、別にはげているわけではない。1782 年に国鳥に指定された。American eagle とも呼ばれ、国章にもなっている。なお、このワシが翼と両脚を広げた文様を spread eagle と言う。

2）spread eagle はアメリカのシンボルマークとして、国の紋章や軍人の記章、硬貨などのデザインによく用いられる。なお、アメリカに対する狂信的な愛国心の吐露を指して spread eagle と言い、そういう主義を spread-eagleism と言う。

3）eagle は多くの場合、「優秀」の印でもある。たとえば、ボーイスカウトの最高位の団員は Eagle Scout と呼ばれる。また、ゴルフでは基準打数（par）より 2 打少ないスコアを eagle（イーグル）と呼ぶ。ちなみに 3 打少ないのは double eagle（イギリスでは albatross）である。

● **spread eagle を用いたデザイン**

アメリカ合衆国の国章

アメリカ合衆国の硬貨

elephant
象

＜プロフィール＞

陸上にすむ最大の哺乳動物。インド
から東南アジアに分布するアジア
象（Asian elephant）と、サハラ砂
漠以南のアフリカにいるアフリカ象
(African elephant) に大別される。前者はインド象（Indian elephant）とも呼
ばれ、耳が小さい。後者は耳が大きく、性質も荒い。なお、象の鼻は trunk、牙
は tusk、鳴き声は trumpet と言う。写真はアフリカ象の親子。

1）象はかつてはユーラシア大陸の広い範囲に生息していた。荷役動物として、
また「戦車」として人間の役に立ってきたが、環境破壊と象牙（ivory）をねらっ
た密猟が原因で、今や絶滅危惧種となっている。

2）最も有名な象に Jumbo（ジャンボ）がいる。巨大なアフリカ象で、最初
はパリの、のちにロンドンの動物園にいたが、1883 年にアメリカのサーカス
団に売られた。一時大人気を博したが、1885 年に機関車にはねられて死んだ。
Jumbo の名は「巨大な（もの）」の意味で今も残っている。たとえば jumbo jet(ジャ
ンボジェット）は数百人乗りの大型旅客機のことである。

3）象は知能が高く、物覚えが早いとされ、An elephant never forgets.（象は
一度経験したことは決して忘れない）ということわざがある。また、the (big)
elephant in the (living) room（部屋［居間］にいる（大きな）象）という成句
があるが、これは気づいていても簡単に解決できない「やっかいな問題」という
意味である。

4）white elephant（白象、やっかいもの）という表現も有名である。これは昔、
シャム（現在のタイ）の王様が嫌いな廷臣に神聖視されていた白い象を贈ったと
いう故事による。廷臣がこの白象を養いきれず破産してしまうことをねらったも
の。この故事から、比喩的に「費用ばかりかかって役に立たないやっかいな持ち
物」の意味で用いられる。

5）象はアメリカの共和党 (the Republican Party) のシンボルでもある。これは
漫画家トマス・ナスト (Thomas Nast；1840 ～ 1902) の創作とされ、最初に登
場したのは 1874 年の週刊誌 Harper's Weekly の 11 月 7 日号である。なお、民
主党 (the Democratic Party) のシンボルは donkey（ロバ）である。→ **donkey**

fox
キツネ（狐）

＜プロフィール＞
北半球の草原や森林に広く分布するイヌ科の動物。日本には、ホンドギツネ（本土狐）とキタキツネ（北狐）が生息する。

１）日本のキツネと同様、英語の fox も民話やことわざによく登場する。イメージも「ずる賢い」で、(as) sly [cunning] as a fox は「キツネのようにずるい」の意味である。また、an old fox は「ずる賢い人」の意味で、日本語の「古だぬき」に相当する。

２）イソップ物語には、キツネを主人公にした多くの寓話が出ているが、中でも「キツネとブドウ」（the Fox and the Grapes）は有名。キツネが何度も手を伸ばして頭上のブドウを取ろうとするがうまくいかず、「あのブドウは酸っぱい」(the grapes are sour) と負け惜しみを言う話である。この話から sour grapes（負け惜しみ）という句が生まれた。→ **grape〈第 10 章〉**

３）fox は「だます」の意の動詞にもなる。また、形容詞形の foxy は「（外見が）キツネのような」「ずる賢い」の意だが、アメリカの口語では「（女性が）セクシーな」の意味で用いられることが多い。

COLUMN

fox hunting（キツネ狩り）について

　11 月から早春にかけてイギリスの上流階級の間で古くから行われてきた野外スポーツ。地方に広大な領地を持つ貴族が邸苑を猟場としてキツネを狩る。獲物（game）が見つかると、訓練された猟犬（foxhound）の群れがキツネを追う。その後に真紅の上着に白ズボン姿の紳士が馬に乗って続く。逃げ場を失ったキツネは最後には猟犬にかみ殺される。fox hunting は長い伝統を持つスポーツとして今なおイギリス人の間で根強い人気があるが、動物愛護の立場からの批判が高まり、禁止法案が議会にたびたび提出されてきた。

frog
カエル（蛙）

1）frog は典型的な両生類で、卵からオタマジャクシ (tadpole) となり、親になると陸上での生活も可能になる。オタマジャクシはえら呼吸。親は肺呼吸もするが主に皮膚呼吸をし、水陸両方で生活するものが多い。木にいるアマガエルは tree frog と言う。北米で最も一般的なのは leopard frog（ヒョウガエル、トノサマガエル）である。このカエルは体にヒョウ（leopard）のような黒い斑点があることからこう呼ばれる。

2）フランス人はかつてカエルを常食すると思われたことから、Frogeater とか Froggy と呼ばれることがある。もちろん今では差別的な呼び名である。カエルの鳴き声は croak（ゲロゲロ）と言う。また、have a frog in the throat（「のどにカエルがいる」→声がしわがれている）という言い方がある。

3）frog の仲間に toad（ヒキガエル、ガマ（ガエル））がいる。漢字では「蟇」と書く。体は肥大し四肢が短いため、frog と異なり跳躍できず地上をのろのろと歩く。比喩的に「いやなやつ」「軽蔑すべき人物」を toad と言うように、toad のイメージは良くない。

アマガエル（tree frog）

ヒキガエル（toad）

ヒョウガエル（leopard frog）

goat
ヤギ（山羊）

＜プロフィール＞

ヤギは羊 (sheep) の仲間の哺乳動物だが、羊と異なり、goat のイメージは良くない。古くから罪や悪魔（Satan）と結びつけられており、悪魔はヤギに変身して魔女の集会に現れるとされる。→ **sheep** ＜関連表現＞

1）ヤギは早熟で繁殖力が強いので、goat は「好色な男」のたとえにもなる。たとえば "You old goat!" は「このすけべじじい！」の意である。また goatish という形容詞は「(ヤギのように) 好色な」の意。

2）scapegoat（身代わりのヤギ）という語がある。これは古代イスラエルで、毎年9〜10月の罪のつぐないの日にヤギに人々の罪を負わせて荒野に放ったことに由来する。「スケープゴート」は日本語でも「身代わりに他人の罪を引き受けさせられる人」の意味で用いられる。

3）雄のヤギは he-goat、雌のヤギは she-goat というが、それぞれ billy goat, nanny goat ともいう（主に小児語）。また1歳以下の子ヤギは kid で、この語は口語ではよく「子ども」の意味で用いられる。なお、ヤギの鳴き声は羊と同じで baa、「メーと鳴く」は bleat と言う。

4）あごの下に生やした長いひげを「やぎひげ」と言うが、これを英語では goatee という。アメリカでは南北戦争後まで流行したが、今ではあまり人気がない。

家畜のヤギの雄

ibex（アイベックス）
アルプス山脈などに野生する曲がった大角を持つヤギ

goose
ガン（雁）／ガチョウ（鵞鳥）

<プロフィール>

ガンカモ科の鳥のうち、カモ(duck)より大きく、ハクチョウ(swan)より小さい水鳥をいう。日本語では「かり」とも言う。なお、goose の複数形は geese/ ギース /である。

1）ガンを食肉用に家禽化したものを日本語では「ガチョウ」と言うが、これも英語では goose である。ガチョウの肉も goose で、西洋ではクリスマスにしばしば食べる。なお、フランス料理の高級食材とされるフォアグラ（foie gras）は、強制的に肥大させたガチョウの肝臓である。

2）ガチョウは飛ぶことができず、歩き方もぶかっこうなので、「不器用」「愚鈍」といったイメージがある。人に向かって、"You (silly) goose!"（このとんま！）などと言うことがある。

3）ガンは空を飛ぶとき、1 羽が先頭に立ってＶ字形などの編隊を組むことがある。日本ではこれを「雁行（がんこう）」と称し、晩秋の風物詩（俳句では「秋」の季語）であったが、越冬地の減少に伴い、これを見る機会も急速に減少した。

4）北アメリカの代表的な野生のガンに Canada goose（カナダガン）がいる。のどからほおにかけて、特徴的な三角形の白斑がある。アメリカ人が wild goose というとき一般に思い浮かべるのはこの鳥だという。

<関連表現>

kill the goose that lays the golden eggs　目先の小さな利益のために将来の大きな利益を台無しにしてしまう　▶1 日 1 個の金の卵では我慢できなくなってガチョウの腹を切り裂いたが何も出てこなかった、というイソップの寓話から。今では Don't kill the goose that lays the golden eggs. という形で用いることが多い。

gooseflesh（寒さや恐怖などで起こる）鳥肌　▶goose pimples とか goose skin とも言う。

goose step　ひざを曲げずに足を高く上げてする行進　▶ファシズムの連想がある。

wild-goose chase　当てのない［的外れの］追求　▶ガンは捕えにくい上、利用価値も少ないことから。

goose（ガチョウ）

Canada goose（カナダガン）

ガンは国境を越えて季節移動をする。気流の流れを利用し V 字形に
なって飛ぶ。先頭の鳥はときどき交代する。

goose step
無名戦士の墓の前で行進するロシア
連邦警護庁の兵士

hawk
タカ（鷹）

＜プロフィール＞

ワシタカ科の鳥のうち、比較的小型のものの総称。ワシ（eagle）との区別は大きさによるもので、分類学上の区別ではない。広義の hawk は、buzzard（ノスリ）、harrier（チュウヒ）、kite（トビ）、falcon（ハヤブサ）も含む。→ **eagle**

1）急降下して獲物を捕る正確さでは比類がなく、古代エジプトでは力と気高さの象徴とされた。ハヤブサが獲物めがけて急降下するときの最高速度は時速300km を越えるという。

2）タカを飼い慣らして鳥獣を捕獲する狩猟を「タカ狩り（falconry、hawking）」と言い、古くから世界各地で行われている。ヨーロッパ中世にも、貴族の間で大流行したという。日本でも江戸時代、タカの調教やタカ狩りを司る「鷹匠（たかじょう）」という職名があった。戦国武将の織田信長はタカ狩りの愛好者として知られた。なお、falconry という語からもわかるように、タカ狩りに使われるタカはハヤブサ（falcon）が多い。

3）hawk は早くから人間の顔の形容に使われた。たとえば、hawk-eyed は「目つきの鋭い」の意で、転じて「油断のない」の意味にもなる。アメリカ、アイオワ州の異名に the Hawkeye State があるが、これは先住民の首長ブラックホーク（Black Hawk）の目が鋭かったことから来ているという。

4）hawk は今では比喩的に「強硬論者」の意味で用いることが多い。war hawk は「主戦論者」「タカ派の人」を指す。hawkish（好戦的な、タカ派の）という形容詞もある。なお、hawk の反対は dove（ハト派）である。

Black Hawk
（スー族の首長）

hawking
（タカ狩り）

herring
ニシン（鰊）

＜プロフィール＞

北大西洋、北太平洋に分布するニシン科の海産魚の総称。ニシンとイワシは近縁で、小魚のときは区別がつきにくい。ヨーロッパでは昔から重要な食用魚で、大群になって泳ぐニシンを刺網などで大量捕獲してきた。ニシンの豊富な北太平洋は herring pond（ニシン池）と呼ばれることがある。なお、ニシンは最も数の多い海水魚の1つだが、世界的に漁獲が減少してきているという。

1）日本では、ニシンは塩焼きにしたり、「身欠きニシン」にして食べることが多いが、欧米では燻製にすることが多い。薄塩で丸干しにして燻製にしたものをbloater（ブローター）と言い、イギリスでは Yarmouth bloater（ヤーマス・ブローター）が有名。Yarmouth はイングランド東部の漁港でニシン漁の中心地である。また、開いたニシンを塩漬けにしてから燻製にしたものを kipper（キッパー）と言う。日本の「アジの開き」のようなもので、イギリスの朝食によく出る。

2）イワシ（sardine）もニシン科の魚である。マイワシ（真鰯）、ウルメイワシ（潤目鰯）、カタクチイワシ（片口鰯）が代表的だが、マイワシなどの小魚は英語では pilchard（ピルチャード）と呼ぶことが多い。なお、イワシは英米ではオイル漬けにして缶詰にしたオイルサーディン（oiled sardine）がオードブルなどに利用されることが多い。packed like sardines（ぎゅう詰め[すし詰め]になって）という表現はこの缶詰のイワシの状態から生まれた。

3）地中海産のカタクチイワシ科の小魚に anchovy（アンチョビー）がある。生のまま食べるよりも、塩漬けにしたりオイル漬けにしたりする。

＜関連表現＞

red herring 人の注意を誤った方向にそらすもの　▶深塩で長時間燻製にしたニシンがred herring（赤ニシン）で、身は赤く強いにおいがする。食用にもするが、猟犬の訓練にこれを使ったことから、上記の意味で用いられる。

herringbone 杉あや（模様）、ヘリンボン　▶「ニシンの骨」のことだが、これに似た模様を指す。また、スキーの開脚登行も herringbone と言う。

horse
馬

＜プロフィール＞
ウマ科の哺乳類。古くは軍
用・農耕用・運搬用に使われ
たが、現在では競馬用・乗馬
用に飼育されることが多い。
→ **horse racing**〈第7章〉

horseshoe 蹄鉄
魔よけ、あるいは幸運をも
たらすものとされる。

1）馬は犬・牛・羊などとともに人間に最も関係の深い動物である。特に機械文
明以前の時代には「動力」の1つとして欠かせない存在だった。horsepower（馬
力）という語にもそれが表れている。

2）馬のイメージは、「優美」「聡明」「勇気」など、好ましいものが多い。そのため、
神話や伝説にしばしば登場する。たとえばギリシャ神話のペガサス（Pegasus）
は翼のある天馬として、またケンタウルス（Centaur）は半人半馬の怪物とし
て登場する。文学作品では、イギリスの作家スーエル（Anna Sewell；1820〜
78）の *Black Beauty*（『黒馬物語』）が動物文学の古典として有名である。

3）馬は西洋文化の重要な柱の1つである「騎士道」にもつながる。「騎士道」
は英語では chivalry/シバルリ/と言うが、これはフランス語の cheval（馬）に
由来する。なお、「騎士」は英語の knight（ナイト）の訳語で、「馬に乗ってい
る武士」の意である。

4）馬の足並み（歩調）を gait/ゲイト/と言う。ゆっくりしたものから速い
ものの順に、walk（並み足）→ amble（側対歩）→ trot（速歩）→ pace（側対
速歩）→ canter（普通駆け足）→ gallop（速駆け、ギャロップ）と言う。

●主な馬の種類
Clydesdale（クライズデール）スコットランド原産のがっしりした馬車馬。
Appaloosa（アパルーサ）スペイン人が新大陸に持ち込んだ乗用馬。
quarter horse（クォーターホース）4分の1マイル用にアメリカで改良され
た馬。
mustang（ムスタング）アメリカ南西部などにいる小型の半野生馬。bronco
とも言う。
pony（ポニー）成長しても体長が1.5m以下の小型の馬。イギリスの Shetland
pony（シェトランドポニー）が有名。

Thoroughbred（サラブレッド）イギリス原産の馬に快速のアラブ馬（Arabian horse）を交配して作り出された優秀な競走馬。

＜関連表現＞

horselaugh ばか笑い、高笑い

horse opera 西部劇　▶馬が活躍することから。

horse sense 常識、（当たり前の）判断力

eat like a horse もりもり食べる、大食いする

Don't look a gift horse in the mouth. もらった物にけちをつけるな　▶「贈り物の馬の口の中をのぞきこむな」の意。馬は歯を見るとその年齢がわかることから。

You can take [lead] a horse to water, but you can't make him drink. 《ことわざ》いやがることはさせられない　▶「馬を水辺に連れて行くことはできるが、水を飲ませることはできない」が直訳。

Money makes the mare (to) go. 「（強情な）雌馬でも金を見せると歩き出す」が直訳で、日本語の「地獄の沙汰も金しだい」に相当する　▶ mare（雌馬）が使われているのは、money、make との頭韻を踏ませるため。また、to は本来は不要だが、リズムの関係で入れることがある。

●馬に関する用語

stallion 種つけ用の雄馬、種馬

mare 雌馬

colt 4歳未満の雄馬

filly 4歳未満の雌馬

foal 子馬　▶発音は/フォウル/

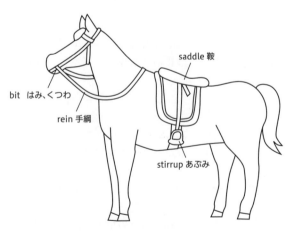

harness（馬具一式）

horse racing（競馬）

馬術競技の「障害飛越」

馬術（horsemanship）は紀元前3000年ごろの馬の家畜化とともに始まったとされる。今では、オリンピック種目にもなっている。なお、「馬術競技」はequestrian event と言う。

jay
カケス（懸巣）

＜プロフィール＞
カラス科の鳥。ヨーロッパ、アジアに広く分布するが、イギリスには１種類しかいない。アメリカには blue jay（アオカケス）のほか、Steller's jay（ステラーカケス）、scrub jay（アメリカカケス）がすむ。他の鳥の声や、のこぎりで木を切る音、ときには猫の声をまねたりする習性がある。

１）羽の色が美しく、プロポーションのとれた姿をしているが、ジェージェーという悪声と、果樹を荒らしたり他の小鳥のひなや卵を奪ったりするため、あまり人気がない。アメリカの blue jay は羽の色が特に美しく、中東部のどこにでもいるが、性格が良くないせいか、州鳥にしている州はない。ただし、野球のメジャーリーグの Toronto Blue Jays（カナダが本拠地）はカナダ、オンタリオ州の州鳥であるこの鳥をマスコットにしている。

２）jay という語には口語で「おしゃべり」とか「ばか」という意味もある。なお、交通規則や信号を無視して道路を横切る人のことを口語で jay walker と言う。語源は不明だが、他の小鳥を押しのけたりする jay の厚かましさからの連想とする説もある。jaywalk という動詞もある。

blue jay（アオカケス）

トロントの Blue Jays の球団マーク

Steller's jay（ステラーカケス）

kangaroo
カンガルー

<プロフィール>
有袋目カンガルー科の哺乳類の総称。オーストラリア、ニューギニア島、タスマニア島に分布する。このうち、特に大型のものを kangaroo、やや小型のものを wallaroo（ワラルー）、さらに小型のものを wallaby（ワラビー）と区別する。

１）カンガルーはオーストラリアを代表する動物で、オーストラリアの国章には、エミュー（emu）とともに描かれている。The Kangaroos はオーストラリアのラグビーナショナルチームの愛称である。

２）kangaroo の語源は解明されていないが、一部の先住民アボリジニのことばで gangurru（跳ぶもの）に由来するという説が有力。実際カンガルーの跳躍力はすばらしく、１回で幅 7 ～ 8m、高さ 2.7m も跳ぶという。

３）カンガルーの肉は主にペットフードや動物園の猛獣のえさになるが、食肉として国内で消費されるだけでなく、世界各国へも輸出されている。また、カンガルーの尾のスープ（kangaroo-tail soup）は珍味とされる。

<関連表現>
kangaroo court　（正規でない）いんちき裁判、つるし上げ　▶リンチに似た私的裁判を言う。

オーストラリアの国章であるカンガルー（右側はエミュー）

lark
ヒバリ（雲雀）

＜プロフィール＞

skylark ともいう。ヨーロッパ・アジア産で、アメリカにはいない。アメリカで lark といえば、ヒバリとは別種で skylark とは縁の遠いムクドリモドキ科の meadowlark（マキバドリ）を指す。

1）日本にいるヒバリもヨーロッパの lark と同じ種類で、まっすぐに空に舞い上がり空中にとどまってさえずる。イギリス人は lark という語から「陽春の輝き」「歓喜」「快活」などを連想する。as happy [gay] as a lark は「とても楽しい」の意である。また、よくさえずることから「歌い手」「詩人」の意味にもなる。

2）lark は朝を象徴する鳥であり、また春を告げる鳥の1つでもある。イギリスの文学者はヒバリが大好きで、シェイクスピアをはじめ、シェリー、ブラウニング、ワーズワース、テニソン、ミルトン、ブレイクなど、多くの詩人がヒバリを題材にして詩を作っている。

3）イギリス人はヒバリの鳴き声にもっぱら「喜び」や「幸福」を感じるようだが、日本人は、たとえば万葉の歌人、大伴家持の「うらうらに照れる春日に雲雀あがり心悲しも独りしおもへば」に見られるように、喜びよりもむしろ春のけだるさ、もの悲しさを感じる傾向があるようだ。俳句にも「喜び」をテーマにしたものは少ない。

＜関連表現＞

rise [get up] with the lark　早起きする　▶「ヒバリとともに起きる」の意。

Eurasian skylark（ヒバリ）

Eastern meadowlark（マキバドリ）

leopard / レパード /
ヒョウ（豹）

＜プロフィール＞
大きくてしなやかな体を持つネコ科の動物。アフリカとほぼアジア全域に分布する。トラやライオンと異なり、頭部は体の割りに小さい。

1）leopard の別名は panther（パンサー）である。南アジアの森林にいる black panther が有名だが、これはヒョウの種類名ではなく、単なる黒変種で、普通のヒョウからも生まれる。black leopard とも言う。

2）旧約聖書の『エレミア書』に Can the Ethiopian change his skin, or the leopard his spots?（エチオピアびとはその皮膚を変えることができようか、ヒョウはその斑点を変えることができようか）ということばがあり、これから A leopard can't [doesn't] change its spots.（人はその性格を変えられないものだ）ということわざが生まれた。

●その他のヒョウの仲間

jaguar ジャガー
メキシコから南米の大部分に生息する。American leopard（アメリカヒョウ）ともいう。ヒョウと異なり黒い斑点の中央に小さな黒点がある。

puma ピューマ
カナダ西部から南米に生息する大型のネコ科の猛獣。ライオンの雌に似ているところから American lion（アメリカライオン）とも言う。また、mountain lion（マウンテンライオン）とか cougar（クーガー）とも言う。（写真は次ページ）

cheetah チータ
ヒョウに似たネコ科の獣。アフリカ、アラビア、インドなどの乾燥地帯に生息する。スピード王として知られ、時速 100km 以上を出す。cheeta、cheta(h)、chita ともつづる。（写真は次ページ）

leopard（ヒョウ）

jaguar（ジャガー）

295

puma（ピューマ）　　　cheetah（チータ）

lion
ライオン、獅子

＜プロフィール＞

ネコ科の猛獣。大きな体と威厳のある風采から the king of beasts（百獣の王）とか the king of the jungle（ジャングルの王）と呼ばれ、古代から権力や権威の象徴とされてきた。lion のイメージは華やかであるが、実際のライオンはハイエナなどと同様、死肉も食う獣であることが証明され、従来の「高貴な獣」というイメージは低下してきている。なお、ライオンの群れは pride と呼ばれる。

a pride of lions（ライオンの群れ）

1）ライオンは一角獣（unicorn）とともに、現イギリス王室の紋章となっている。1603 年、スコットランド王のジェームズ 6 世がイングランド王ジェームズ 1 世となり、イングランドを象徴するライオンとスコットランドを象徴する一角獣が左右から両王室の紋章を支える形をとるようになった。この紋章の図柄はパ

ブ（pub）などの看板にも利用されている。→ **unicorn**〈第5章〉

2）ロンドンのトラファルガー広場（Trafalgar Square）にあるネルソン記念塔の台座にブロンズ製の4頭のライオンが横たわっている。この記念塔は、トラファルガー海戦でイギリスを勝利に導いたネルソン提督を記念して1843年に建てられたもの。

3）lion には「社交界の名士」「花形」などの意味があり、be a lion は「有名人になる」、lionize は「人を名士扱いする」「もてはやす」の意である。また、名士を追いかける人は lion hunter と呼ばれる（原義は「ライオン狩りをする人」）。なお、イギリスのリチャード1世（1157〜99）は第3回十字軍遠征に従軍して勇名をはせ、the Lion-Heart（獅子心王）とあだ名された。これから、lionhearted は「勇猛な」の意味になった。

＜関連表現＞

beard [brave] the lion in the den　敵地に乗り込む、手ごわい相手に立ち向かう　▶ beard は「ひげを引っ張る」の意の動詞、den は「（動物の住む）穴」。
in the lion's mouth　非常な危険に陥って　▶旧約聖書の『詩篇』より。
the lion's share（分け前などの）いちばん良い部分、「うまい汁」；大部分
▶イソップ物語から。動物たちが捕まえた獲物を分けるときに、ライオンが分け前として4分の3を要求したところ、ほかの動物たちがライオンの怒りを恐れて残りの4分の1もライオンに差し出したという。
throw [toss] 〜 to the lions　人を見殺しにする　▶古代ローマで、罪人・囚人などを見物人の前でライオンの餌食にしたことから。
twist the lion's tail（特にアメリカ人記者が）イギリスの悪口を言う、イギリスを怒らせる　▶イギリスの象徴であるライオンのしっぽをひねることから。

「有翼の獅子」（ベネチア）
聖マルコの聖遺物とされ、ベネチアのシンボルとして、サン・マルコ広場に設置されている。聖マルコはベネチアの守護聖人である。

locust
バッタ、イナゴ；《米》セミ（蝉）

＜プロフィール＞
一般にはバッタやイナゴなどを指すが、アメリカではセミ（cicada）を指すこともある。

１）一般に、飛び跳ねる昆虫は grasshopper（「草の上を跳ねるもの」の意）と総称され、バッタやイナゴだけでなく、キリギリス、クツワムシ、ウマオイなども含む。このうち、locust は触覚が短く、体が頑丈なものをいい、伝統的に「イナゴ」と訳されることが多かったが、実際には「トノサマバッタ」（migratory locust）や「サバク（トビ）バッタ」（desert locust）を指すことが多い。locust は大群を作って移動し、農作物に大きな被害を与えることで知られる。

２）旧約聖書の『出エジプト記』（*Exodus*）にも、エジプトに降りかかった災いとしてこの locust が登場する。中世以降も locust は世界各地の農作物に甚大な被害を与えた。1881 年には、インドで locust が大発生し、幅 64km で移動し、3 日間太陽がかき消されたという。また、アメリカの作家パール・バック（Pearl Buck；1892 ～ 1973）作の小説『大地』（*The Good Earth*）でも locust の猛威が描かれている。

３）イナゴは漢字で「稲子」と書くように、かつては日本の水田につきものだった。稲を食い荒らす害虫として嫌われたが、近年は農薬の普及で激減した。イナゴは昔から食用にもされた。

４）イギリスからアメリカに渡った開拓民は、セミ（cicada）になじみがなく、セミの大発生を見て locust だと思い込んだという。そのため、アメリカではセミのことを locust ともいう。ちなみに、イギリスやドイツはセミの北限で、ごく限られた地域にしか生息していない。なおアメリカでは、幼虫（nymph）での地中生活が 17 年かかる 17-year locust [cicada]（17 年ゼミ）が有名。南部には 13 年で大発生するセミもいて、これらは periodical cicada（周期ゼミ）と呼ばれる。

５）セミは主に熱帯・亜熱帯にいる昆虫で、ギリシャなど南欧では詩と詩人の象徴とされる。イソップ物語にも「アリとセミ」の話があるが、この話はセミの少ないドイツやイギリスではなじみのあるキリギリスに書き変えられ、これが『アリとキリギリス』（The Ant and the Grasshopper）として日本に伝わったものである。

バッタ

セミ

中野智明　撮影

朝日新聞の記事（2020年9月6日）より
アフリカのケニアで、サバクトビバッタの群れを追い払う住民

mackerel ／ tuna
サバ（鯖）／マグロ（鮪）

＜プロフィール＞

サバもマグロも同じサバ科の回遊魚。日本の沿岸に広く分布するマサバやゴマサバだけでなく、サバに似たサワラ（Spanish mackerel）やカツオ（skipjack tuna）も同類である。

１）mackerel/ マカラル / はヨーロッパでも古代から大量に捕獲され食用にされてきた魚で、地中海ではニシン（herring）に次いで漁獲量が多いという。欧米では日本人の食べ方とは異なり、缶詰にして売られることが多い。

２）mackerel は背面の緑青色の斑紋が特徴。この模様から mackerel sky（さば雲の空）という表現が生まれた。「さば雲」は空一面に斑点状または列状に広がる巻積雲（cirrocumulus）のことで、「いわし雲」「うろこ雲」「羊雲」などとも言う。この雲が広がった空も mackerel sky と言い、日本ではイワシの豊漁の兆候とされるが、英語にも mackerel breeze（さば風）という言い方があり、サバ漁に好適なやや強い風を言う。

３）マグロ（tuna）は日本では食卓の王者だが、地中海沿岸の古代人も古くからマグロを食べていたようだ。イタリアのシチリア島沖の小島の洞くつには１万年以上前のマグロの壁画が残されているという。日本でも、青森県の三内丸山遺跡などで、縄文時代の遺跡からマグロの骨が見つかっている。

４）マグロの仲間でも最大のマグロは太平洋クロマグロ（bluefin tuna）である。日本が全体の約８割を消費するとされるこのマグロは、近年乱獲などにより急速に減っている。2011 年には IUCN（国際自然保護連合）が絶滅危惧種に指定した。なお、クロマグロは単に bluefin とか tunny とも呼ばれる。

５）マグロに似た魚に bonito がある。「カツオ」と訳されることが多いが、正確にはカツオではなく「ハガツオ」を指す。カツオは英語では skipjack (tuna) という。skipjack とは「水中から飛び上がる魚」の意味である。

＜参考＞

サバ科ではないが、日本人になじみ深い海産魚として、ブリ、アジ、サンマなどがある。それらの英名は次の通り。
・ブリ（アジ科）－ yellow tail
・アジ（アジ科）－ horse mackerel
・サンマ（サンマ科）－ saury / ソーリ /

marlin
マカジキ（真梶木）

＜プロフィール＞

カジキはマカジキ科とメカジキ科の魚の総称。温暖な海を高速で遊泳する大型魚で、上あごが剣のように長く伸びているのが特徴。このうち、マカジキは marlin、メカジキ（眼梶木）は swordfish と言う。食用にもなるが、船を走らせながら釣り糸を流して大型魚をねらうトローリング（trolling）の対象魚として有名。

１）アメリカの作家ヘミングウェー（Ernest Hemingway；1899~1961）作の『老人と海』（*The Old Man and the Sea*, 1952）は、老漁夫サンチャーゴ（Santiago）が長い不漁にもめげず巨魚を求めて漁に出かけ、85 日目にようやく巨魚とめぐり合い、3 日間の苦闘の末、ついに仕留める話。この魚が marlin である。しかし、この魚は港へ運ぶ途中、サメ（shark）に襲われ食い尽くされてしまう。

２）マカジキは美味で知られるが、めったにとれず、日本人がカジキの刺身として味わっているのは、シロカジキ（black marlin）やクロカジキ（blue marlin）、そしてメカジキだという。black marlin が「シロカジキ」とか「シロカワ」と呼ばれるのは、この魚が死ぬと白っぽくなるからである。一方、カジキが主にスポーツフィッシングの対象である欧米では、生きているときの体の色から black marlin と呼ぶ。

３）カジキとマグロ (tuna) は別種の魚だが、マグロが乱獲のため少なくなり、マグロと類似点が多いことから「カジキマグロ」と称して売られることがある。しかし、「カジキマグロ」という魚はいない。

４）swordfish（メカジキ）は marlin と近縁だが、腹びれがなく、小さな背びれしかない。カジキの中ではこの swordfish だけが欧米でも食用にされている。なお、メカジキを漢字で「眼梶木」と書くのは、マカジキより目が大きいことからきている。

＜参考＞

アメリカのプロ野球メジャーリーグのマイアミ・マーリンズ（Miami Marlins）の marlin は「マカジキ」のことである。

monkey
猿

＜プロフィール＞

サル目のうち、人類以外の哺乳類の総称。通
例、尾の長い小型の猿を monkey と言い、
類人猿のように尾がないか、あってもごく短いものは ape / エイプ / と言う。な
お、ape は「猿」の意の一般語としても用いられる。

1）類人猿（anthropoid ape）には以下の4つの種類がある。いずれも知能が
高いことで知られる。

chimpanzee　チンパンジー

アフリカ中部の西から東にかけての森に生息する。また、コンゴ川南部には
Pygmy chimpanzee（ピグミーチンパンジー）または bonobo（ボノボ）と呼
ばれる小型のチンパンジーがいる。なお、口語では chimpanzee を短縮した
chimp という語も用いられる。特に、動物学者はこの語を愛用する。

gorilla　ゴリラ

中央アフリカの熱帯雨林に1頭の雄と数頭の雌、およびその子たちから成る群
れで暮らす。最大の霊長類で、雄は平均身長 170cm、体重は 200kg 近くにも
なる。山地にすむ mountain gorilla（マウンテンゴリラ）と低地にすむ lowland
gorilla（ローランドゴリラ）の2亜種がいるが、ともに絶滅危惧種とされる。ゴ
リラは指を曲げ、こぶしを握った状態で手をつき、こぶしで体を支えて歩く。こ
れを knuckle-walk（握りこぶし歩行、ナックルウォーク）と言う。また、興奮
すると drumming（ドラミング）という胸をたたく動作をする。これは敵をお
どすためにも行う。なお、高齢に達した雄ゴリラは背から腰にかけて銀白色の毛
でおおわれる。この状態になったゴリラを特に silverback（シルバーバック）と
呼ぶ。

orang-utan　オランウータン

東南アジアのスマトラ島とカリマンタン（ボルネオ島）の密林に生息する類人
猿。長い腕を持ち、赤褐色の長い体毛が全身をおおう。オランウータンは乱獲と
森林の伐採で絶滅の危機に瀕している。なお語源はマレー語で、*orang* は「人」、
utan は「森」、すなわち「森の人」の意味である。

gibbon　ギボン、テナガザル

東南アジアに分布するテナガザル（手長猿）科の類人猿。長い手を使って枝から
枝へ巧みに移動する。比較的ほっそりした体型で、尻に小さな「しりだこ」がある。

2）昔から、monkey も ape もあまり良い意味では用いられない。「いたずらっ子」
や、物まね上手な人は monkey と呼ばれる。"Monkey see, monkey do." はア

メリカ生まれの警句で、「猿は見るとすぐまねをしたがる」の意である。

3）しかし、monkey は親しみを込めて、「ばかなやつ」の意味でも用いる。なお、ape にも「人まねをする人」の意味があるが、今ではむしろ「無骨な人」の意味で用いることが多い。

＜関連表現＞
make a monkey (out) of ～　～をばか[笑いもの]にする　▶「人を猿扱いにする」の意から。
monkey around [about]　ふざけ回る；ぞんざいにいじくり回す
monkey with ～　（使い方のよくわからない物などを）いじる、いじくる
a monkey on one's back　麻薬中毒；やっかいな問題
monkey business　ごまかし、いんちき、不正行為；いたずら
monkey wrench　モンキーレンチ、自在スパナ

chimpanzee（チンパンジー）

gorilla（ゴリラ）

orang-utan（オランウータン）

gibbon（ギボン）

303

mouse
ハツカネズミ（二十日鼠）

＜プロフィール＞

日本語の「ネズミ」に相当する英語はない。英語では小型のネズミを mouse、大型のネズミを rat と区別する。西洋の家でかつて普通に見られた小型のネズミが mouse で、日本の家にいる大型のネズミは rat である。→ **rat**

１）日本語の「ハツカネズミ」は英語では house mouse という。人家やその周辺に生息するネズミ類は「家ネズミ」と呼ぶが、日本でよく見られる「ドブネズミ」「クマネズミ」「ハツカネズミ」はすべて「家ネズミ」に分類される。「家ネズミ」は山林や農耕地などに生息するアカネズミやヒメネズミなどの「野ネズミ」（field mouse）に対するもので、英語では house rat と言う。

２）ネズミは世界中に分布し、穀物や果樹のほか何でも食い荒らす害獣だが、知的で好奇心が強いので、実験動物として広く使われる。この場合は、日本語でも「マウス」と呼ぶことが多い。またアジアの広い地域では、ネズミは貴重なタンパク源として食材としても使われる。ペットにもなる。

３）英語の mouse には rat のような悪いイメージはないが、「内気でおとなしい人」、「臆病者」という意味がある。英米では子どもに向かって「静かにしなさい」の意味で "Be quiet as a mouse." と言うことがある。

４）mouse はチーズを好むとされ、mousetrap（ネズミ捕り器）にはチーズを入れておくことも多い。このことから mousetrap cheese は「まずいチーズ」の意味になる。

５）(as) poor as a church mouse（「教会のネズミのように貧しい」→ひどく貧しい）という表現がある。これは、教会にはふつう食器戸棚などがないので、さすがのネズミも食べるものがなくて極貧だということから来ているという。

nightingale
サヨナキドリ（小夜鳴き鳥）

＜プロフィール＞

ヒタキ科のコマドリ（robin）に近縁の小鳥。かつては「ヨナキウグイス」という訳語を当てられたが、日本のウグイス（bush warbler）とは別種で、鳴き声も異なる。

1）ヨーロッパ中南部から北アフリカ、中央アジアにかけて分布し、イギリスには4月半ばにアフリカから渡ってくるが、7月末には再びアフリカに帰って行く。日本やアメリカでは見られない鳥である。

2）ヨーロッパ随一の鳴き鳥とされ、その鳴き声に魅了された詩人は多い。特にイギリスのキーツ（John Keats）の「ナイチンゲールに寄せる歌」（*Ode to a Nightingale*）や、コールリッジ（S. T. Coleridge）の「ナイチンゲール」（*the Nightingale*）は有名である。シェイクスピアの初期の戯曲にもよく登場する（『ロメオとジュリエット』など）。ただし、実際の鳴き声は jug, jug（ジャグ、ジャグ）という声で、必ずしも美しくないと言う人もいる。

3）nightingale の語源は night（夜）と galan（歌う）が結びついたもので、夜間によくさえずることからこの呼び名があるが、実際には昼間にもよく鳴く鳥である。茂みに隠れていることが多く、その地味な姿はあまり人目にふれないという。

4）Florence Nightingale（1820〜1910）は近代看護学を確立したとされるイタリアのフィレンツェ（Florence）生まれの女性で、鳥とは無関係である。

octopus
タコ（蛸）

＜プロフィール＞
頭足類タコ目の軟体動物の総称。octopus という語は *octo-*（8）と *-pus*（足）から成る。すなわち「8本足」という意味である。

1）日本人にはなじみ深いタコだが、欧米ではその姿から devilfish（悪魔の魚）と呼ばれ、気味の悪い動物と考えられてきた。octopus という語のイメージも悪く、ときに「悪徳企業」などを表すことがある。

2）イギリス人はほとんどタコを食べないが、イタリア、ギリシャ、スペインなど、地中海沿岸の国では食用にする。また、アメリカでは地中海系やヒスパニック系の人々がシーフードとしてタコを利用している。なお、「朝日新聞」の記事（2019・8・27）によると、近年アフリカのモーリタニアやモロッコ産のタコの需要が急増して、ヨーロッパへの輸出が増えているという。

3）エーゲ海地方から出土する考古遺物の中には、タコをモチーフにしたつぼや造形品も多い。これは、日本よりもはるかに古くから「タコ文化」が始まっていたことの証明とされる。

クレタ島出土の、紀元前1500年頃のつぼに描かれたタコ

owl
フクロウ（梟）

＜プロフィール＞

フクロウ類は世界中に約130種類いる。ほとんどのフクロウは夜行性で、奇妙な声で鳴くことから、悪魔の象徴として嫌われることが多い。昔から凶鳥（不吉な鳥）とされており、さまざまな言い伝えがあるが、実際にはネズミを食べる益鳥でもある。なお、日本では一般に、耳によく似た長い羽毛のあるものをミミズク、ないものをフクロウと称するが、この区別には分類学上の根拠はないとされる。したがって、フクロウもミミズクも英語では owl/ アウル / である。

1）イギリスには barn owl（メンフクロウ）、tawny owl（モリフクロウ）、little owl（コキンメフクロウ）などがすんでいる。barn owl はしばしば barn（納屋）の中に巣を作ることからこの名がある。特徴的なハート形の顔で、白いお面をかぶったような容貌をしていることから、和名では「メン（＝仮面）フクロウ」と呼ばれる。また、不気味な鋭い鳴き声から screech owl とも言う（screech は「鋭い声で鳴く」の意）。

2）tawny owl（モリフクロウ）は barn owl より大型で、茶褐色をしている（tawny は「黄褐色の」の意）。イギリス本土に広く分布するが、日本にはいない。little owl は22cmくらいの小型のフクロウで、目が黄色いところから「小金目梟」の和名がある。このフクロウも日本にはいない。

3）フクロウは知恵・学問・芸術の象徴でもある。これはフクロウが知恵の女神であるギリシャ神話のアテナ（ローマ神話ではミネルバ）の従者とされるからである。

4）フクロウの鳴き声を hoot と言う。「ホーと鳴く」の意味でも用いる。また昔から tu-whit-to-whoo と鳴くものとされる。

5）英文学では、シェイクスピアの作品にたびたび現れるが、ほとんどは不吉な鳥という扱いである。また、ミルン（A. A. Milne）の *Winnie the Pooh*（『くまのプーさん』）には、年老いた知恵者のフクロウが登場する。

＜関連表現＞

bring owls to Athens　余計なことをする、蛇足を加える　▶ギリシャのアテネにはフクロウがたくさんいたことから。

fly with the owl 夜歩きのくせがある　▶このような人を a night owl（夜型人

間）と言う。

owlish（風采などが）フクロウのような、目が大きくて丸顔の　▶「賢そうに見えるが、実はおろかな」という意味でも用いられる。

barn owl（メンフクロウ）

tawny owl（モリフクロウ）

Eurasian eagle owl（ワシミミズク）
ヨーロッパ最大のミミズク。日本では、北海道の原生林に少数が生息する。

parrot
オウム（鸚鵡）

＜プロフィール＞

熱帯原産のこの鳥に、多くの英和辞典は「オウム」の訳語を与えているが、実は
parrot は「オウム」でもあり、「インコ」でもある。日本では主に小型で尾羽が長く、
羽冠がないものをインコと呼んでいるが、オウムとの区別は厳密なものではない。
なお、オウムのいちばんありふれた名前は Poll または Polly である。

1）parrot の仲間には次のようなものがいる。
① cockatoo（バタンインコ）
オーストラリアとニューギニア周辺に分布する。体が丈夫で飼いやすいので欧米
で人気がある。
② parakeet（パラキート）
緑色を主体にした色と長めの尾を持つ、主にニュージーランド産のインコ。
parrakeeet ともつづる。
③ budgerigar（セキセイインコ）
オーストラリア産。スズメくらいの大きさで、くちばしは短く、尾は長い。日
本では体の色から「背黄青インコ」と言う。19 世紀にヨーロッパに持ち込まれ、
飼い鳥として人気がある。手乗りにもなるので、budgie（バジー）という愛称
で親しまれている。
④ macaw（コンゴウ（金剛）インコ）
中南米のジャングルにすむ大型のオウム類。大きなくちばしとあざやかな色彩を
持つ。飼育が比較的容易なので、特にヨーロッパでは富と地位のシンボルとして
愛好された。
⑤ lovebird（ボタンインコ）
アフリカ産の 15cmに満たない大きさのインコ。緑、赤、黄の色どりが美しい
ので、飼い鳥として人気が高い。つがいの仲がいいことから lovebird と言うが、
比喩的に、人前でベタベタする仲のよいカップル（おしどり夫婦）を lovebird
と言う。

2）オウム類は人間の口まねがうまいことから、他人の意見の受け売りをする人
を指して parrot と言う。また、動詞としても用いられる。日本語でも「おうむ返し」
と言う。parrot-fashion は「おうむ返しに」の意の副詞である。

3）物語などに現れる海賊は肩にオウムを止まらせていることが多い。いちばん
有名なのはイギリスの作家スティーブンソン（Robert Louis Stevenson；1850
〜 94）作の『宝島』（*Treasure Island*）に現れる海賊のシルバー船長（Long

John Silver）である。そして、その肩にのっているオウムの名前は「フリント
（Flint）」と言う。

cockatoo
（バタンインコ）

budgerigar
（セキセイインコ）

macaw
（コンゴウインコ）

lovebird
（ボタンインコ）

peacock
クジャク（孔雀）

＜プロフィール＞

主に南アジアの森林にすむキジ科の大型の鳥。雄のクジャクを peacock、雌の
クジャクを peahen と言うことがあり、peafowl という総称もある。雌は目立た
ないが、雄は青緑色の羽を立てて広げ、美しいディスプレー（display 求愛行為）
をすることで有名。

1）クジャクのイメージは日本と西洋で大きく異なる。日本人の中には「極楽浄
土にすむ美しい鳥」を思い浮かべる人も多いが、西洋人は一般に、その美しい羽
から「現世の栄華」や「富」を連想するという。また、英語の peacock は vanity（虚
栄）と pride（高慢）の象徴とされ、(as) proud as a peacock は「大得意で」「大
いばりで」、play the peacock は「見栄を張る」の意味である。たとえば、He
is a peacock. と言えば、「あいつは見栄っ張り（傲慢）だ」の意になる。

2）クジャクの後ろに長く伸びた尾（これを train という）には、目玉のような
模様があり、これは evil eye（悪魔の目、「邪眼」）を連想させるという。

3）クジャクは漢字では「孔雀」と書く。「孔雀絞り」や「孔雀染」は着物など
の文様の名前になっている。また、密教で尊崇される「孔雀明王」は、左手にク
ジャクの羽、右手にハスの花を持ち、クジャクの背に乗っている。

ディスプレーをしている雄クジャク

311

pig ／ hog
豚

＜プロフィール＞
イノシシ（boar/ ボア /）を改良して
家畜化したウシ科の哺乳類。紀元前
2000 年ごろから飼育されている。

1）豚を指す最も一般的な語は pig だが、食肉用に去勢された雄豚は hog といい、
アメリカでは hog が豚を指す一般語となっている。しかし、pig と hog は同じ
意味で用いることも多い。なお swine/ スワイン / という語もあるが、文語的な
語で、動物学用語として用いられることが多い。

2）pig も hog も英語としてのイメージは非常に悪い。どちらの語にも「下品な男」
「食いしん坊」「貪欲な人」などの意味がある。eat like a hog は「がつがつ食う」、
behave like a hog は「無作法にふるまう」の意味である。また動詞としての用
法もあり、hog it は「独り占めにする」という意味になる。

3）豚の原種とされるイノシシは（wild）boar といい、昔から狩りの獲物とし
て貴族などに愛好された。仕留めたイノシシの頭（boar's head）はごちそうと
してふるまわれた。イギリスにはこれを屋号にした居酒屋（pub）も多い。イ
ノシシの頭は今でもクリスマスなどのごちそうとされる。なお、boar は単独では
去勢していない雄豚を指すことが多い。

4）丸焼き、またはそれに近い「焼き豚」は roast pig というが、いわゆる「豚肉」
は pork である。→ **pork〈第 6 章〉**

＜関連表現＞
buy a pig in a poke 品物をよく調べないで買う　▶「（中を見ないで）袋に入っ
た豚を買う」が原義。poke は方言で「袋」。昔、袋に猫を入れ、豚といつわって
売ろうとした男がいたことから。
Pigs might fly (if they had wings).（皮肉って）不思議なこともあるもんだ、
まさか、冗談だろ？　▶「（翼があれば）豚だって空を飛ぶだろう」の意。意外
なことに出会ったときなどにおどけて使う。Pigs fly. とも。
go (the) whole hog とことんまでやる
live high off the hog ぜいたくな暮らしをする

rabbit
ウサギ

＜プロフィール＞

rabbit は正確には野ウサギ（hare）よりも小型で、地中に穴を掘って集団ですむウサギを指すが、ウサギ一般を指すことも多い。

１）ウサギは多産で１年に４回以上子を産むので、breed like rabbits（たくさんの子を産む）という表現がある。また臆病な動物なので、(as) timid as a rabbit（ひどく臆病な）という言い方もある。

２）小さいウサギを指す小児語に bunny（ウサちゃん）がある。復活祭（Easter）には Easter bunny と呼ばれるウサギのマスコットや衣装がつきもの。また、アメリカのアニメ映画のキャラクターに、Bugs Bunny というニンジンが大好物のウサギがいる。このウサギの口ぐせは "What's up, Doc"（どしたの、センセー）である。

３）北米中部の草原には、jack rabbit（ジャックウサギ）という耳と後ろ足の長い野ウサギがいる。足が速く、6m にもなるジャンプを続け、時速 70㎞を出すというが、ときに農作物を食い荒らすので嫌われる。

４）ウサギの足 (rabbit-foot、rabbit's foot) は昔から幸運をもたらすと考えられてきた。お守りや魔よけとして、また、アクセサリーとして今も愛用される。

５）hare はイギリスの牧草地などに最も普通に見られる野ウサギである。rabbit よりも大型で、後ろ足や耳が長い。また rabbit と異なり、穴居もしない。アメリカには多くのウサギが生息していたため、hare も rabbit もひっくるめて rabbit と呼んでいる。

rabbit（ウサギ）

hare（野ウサギ）

rabbit-foot
お守りとして用いる

rat
ネズミ（鼠）

＜プロフィール＞

rat は mouse よりも大きいドブネズミ、クマネズミなどをいう。日本の住宅や下水溝などにすむのも rat である。ネズミは世界中にすみ、人間に次いで最も繁栄している哺乳類とされる。しかし、ネズミは人間にとってはなはだ厄介な動物で、忌み嫌われることおびただしい。農作物を食い荒らし、伝染病の媒介もする。
→ **mouse**

１）rat のイメージは mouse と異なり、ひどく悪い。「不潔」「病気」「死」などの象徴で、中世には戦争の前兆ともされた。表現としても、rat に好ましい意味はない。smell a rat は「不正などに感づく」の意であるし、like a drowned rat は「ずぶぬれになって」の意味である。また "Rats！" は「ちくしょう！」「くそっ！」という間投詞になる。

２）rat は「裏切者」「卑怯者」の意味でも使われ、アメリカの映画俳優ジェームズ・キャグニー（James Cagney）が映画 "Blonde Crazy"（1931）中で言ったとされるせりふ "You dirty rat！"（この卑怯者め！）は有名である。rat はまた、「裏切る」「密告する」という意味の動詞としても使われる。

３）ネズミには鋭敏な予知能力がある。船の沈没をいち早く察知して逃げるとされ、Rats desert [leave] a sinking ship.（ネズミは沈む船を見捨てる）ということわざが生まれた。これは危険などが迫ったとき、真っ先に安全な場所に逃げる人や、困難な状況にある組織を見捨てる人などについて用いることが多い。

４）「ハーメルンの笛吹き男」(the Pied Piper of Hamelin) という、ドイツに伝わる伝説がある。この町のネズミを退治したまだら服の笛吹き男が、町長から約束の褒美をもらえなかったので、町中の子どもを笛で誘い出し山中に隠してしまったという。19世紀イギリスの詩人ブラウニング（Robert Browning）にも、この伝説を題材にした詩がある。

＜関連表現＞
rat on 〜　（人）を裏切る、告げ口をする
rat race　出世レース、生存競争

robin
ヨーロッパコマドリ、ロビン

＜プロフィール＞
日本のコマドリ（駒鳥）と同属だが、生息地や鳴き声は全く異なる。胸毛が赤いことから、もとは単に redbreast（赤胸）と呼ばれていたが、17世紀から人名のRobert の愛称の1つである Robin をつけて robin redbreast と言うようになり、その後robinの名が定着した。この鳥は気が強く、人を恐れないことでも知られる。

1）ヨーロッパに広く分布するが、特にイギリス人には最も親しまれている鳥で、イギリスの国鳥になっている。愛らしい姿と美しい鳴き声で、多くの詩人が詩に詠んでいる。

2）伝説によると、robinの胸が赤いのは、イエス・キリストが十字架へおもむくとき、イバラの冠のとげを引き抜いてやろうとして返り血を浴びたためという。また、robin は行き倒れの人の死体を木の葉でおおうという言い伝えもある。robin はクリスマスカードにもよく描かれる。

3）アメリカでは、ずっと大型のコマツグミを (American) robin と呼んでいる。北米にはもともと robin はいなかったが、新大陸へ渡ったイギリス人が胸の赤い鳥を見つけると、故郷のコマドリをなつかしんでrobin と呼んだのが始まりとされる。今ではいくつかの州の州鳥に選ばれて親しまれている。

4）日本のコマドリは高山の谷川付近にすむ。「駒鳥」と書くのは、日本のコマドリの鳴き声が「駒」（＝馬）のいななきに似ていることからとされる。

＜参考＞
マザーグースに Who killed Cock Robin?（だれがロビンを殺したか？）で始まる有名な歌がある。死んだロビンを悲しんで、さまざまな動物が寄り集まるさまを歌っている。なお、この歌は Cock Robin の部分を変えて、映画のタイトルや新聞の見出しなどによく使われる。

European robin（ヨーロッパコマドリ）

American robin（コマツグミ）

salmon ／ trout
サケ（鮭）／マス（鱒）

＜プロフィール＞
英語では、広くサケ科の魚類を salmon/ サマン /、河川生活性の強いサケ科の魚類を trout/ トゥラウト / と区別するが、日本語ではサケとマスの呼び名が混乱しており、流通上の理由で「ベニマス」が「ベニザケ」と呼ばれることもある。生物学的には、サケとマスの明確な区別はないとされる。

１）英語では salmon と言えば、厳密には Atlantic salmon（タイセイヨウサケ、大西洋鮭）のみを指す。このサケは北大西洋とその流入河川に分布する。ヨーロッパにいるサケはこのサケだけである。

２）太平洋産のサケ・マスには以下の６種類があるが、すべて Pacific salmon（タイヘイヨウサケ、太平洋鮭）と呼ばれる。
ベニザケ（紅鮭）　産卵時に体が婚姻色で真っ赤に変わることからこの名がある。英語では red salmon または sockeye (salmon) と言う。ほとんどのベニザケは生まれた川の生まれた支流で産卵するという。
シロザケ（白鮭）　日本で最も一般的なサケ。英語では chum (salmon) または dog salmon と言う。
カラフトマス（樺太鱒）　北米西部から日本海に分布する小型のサケ。産卵期の雄は後頭部が盛り上がる。pink salmon または humpback(ed) salmon（猫背のサケ）と呼ばれる。
ギンザケ（銀鮭）　北太平洋産。川で孵化し、数年後に海に降りて成熟する。日本ではかつては「ギンマス」と呼んでいた。英語では silver salmon または coho(e) salmon と言う。
マスノスケ（鱒の介）　サケ・マス類中、最大のサケで、体長約 2m、体重 55kg にも達する。「マスノスケ」とは「マスの大将」の意。英語では king salmon または Chinook (salmon) と言う。Chinook はオレゴン州に住んでいた北米先住民の名である。
サクラマス（桜鱒）　日本近海固有のサケ。このうち、河川で生活するものは「ヤマメ」と呼ばれる。英語では cherry salmon とか masu salmon と言う。

３）trout は淡水産の川鱒類のみを指す。代表は rainbow trout（ニジマス、虹鱒）で、これは北米原産の最もポピュラーなマスである。体色が虹を思わせるところからこの名がある。日本へは明治 10 年に移殖された。

４）trout には、ほかに欧州原産の brown trout（ブラウントラウト；salmon

trout とも言う）、char（カワマス、川鱒）などがいる。渓流釣りで人気のある
イワナ（岩魚）も char である。また、lake trout（レイクトラウト）は名前の
通り、湖にすむマスの中で最大の魚である。

5）日本人同様、アメリカ人も釣りを好み、中でもサケ・マス類は game fish（釣
りの対象魚）の代表。釣った魚をバーベキューにする人もいるが、一般的には
salmon steak（サーモンステーキ）にして食べたり、smoked salmon（スモー
クサーモン、サケの燻製）にする。

6）salmon は英語では「英知」や「勇気」などを象徴する。また、熊が好んで
食べることから、熊との連想もある。一方、trout には「魅力のない女」「ばばあ」
という意味がある。

釣り上げられた king
salmon（マスノスケ）

熊もサケの遡上
を待っている

shark
サメ（鮫）

＜プロフィール＞

軟骨魚類のうち、エイ（ray）を除いた魚類の総称。世界中に約250種いる。細長い体型で、体表は小さな硬いうろこで覆われ、ざらざらしている。歯が鋭く、人を襲うものもいる。

1）有名なサメとしては、まずジンベエザメ（甚兵衛鮫）がいる。このサメは魚類中最大で、体長は18mにも達する。クジラのように大きいので英語では whale shark と言う。巨大なサメだが性質は穏やかで、小魚やプランクトンを食べる。

2）凶暴なサメとしては、ホオジロザメ（頬白鮫；(great) white shark）が有名で、man-eating shark とか man-eater（人食いザメ）として恐れられる。アメリカ映画の『ジョーズ』（Jaws；スピルバーグ監督作品、1975年）に登場するのはこのサメである。ほかに、ヨシキリザメ（葦切鮫；blue shark）やシュモクザメ（撞木鮫；hammerhead）も凶暴性で知られる。

3）コバンザメ（小判鮫）という魚がいるが、これはサメではない。体長は80㎝くらいで、大きな魚などに吸い付いて移動する。英語では文字通り shark sucker（サメに吸い付くもの）とか、suckerfish と言う。かつては、帆船の船底にへばりついて船の進行を妨げると信じられた。remora とも言う。なお、その卵がキャビアとして珍重されるチョウザメ（蝶鮫；sturgeon）は硬骨魚で、軟骨魚のサメとは別種。

4）shark と近縁の魚に ray（エイ）がいる。サメより性質が温和で、主として海底の泥の中に体をうずめて暮らす。種類としては、のこぎり（saw）の歯のような長い歯を持つノコギリエイ（sawfish）、尾のとげに毒を持つアカエイ（stingray）、両翼の長さが7mにもなる巨大なイトマキエイ（manta (ray)）などがいる。manta は体長10m以上になるものもいて、その奇怪な姿から devilfish（悪魔の魚）として恐れられる。また、skate（ガンギエイ）はほぼ世界的に分布する一般的なエイである。体は菱形で、細長い尾を持つ。

●主なサメの種類

whale shark（ジンベエザメ）

white shark（ホオジロザメ）

blue shark（ヨシキリザメ）

sawfish（ノコギリエイ）

manta（イトマキエイ）

sheep
ヒツジ（羊）

＜プロフィール＞

ウシ科の哺乳類。8000 年以上前から家畜化されていたと考えられている。雄は ram、雌は ewe/ ユー /、子羊は lamb/ ラム / と言う。sheep という語は単複同形である。なお、鳴き声は bleat または baa と言う。

１）日本にはもともと羊がいなかったので、今でも比較的なじみの薄い動物だが、長い牧畜の歴史を持つヨーロッパでは、羊は生活と切っても切れない関係にある。羊の用途は多様で、肉は mutton（マトン）として、毛（wool）は毛織物の材料として、また皮（sheepskin）はなめして手袋や靴の材料として用いられる。

２）羊飼い（shepherd）は遊牧民であるイスラエル人にとっては最も親しみ深い職業だった。キリスト教では、牧師と信者の関係が「羊飼いと羊」で表される。the Good Shepherd（良き羊飼い）は聖書ではイエス・キリストのことである。そして、信仰を失った人や正道を踏みはずした人は stray [lost] sheep（迷える羊）と呼ばれる。なお、今では羊の管理は sheepdog（牧羊犬）に任されていることが多い。牧羊犬として有名な犬はコリー（collie）である。

３）羊は柔順で、いつも群れ（flock）を成し、他の羊と同じ行動をとるので、愚かな動物というイメージがある。follow like sheep は「盲従する、言いなりになる」の意である。また、しばしば軽蔑的に、主体性に欠ける人や気の弱い人を指して sheep と言う。"Don't be a sheep."（羊になるな）はアメリカの家庭の教育方針の１つである。

４）黒い羊は昔は毛を染めるのが難しいので嫌われ、地獄の神のいけにえにされた。今でも家族や団体の中のやっかい者や嫌われ者のことを black sheep と言う。

＜関連表現＞

count sheep 羊の数を数える　▶眠れない夜は羊の群れを思い浮かべ、「羊が１匹、羊が２匹、…」と数えると眠れる、という俗信から。

separate the sheep from the goats 善人 [望ましい人] と悪人 [望ましくない人] を区別する　▶『マタイの福音書』25 章から。なお、英語では goat（ヤギ）は悪人の象徴とされる。

羊の群れを追う shepherd（羊飼い）

snake
蛇

＜プロフィール＞

snake はヘビ類一般を指す語。serpent も snake と同義だが、特に大きな蛇や有毒の蛇を指すことが多い。無毒の蛇もいるが、蛇は世界中で最も恐れられ嫌われる動物である。

1 ）旧約聖書の、蛇に化けた悪魔 (Satan) がアダムの妻エバを誘惑して禁断の木の実を食べさせた話は有名（『創世記』第 3 章)。キリスト教社会では蛇には「誘惑者」「悪魔」のイメージがある。

2 ）ヨーロッパ全土には adder（クサリヘビ）という毒蛇がいる。背中にジグザグのくさり状の模様があるのが特徴。なお、北米にいる adder は無毒である。

3 ）主に北米には rattlesnake（ガラガラヘビ）という毒蛇がいる。尾の先に特殊な突起があり、興奮したり他の動物を威嚇するときに「ザー」とか「シュルシュル」という音を出す。また、北米先住民が雨乞いと豊作を祈願して行う snake dance（蛇踊り）は有名。中でも、ホピ (Hopi) 族の snake dance では生きたガラガラヘビを使うことで知られる。

4 ）南米のアマゾンにはアナコンダ（anaconda）という世界最大の蛇がいる。全長は最大で 9 m に達するが、毒はない。ボア（boa）も中南米産の大蛇で、最大 5.5 m に達する。獲物を絞め殺すので boa constrictor とも言う。

5）アジアやアフリカ産の毒蛇にコブラ（cobra）がいる。怒ると体の前部を直立させ、首を頭巾のように広げて威嚇する。蛇使い（snake charmer）は、たいていコブラを使う。

6）viper は本来は「毒蛇」の総称だが、今では通例「マムシ」を指す。比喩的に「腹黒い人」「裏切り者」の意味でも用いられる。

エデンの園でアダムとエバを誘惑する蛇（実は悪魔）

spider
クモ（蜘蛛）

＜プロフィール＞

クモ目の節足動物の総称。世界に約 3 万 5000 種が存在する。日本には約 1200種が知られる。語源は「糸をつむぐ（spin）もの」の意の古英語から。なお、「クモの巣」は cobweb または単に web という。インターネット用語の「ウェブ」も web である。

1）クモは西洋でも嫌われる動物で、spider には「人を陥れる人」「わな」という意味がある。そこから「わなをかける人と、かけられる人」「うまく立ち回る者と、してやられる者」の意味で a spider and a fly（クモとハエ）という表現が生まれた。

2）中世のスコットランド王ブルース (Robert (the) Bruce；1274 ～ 1329) がクモを見て発奮した話（Bruce and the Spider）は有名。彼はクモが 6 度失敗しても天井の梁に糸をかけようと 7 度目の挑戦を行っている姿に発奮して、宿敵のイングランド軍を追い払ったという。

3）アメリカ南西部や中南米には、大型で毛の密生した tarantula（タランチュラ）というクモがいる。実際には強い毒などはないが、外観が恐ろしいため、怪奇映画や小説によく登場する。bird spider（鳥食いグモ）とも言う。

<参考>
① spider monkey（クモザル）は中米から南米北部に生息する尾の長いサル。
② Spiderman（スパイダーマン）はアメリカの漫画の主人公。クモのように壁などをよじ登る。

tarantula
（タランチュラ）

squirrel
リス（栗鼠）

<プロフィール>

リス科の齧歯（げっし）類（rodent）の総称。齧歯類は世界中に 2000 種以上が知られ、リスは齧歯類の中で最も種類が多い。なお、リスは木に登るキノボリリス（tree squirrel）、木に登らないジリス（ground squirrel）、滑空するモモンガ類（flying squirrel）に大別される。

1）ジリスは地中に穴を掘って生活し冬眠するリスで、各種のシマリス（chipmunk；→ 3）、北米にいるウッドチャック（woodchuck）、マーモット（marmot、groundhog；→ 4）、プレーリードッグ（prairie dog；→ 6）などがいる。

marmot（マーモット）

prairie dog（プレーリードッグ）

2）モモンガはアジア東部と北米に分布する。森林にすみ、手足の間にある飛膜を広げて滑空する（夜行性）。日本やアジア東部にいる大型のムササビ（giant flying squirrel）もモモンガの仲間である。

3）chipmunk は体に縞があるところからシマリス（縞リス）と呼ばれる。小型で、木にはあまり登らず、地下にトンネルを掘り、その底に巣を設けて冬眠する。北海道にいるシマリスもこの仲間。

4）groundhog は woodchuck（ウッドチャック）とも言い、北米産の marmot（マーモット）の一種。hog の名がついているが、豚ではない。ずんぐりした体型で、後足で立ち上がって周りを見る習性がある。

5）アメリカの行事に Groundhog Day がある。2月2日（南部の一部では2月14日）に行われる春の到来を占う日。この日、穴から出た groundhog が自分の影を見たら冬があと6週間続くので穴に戻る。もし影を見なかったら春が早く来る証拠で、農民は安心して種まきができるとするもの。日本の「啓蟄」（3月5日ごろ）に似ている。

6）prairie dog（プレーリードッグ）も marmot の一種で、北米の prairie（大草原）にすむ。鳴き声が子犬に似ているのでこの名があるが、犬の仲間ではない。地下にトンネルを掘って集団で暮らす。かつて北米には50億頭のプレーリードッグがいたが、牧畜のじゃまになるとして駆除が始められ、現在では90%以上が絶滅したという。

chipmunk（シマリス）

tree squirrel（キノボリリス）

swallow
ツバメ（燕）

＜プロフィール＞
ツバメ科の鳥は約80種あり、全大陸に分布している。地面すれすれをかすめて飛び、飛びながら餌をとることや、家の軒下に土で巣を作ることで知られる。

1）ツバメは高速で空を飛びながら餌（主に小昆虫）を捕食する数少ない鳥の代表である。餌の少ない秋には南方へ渡り、春になると戻ってくる。One swallow does not make a summer.（ツバメが1羽来たからといって夏にはならない）ということわざがあるが、これは多くのツバメが4月中旬になって帰ってきて初めてイギリスの夏が始まることを言っている。このことわざは「早合点をするな」という意味でも用いられる。

2）ツバメの仲間にmartin（イワツバメ）がいる。一般にswallowよりも尾が短く、腰の部分が白い。日本にもイワツバメは春先に姿を見せる。また、ツバメに似た鳥にswift（アマツバメ）がいるが、これはswallowとは全く別のグループの小型の鳥である。鳥類の中で最も飛翔力があるとされ、swift（速い）という名前のようにツバメ以上に高速で飛行し、地上に下りることはない。空中で眠り、空中で交尾をするという。

3）ツバメは春の到来とともに戻ってくるところから、キリスト教では「復活」(the Resurrection)や「新生」のシンボルとされる。また、ツバメが軒下に巣を作るのは幸運のしるしとされている。

swallow（ツバメ）

swift（アマツバメ）

swan
白鳥

＜プロフィール＞

swan はガンカモ科の鳥のうち、大型で首が長く、色が白または黒の７種の総称。単に swan というと、イギリスでは mute swan（コブハクチョウ）を、アメリカでは whistling swan（コハクチョウ）を指すことが多い。なお、オーストラリア原産の black swan（黒鳥）は文字通り全身が黒い。

１）白鳥はその美しい姿から、美と優雅の象徴とされる。ギリシャ神話では、アポロン（Apollo）とアフロディテ（Aphrodite）の鳥とされる。また、スパルタの王妃レダ（Leda）に恋をしたゼウス（Zeus）が、沐浴中のレダに近づくために白鳥に姿を変えたという有名な話があり、画題として多くの画家が取り上げている。

２）白鳥は死の直前に美しい歌を歌うという伝承があり、これを swan song（白鳥の歌）というが、この話は芸術家やスポーツ選手などの最後の作品［試合］の意味でも用いられる。シューベルトの最後の歌曲集（1828 年作）は、彼の死後、出版社によって *Schwanengesang*（Swan Song）というタイトルで出版された。

３）優れた詩人の魂は白鳥に変身すると考えられ、たとえば、イギリスの詩人ベン・ジョンソン（Ben Jonson）はその詩の中でシェイクスピアを the sweet Swan of Avon（エイボン川の美しい白鳥）とたたえた。シェイクスピアは Avon 川のほとりの町 Stratford-upon-Avon で生まれたからである。

４）イギリスのテムズ川では、swan-upping（白鳥調べ）という行事がある。これはテムズ川で生まれた白鳥のヒナ（cygnet）を捕らえて、そのくちばしに親鳥と同じ刻み目をつけて所有者を明らかにするという習慣で、毎年７月に行われる。

● swan-upping の光景

turkey
七面鳥

＜プロフィール＞
北米原産のキジ（pheasant）に近縁の鳥。野生種はかつて北米に広く分布していたが、16世紀にスペイン人がヨーロッパに持ち帰り、すぐに食肉用に家禽化された。日本語で「七面鳥（シチメンチョウ）」と呼ぶのは、この鳥が興奮すると頭部の皮膚が赤、青、紫などに変化するからである。

1）17世紀に新大陸に渡ったイギリスの清教徒たちが初めての収穫を祝う感謝の祭りに野生の七面鳥を食べたことから、現在でもアメリカでは11月の感謝祭の日（Thanksgiving Day）に家族が集まって七面鳥を食べる習慣がある。丸焼きにした roast turkey を切り分け、クランベリーソース（cranberry sauce）をかけて食べることが多い。なお、イギリスでも七面鳥はクリスマスのごちそうである。

2）この鳥が turkey と呼ばれるのは、次のような理由による。もともとは西アフリカ原産のホロホロ鳥（guinea fowl）が16世紀にポルトガル人によってトルコ（Turkey）経由でヨーロッパに輸入されていたため、当時は turkey-cock とか turkey-hen と呼ばれていたが、1世紀後、姿の似たアメリカ原産の鳥と混同され、そのまま turkey として七面鳥の呼び名になったという。

3）七面鳥は外見がやぼったいので、turkey はアメリカの口語で「ばか、腰抜け」とか、「（映画・企画などの）失敗作」という悪い意味になる。しかし、ボウリングでは3回連続のストライクを turkey（ターキー）と言う。

turkey（雄の七面鳥）

roast turkey（ローストターキー）

turtle
亀

＜プロフィール＞

地球上に約220種いるとされる爬虫類カメ目の動物の総称。turtle は語源的には「海亀」を指し、「陸亀」は tortoise/ トータス / と呼ぶが、動物学上はほとんど相違はない。なお、イギリスには亀はいない。

１）アメリカには攻撃的でかみつく性質のあるカミツキガメ（snapping turtle）がいる（snapper とも言う）。ほかに、北米産の淡水亀である terrapin（テラピン）がいて、美味とされる。hawksbill turtle（タイマイ）は暖海産の海亀で、甲羅からべっこうを製造する。また、green turtle（アオウミガメ）はスープが美味とされる。

２）イソップ物語に出てくる「ウサギと亀」（The Hare and the Tortoise）の話はだれでも知っている。この寓話から "Slow and [but] steady wins the race."（ゆっくりでも着実にやれば勝負に勝つ）ということわざが生まれた。

３）亀の首のようなとっくり襟や、そういう襟のセーターを turtleneck（タートルネック）という。これをイギリスでは polo neck という。

４）turn turtle（船・自動車などが転覆する）という表現があるが、これは亀はひっくり返ると動きがとれないことからきている。

Galapagos giant tortoise（ガラパゴスゾウガメ）

vulture
ハゲワシ（禿鷲）

＜プロフィール＞

ワシタカ科のハゲワシおよびアメリカにすむコンドル（condor）科の鳥の総称。ともに大型の猛禽で、はばたかずに滑空し、主に動物の死肉を見つけて食べる。いずれも、頭部の皮膚が裸出している。

1）北米にはカリフォルニアコンドル（California condor）、ヒメコンドル（Turkey vulture [buzzard]）、クロコンドル（black vulture）の３種がいるが、カリフォルニアコンドルは絶滅に瀕している。

2）condor は南北アメリカ大陸にのみ分布する。特に南米に分布するアンデスコンドル（Andean condor）は翼を広げると３mに達する飛鳥中最大の鳥である。南米では神聖な鳥とされ、インカの帝王の生まれ変わりとされる。なお、サイモンとガーファンクル（Simon & Garfunkel）が歌う *El Condor Pasa*（「コンドルは飛んでいく」）は有名である。

3）vulture という名前はラテン語の *vultur*（死肉を常食する）から来ている。比喩的に vulture は弱い者を食い物にする「強欲な人」の意味で用いられる。日本語では俗に「ハゲタカ」と言い、英語と同じニュアンスになる。なお、今日「ハゲタカ」という語は学問上の用語としては用いない。

California condor
（カリフォルニアコンドル）

Andean condor（アンデスコンドル）

whale
鯨

＜プロフィール＞

哺乳類クジラ目に属する動物のうち大型のものの総称。歯のあるハクジラ（toothed whale）と、歯のないヒゲクジラ（baleen whale）に分かれる。鯨は世界に83種いる。

1）ハクジラ類は文字通り歯を持つ鯨で、体長は2mから19mまで。代表的なものはマッコウクジラ（sperm whale）だが、イルカ（dolphin、porpoise）やシャチ（killer whale）もこの類である。一般に、体長4m以下の小型種をイルカと呼ぶが、明確な区別はない。→ **dolphin**

2）鯨は経済的価値が高いので古くから捕獲されてきたが、世界で最も古い捕鯨の歴史を持つのはフランスとスペインの国境に住むバスク人である。彼らは10世紀頃からビスケー湾で原始的な沿岸捕鯨を始め、しだいに捕鯨技術を向上させ、16世紀にはカナダ東部のニューファンドランド島あたりまで出漁していたという。バスク人が発達させた捕鯨技術は、しだいにイギリス、フランス、オランダなどにも伝わった。

3）19世紀に入ると、捕鯨の主役はアメリカに移った。アメリカでは植民地時代以前から先住民たちが鯨を捕獲していた。17世紀半ばになるとボストン周辺には次々と大規模な捕鯨基地ができ上っていった。当時最も多く捕獲されたのは油の品質が高いマッコウクジラである。

4）近年は鯨の減少と動物愛護の立場から国際的に捕鯨反対運動が高まり、現在では国際捕鯨委員会（the International Whaling Commission；略称IWC）により商業捕鯨は禁止になった。IWCに加盟していない国は捕鯨を続けていたが、調査捕鯨だけだった日本も2019年にIWCを脱退して、商業捕鯨を再開した。

5）アメリカの作家メルビル（Herman Melville）の小説『白鯨』（*Moby-Dick*、1851）は、巨大な白鯨に片足をかみ切られたエイハブ（Ahab）船長が復讐心に燃えてその行方を追う物語で、海洋小説の最高傑作とも言われる。また、ストーリーとは別に、途中に「中間章」があり、鯨に関する百科事典的な記述があることでも有名。

6）旧約聖書の『ヨナ書』（*the Book of Jonah*）にあるヨナの話はよく知られている。ヘブライの預言者ヨナは神の命令に背いてある船に便乗して逃亡した。こ

れを知った神は怒って嵐を起こした。船乗りたちはヨナが原因だと考え、彼を海に捨てた。ヨナは大魚に呑み込まれ、三日三晩大魚の腹の中にいたが、その後陸上に吐き出された。この大魚は聖書では単に「大きな魚」としか書かれていないが、のちに鯨とみなされた。この話から、他人に不幸をもたらす人はしばしばJonah/ ジョウナ / と呼ばれる。

●**主な鯨とその英語名**（アイウエオ順）
イワシクジラ sei whale　▶単に sei とも言う。この鯨は餌とするイワシと行動を共にすることが多いという。
コククジラ　gray whale　▶「コクジラ」とも言う。北太平洋産で、数は少ない。
ゴンドウクジラ pilot whale　▶ blackfish とか black whale とも言う。
ザトウクジラ humpback whale　▶「猫背の鯨」の意。腹面は部分的に白い。
シロナガスクジラ blue whale　▶全長 30m に達する最大の鯨。
セミクジラ right whale　▶捕鯨に「うってつけの（right）鯨」の意。
ツチクジラ beaked whale　▶口がくちばし（beak）のようになっていることから。また、ツチクジラの「ツチ」は木槌（きづち）に似た頭部の形から来ている。
ナガスクジラ fin whale　▶ fin は「背びれ」の意。
マッコウクジラ sperm whale　▶この sperm は鯨の頭部から採取される「脳油」を言う。
ミンククジラ minke (whale)　▶ minke は 19 世紀の捕鯨船の砲手だった人の名から。彼はこの鯨をシロナガスクジラと間違えたという。

ザトウクジラ（humpback whale）

wolf
オオカミ（狼）

＜プロフィール＞
イヌ科の哺乳動物。かつては北半球に広く分布したが、イギリスを含む西ヨーロッパや中国では絶滅したとされる。北米には大別して、森や林にすむ timber wolf（森林オオカミ）と、平原にすむ prairie wolf（草原オオカミ）がいる。後者は coyote（コヨーテ）とも言う。なお、日本には近縁種のニホンオオカミ（ヤマイヌとも言う）がいたが、明治末期に絶滅したとされる。

１）coyote は主に北米西部やメキシコにすみ、夕暮れ時に気味の悪い鳴き声をあげることで知られる。羊などの死肉をあさることでも有名だが、北米先住民の民話では英雄的な働きをする主人公となる。なお、発音は / カイオウティ / または / カイオウト / が一般的。

２）オオカミは古くから、恐ろしいものや悪の代表とされてきた。「残忍」、「貪欲」、「狡猾」などのイメージがあり、悪魔の使いともされた。as greedy [hungry] as a wolf は「オオカミのように貪欲［空腹］な」の意である。

３）一方、オオカミは野性の代表として、勇気や戦いの象徴ともなる。エジプト神話では豊饒を表し、幽界の王オシリス（Osiris）の化身でもある。北欧神話の主神オーディン（Odin）も２匹のオオカミを従者としている。

４）ゲルマン系の人名には wolf と合成された名前が今でも好まれる。たとえば、アドルフ（Adolf）は「高貴な狼」、ルドルフ（Rudolf）は「名高い狼」、ウルフガング（Wolfgang）は「狼道」の意味である。これは、かつてヨーロッパの森にオオカミがたくさんいたことを物語っている。

５）オオカミはまた、「好色」であると考えられ、英語の wolf は口語で「女たらし」の意味で用いられる。wolf call [whistle] は男が魅力的な女性に向かって吹く口笛のことである。

＜関連表現＞
a wolf in sheep's clothing　羊の皮をかぶったオオカミ、悪意のないふりをする人、偽善者　▶羊の皮をかぶって羊のいる柵の中にうまく入り込んだイソップ物語の中のオオカミの話から。新約聖書の『マタイの福音書』（7：15）にもイエスのことばとして出てくる。
cry wolf「オオカミが来た」と叫ぶ、虚報を流す　▶イソップ物語の「オオカ

ミ少年」の話から。ある羊飼いの少年はふざけて「オオカミが来た！」と叫んで人々をだましていたが、本当にオオカミが来たときには信じてもらえず、羊を全部殺されたという。

the big bad wolf 脅威（となるもの・人）、敵　▶3匹の子豚が大きな悪いオオカミに食べられそうになる童話から。

keep the wolf from the door 最低限の収入を得る、家族にひもじい思いをさせない　▶「戸口にオオカミを近づけない」の意から。

throw 〜 to the wolves 〜を危険［批判］にさらす、見殺しにする

a lone wolf 一匹オオカミ（他人と協調せず1人で行動する人）　▶オオカミは一般に群れ（pack）を成すが、中には単独行動をするものもいることから。

timber wolf（森林オオカミ）

coyote（コヨーテ）

第10章

植物の世界

The Botanical World

acacia
アカシア

〈プロフィール〉
南半球の乾燥地に分布するマメ科の植物だが、別種の「ハリエンジュ」（ニセアカシア）と混同されることが多い。acacia の語源は、「とげのある木」の意のラテン語から。なお、発音は / アケイシャ / である。

1) acacia は熱帯・亜熱帯産のマメ科の樹木。春から夏にかけて黄金色の球形の花をつける。特にオーストラリアに多いが、オーストラリアではこの樹木を wattle と呼んでいる。wattle は本来、壁や垣根などを作るのに用いる「編み枝」のことだが、オーストラリアではこれらの材料によくアカシアが使用されるため、acacia のことを wattle と呼ぶようになった。wattle はオーストラリアの国花となっている。なお、イギリスや日本ではこのアカシアを一般に mimosa（ミモザ）と呼ぶことが多い。

2) 日本で「アカシア」と呼んでいるのは、上記の acacia とは異なる false acacia（ニセアカシア、正しくは「ハリエンジュ」）のことである。ニセアカシアは街路樹などとして親しまれており、初夏に香りのある白い蝶形の花を房状につける。札幌のアカシアは有名である。なお、イギリスでも acacia は false acacia を指すことが多い。

acacia（アカシア）

false acacia（ニセアカシア）

anemone
アネモネ

＜プロフィール＞

キンポウゲ科の植物。地中海沿岸原産で、世界に約 90 種の品種がある。3 〜 4
月頃に赤・白・青・紫・ピンクなどの花をつける。日本産のイチリンソウ（一輪
草）や、ユキワリソウ（雪割草）なども同じ仲間。

1）anemone という名はギリシャ語の *anemos*（風）から来ている。「風の娘」
が原意で、英名は windflower と言う。この名の通り、風通しのよい所でよく育つ。

2）ギリシャ神話では、美の女神アフロディテ（ローマ神話の「ビーナス」に相当）
に愛された美少年アドニス（Adonis）の話が有名。アドニスは狩りの途中でイノ
シシに突かれて死ぬが、そのとき流れた血から赤いアネモネが咲いたという。な
お、アネモネは愛するアドニスの死を悲しむアフロディテの涙から生まれた、と
いう説もある。

＜参考＞

① anemometer/ アネモミタ / という語がある。「風力計」「風速計」のことだが、この語の
anemo- もギリシャ語の *anemos*（風）から来ている。anemograph（自記風速計）なども同じ。
②動物学では、「イソギンチャク」のことを sea anemone とか、単に anemone と言う。「海
中に咲くアネモネ」という意味で、その姿が花に似ていることから来ている。

anemone（アネモネ）

sea anemone（イソギンチャク）

apple
リンゴ（林檎）

＜プロフィール＞

バラ科の落葉高木、およびその果実。原産地は中央アジア。古くから果物の代表のように考えられてきた。apple は果実およびリンゴの木（apple tree）を指し、リンゴの花は apple blossom という。イギリスの美しい春の花の 1 つである。なお、世界で最も広く栽培されているリンゴは Delicious（デリシャス）という品種で、日本でも「（ゴールデン）デリシャス」として知られる。

1) リンゴにまつわる故事は数多い。中でも旧約聖書の、エデンの園でアダムとエバが食べた禁断の木の実（forbidden fruit）は有名。この fruit はリンゴであろうと考えられてきたが、聖書にはそれが何であるかは明記していない。近年ではリンゴではなく、アンズ（apricot）であろうという説が有力である。また、リンゴの落ちるのを見て万有引力の法則を発見したとされるニュートン（Isaac Newton）の有名な逸話も後年のこじつけであるという。

2) アメリカ人にとっては、リンゴはジョニー・アップルシード（Johnny Appleseed）という人名と深く結びついている。Johnny Appleseed は本名を John Chapman（1774 〜 1845）という実在の人物。彼は舟いっぱいのリンゴの種（apple seed）を積んでオハイオ川を下り、流域の土地の人々にリンゴの種を配って歩いたという。アメリカ人は自分たちの食べるリンゴはすべてアップルシードが作ったものと思っているという。→ **Appleseed〈第 8 章〉**

3) リンゴは健康によいとされ、An apple a day keeps the doctor away.（1 日 1 個のリンゴは医者を遠ざける→ 1 日 1 個リンゴを食べていれば医者はいらない）ということわざを生んだ。なお、日本ではリンゴは生で食べるのが一般的だが、英米では煮たり焼いたりして食べることが多い。

4) cider（サイダー）という、リンゴから作った飲み物がある。アメリカでは一般に甘いリンゴジュースを指し、sweet cider ともいう。一方イギリスでは、リンゴジュースを発酵させたリンゴ酒を指す（アメリカではこれを hard cider という）。なお、日本ではリンゴ酒は「シードル」の名で売られている。

5) リンゴのイメージは日本では「赤」だが、西洋では green（緑）であることも多い。これは西洋では緑色の品種が多いからだといわれる。apple green（青リンゴ色）という表現もある。なお、crab（apple）という酸味が強くて小粒な野生リンゴがあり、現在食用としているリンゴの原種の 1 つとされている。

＜関連表現＞

Adam's apple　のどぼとけ

人類の始祖アダムが、エデンの園で禁断の木の実とされたリンゴをあわてて食べ、のどにつまらせたという故事から。

apple-polish　ご機嫌をとる、「ごまをする」

アメリカの小学生が先生へのプレゼントとしてぴかぴかにみがいたリンゴを持って行ったことから。このことから、「ごまをする人」を apple polisher という。

the apple of discord　不和のリンゴ

ギリシャ神話で、Hera（ヘラ）、Athena（アテナ）、Aphrodite（アフロディテ）の３女神が手に入れようとして争い、トロイア戦争の原因となったとされる黄金のリンゴ。転じて、「争いの種」の意で用いられる。

the apple of A's eye　A（人）にとって、とても大事な人［もの］

「目のリンゴ」とは、その形がリンゴに似た「ひとみ」（pupil）を指す。旧約聖書の『申命記』（32：10）に由来する。

＜参考＞ ──────────────────────────

① apple にはアメリカの俗語で「大都会」という意味がある。the Apple はニューヨーク市を指す（愛称は the Big Apple）。

② Apple はまた、アメリカのコンピューターメーカー Apple Computer Inc. の通称でもある。

apple blossom

『パリスの審判』（フィリップ・パロット画）
トロイアの王子パリス（Paris）は、ヘラ、アテナ、アフロディテという３女神の美しさを競う争いの審判をした。パリス（左）が手にしているのが「黄金のリンゴ」である。

banana
バナナ

＜プロフィール＞

熱帯地方を中心に栽培されるバショウ科の大型多年草。「バナナの木」は外見から banana tree ともいうが、実は多数の葉が抱き合ったもので、木ではなく大きな草である。発音は / バナーナ / で、語源は西アフリカの現地語から。

１）バナナは外側の皮は黄色で中は白いことから、日系またはアジア系のアメリカ人を両親とする 3 世、4 世のことを banana と呼ぶことがある。アメリカしか知らないアジア系の人に対する皮肉っぽい、または軽蔑的な言い方である。

２）「バナナ 1 房」は a bunch of bananas と言う。またバナナの房の 1 列分は手の形に似ていることから a hand of bananas と呼ぶこともある。

３）「バナナの皮」は banana peel [skin] と言う。「バナナの皮をむく」は peel a banana である。なお、slip on a banana peel は「バナナの皮を踏んですべる」の意だが、転じて、「(特に公職にある人が) 失態を演じる」の意味でも用いる。

４）banana split（バナナスプリット）は縦半分に切ったバナナの上にアイスクリームやナッツ、生クリームなどを載せたもので、アメリカ人の好物とされる。また、banana fritter（バナナフリッター）はバナナのフライで、デザートとして食べる。

＜関連表現＞

banana republic　バナナ共和国
政情の不安定な中南米の小国をけなして言うことば。バナナなどの輸出に依存していることから。
go bananas　頭がおかしくなる；かんかんに怒る
くだけた言い方。なお、be bananas といえば「頭がおかしい」という状態を表す。

banana tree（バナナの木）

banana split（バナナスプリット）

bean ／ pea
豆

＜プロフィール＞

bean は豆のなる植物の総称で、ソラマメ（broad bean）、ダイズ（soybean、soya bean）、インゲンマメ（kidney bean）などが代表的。ほかに、熱帯アメリカ原産のライマメ（lima bean）などもある。pea はエンドウマメや、エンドウマメに似た丸い豆を指す。

１）bean は一般にくぼみのある楕円形の豆をいう。アメリカ人の好む豆料理に、kidney bean を塩漬けの豚肉などと一緒に蒸し煮にした baked beans（ベークトビーンズ）がある。Boston baked beans はボストンの名物料理として有名である。

２）pea はエンドウマメの類を指す。いわゆるグリーンピース（青エンドウ）は green peas でよいが、peas の発音は / ピーズ / であることに注意。干しエンドウで作る濃厚なスープに pea soup があり、このスープの色に似たかつてのロンドンの濃霧は pea-souper と呼ばれた。

３）豆を詰めた布製の小さな袋を beanbag といい、英米の子どもたちは日本のお手玉のような遊びをする。また、板に向かってこれを投げ合ったりする遊びもある。なお、大きな袋にプラスチック片を詰めた、体がすっぽり入る椅子があり、beanbag (chair) と呼ばれる。

＜関連表現＞

beanpole　豆づるの支柱のことだが、比喩的に口語で「ひょろ長い人」を指す。
be full of beans　元気いっぱいである；ばかなことばかり言っている。
spill the beans　うっかり秘密をもらす
be (as) like as two peas (in a pod) うり二つである
「（さやに入った）２つの豆のように似ている」の意。

pea（エンドウマメ）

kidney bean（インゲンマメ）

kidney（腎臓）に形が似ている

berry
ベリー

<プロフィール>

nut（核のある堅果、木の実）に対して、イチゴなどのように核がなく柔らかい果肉を持つ小果実を berry（ベリー）という。世界各地にさまざまな berry が自生し、交配種も多い。berry の多くは、生食のほか、ジャムやジュース、または果実酒として用いる。なお、山野へ berry を摘みに行くことを go berrying という。
→ nut

●主な berry の種類

strawberry　イチゴ、ストロベリー

だれもが知っている berry で、生食のほか、ジャムやジュースにしたり、ケーキの材料にしたりする。strawberry の由来は地面をはう細長い枝が straw（麦わら）に似ていることから、という説がある。

blackberry　ブラックベリー、クロイチゴ

赤黒い実をつける。酸味が強いので、生食よりもジャムにすることが多い。

raspberry　ラズベリー、キイチゴ

果実は blackberry に似ているが、熟すとへたが芯からはずれるので区別できる。色は赤、黒、紫、黄色など多様だが、イメージとしては暗い赤紫色である。北半球の温暖な地域に野生するが、栽培品種も多い。

blueberry　ブルーベリー

北米原産のベリーで、熟すと紺色から黒色になる。北米先住民は昔からこのベリーを好んで生食していた。現在でも、アメリカ人の食生活に欠かせない存在で、blueberry pie（ブルーベリーパイ）は特に好まれる。

boysenberry　ボイゼンベリー

blackberry と raspberry の交配種で、アメリカでは主に太平洋岸で栽培される。アメリカの園芸家 R.Boysen が作出した。実は大粒で、生食にもジャムなどにも向く。

cranberry　クランベリー

北半球の寒冷地に自生する、ツルコケモモに似たベリー。酸味が強いので、生食よりもソースに用いることが多い。特に七面鳥料理には付き物で、cranberry sauce はクリスマスや感謝祭（Thanksgiving）には欠かせない。

gooseberry　グズベリー、西洋スグリ

イギリスでは人気があるが、アメリカのものは酸っぱいので人気がない。果実酒にすることも多い。

mulberry　クワの実

クワ（桑）科の落葉高木で、mulberry tree ともいう。実は black mulberry（黒

実グワ）、red mulberry(赤実グワ)、white mulberry （白クワ） が代表的。日本に多いのは white mulberry （トウグワ、マグワ）で中国原産。葉はカイコのえさとして用いることが多い。赤く熟した実は甘い。

huckleberry　ハックルベリー

北米原産のベリーで、アメリカ北西部のロッキー山脈に自生する。blueberry に似ているが、種子は 10 粒程度で、blueberry のものより大きくて硬い。熊の大好物。なお、アメリカの作家 Mark Twain に *Adventures of Huckleberry Finn*（『ハックルベリーフィンの冒険』、1884）がある。

strawberry

blackberry

raspberry

blueberry

boysenberry

cranberry

gooseberry

mulberry

huckleberry

cabbage
キャベツ

＜プロフィール＞

　地中海沿岸地方原産のアブラナ科の葉物野菜。ほとんどどんな土壌でも育ち、手間がかからないので、古くから世界中で栽培されてきた。甘藍とか玉菜ともいう。発音は / キャビジ / に近い。なお、キャベツ 1 個は a head of cabbage と言う。2 個は two heads of cabbage だが、日常的には two cabbages とも言う。

　1）キャベツといえば結球した（葉が巻いた）ものを思い浮かべるが、キャベツは最初から結球していたわけではない。結球したキャベツが人間の手で作り出されたのは 8 世紀以降とされる。キャベツの仲間には、ブロッコリー（broccoli）、カリフラワー（cauliflower）、ケール（kale、kail）、芽キャベツ（Brussels sprout）、コールラビ（kohlrabi）などがある。

　2）ケールはキャベツの原種とされる。葉はちぢれていて、キャベツと異なり結球しない。イギリスでは、アングロサクソン時代から知られている古い野菜で、ゆでてバターで食べることが多い。日本ではもっぱら「青汁」の原料になる。なお、日本で正月の装飾として人気のあるハボタン（葉牡丹）はケールと同じ仲間である。

　3）キャベツはサラダ、スープ、煮込みなど用途が広いが、サラダとしてはコールスロー（coleslaw）が有名。千切りのキャベツをドレッシングであえたものである。また、ザワークラウト（sauerkraut）はキャベツを塩漬けにして発酵させた漬物で、ドイツ料理の付け合わせとして知られる。なお日本で好まれる「ロールキャベツ」は、英語では stuffed cabbage（「詰め物をしたキャベツ」の意）と言う。

＜参考＞

モンシロチョウはキャベツに害を与えるので cabbage butterfly とか cabbage white と呼ばれる。また、その幼虫（アオムシ）はキャベツの葉を食べるので cabbage worm とも言う。

●キャベツとその仲間たち

cabbage（キャベツ）

broccoli（ブロッコリー）

cauliflower（カリフラワー）

kohlrabi（コールラビ）

Brussels sprout（芽キャベツ）

kale（ケール）

carnation
カーネーション

<プロフィール>

ナデシコ科の多年草。原産地はヨーロッパ南部とされ、2000 年以上前から栽培されている。16 世紀以降、欧米で品種改良が重ねられ、園芸品種が非常に多い。日本には 17 世紀にオランダから伝わり、「オランダセキチク(和蘭石竹)」と呼ばれた。

1) 16 世紀までは淡いピンクのものだけだったが、その後交配によって赤、白、黄、紫などさまざまな色のカーネーションが作出された。本来、青い色はなかったが、日本のサントリーとオーストラリアの企業の共同研究開発による遺伝子組み換え技術により、1995 年に青紫色のカーネーションが誕生、「ムーンダスト(Moondust)」と名付けられ、1997 年から日本でも発売されている。

2) カーネーションといえば、多くの人が Mother's Day(母の日)を思い出す。5 月の第 2 日曜日のこの日は、子どもが母の愛に感謝する日とされ、母親が存命の子どもは赤の、母親を亡くした子どもは白のカーネーションを身につけることになっている。

3) Mother's Day はアメリカ、フィラデルフィアのアンナ・ジャービス(Anna Jarvis)という女性の提案がきっかけとされる。母を深く愛する彼女は周りの人々に呼びかけ、さらには徹底的な手紙作戦で政治家たちを動かし、ついに 1914 年、時のウィルソン(Woodrow Wilson)大統領にこの日の制定を認めさせることに成功した。今ではこの日は世界的な行事として広まっているが、特にアメリカで盛んで、この日アメリカ人の家族の三分の一は母親を食事に連れ出すという。なお、カーネーションはアンナの母親が大好きだった花らしい。

Mother's Day のカーネーション

Anna Jarvis

cedar
ヒマラヤスギ

＜プロフィール＞

cedar は「スギ（杉）」と訳されることが多いが、厳密には「ヒマラヤスギ」(Himalayan cedar, deodar cedar)を指す。日本各地に見られる「ニッポンスギ」は日本の固有種で、英語では Japanese cedar と言う。スギの仲間にはヒマラヤスギのほかに、レバノンスギ（Lebanon cedar）、イトスギ（cypress）、セコイア（sequoia）などがある。なお、cedar の発音は / シーダ / に近い。

１）cedar はマツ科の常緑高木で、ヒマラヤ原産。日本でも、公園などに広く植樹されている。外観が日本のスギと似ているので「ヒマラヤスギ」と訳されている。

２）Lebanon cedar はヒマラヤスギの一種で、かつては西アジアのレバノン周辺の山に豊富だったが、古代からの乱伐のために激減し、今ではレバノン山脈の一部にしか見られないという。このスギは大きさと美しさで樹木の王者の風格を持つ。古代イスラエルのソロモン王（King Solomon）も、このスギをふんだんに使って自らの宮殿を飾り立てたといわれる。また、聖書でもたびたび言及されていて、「力」「長寿」などのシンボルとされる。

３）cypress/ サイプラス / はヒノキの仲間で、西洋では墓地に多く植えられ、「死」や「墓」との連想が強い。棺おけの用材でもある。英米の文学では、葬儀を扱った場面に cypress がひんぱんに登場する。また、ゴッホ（Vincent van Gogh）の cypress を扱った絵はよく知られている。

レバノンの国旗
Lebanon cedar が描かれている

cypress（イトスギ）

347

cherry
サクランボ、桜

＜プロフィール＞

「桜」という語から日本人が真っ先に連想するのは「桜の花」だが、英語の cherry で英米人が思い浮かべるのは「桜の木」か「サクランボ」である。「桜の花」は cherry blossom と言う必要がある。したがって、cherry のイメージもサクランボの色（鮮紅色、紫）であり、日本語の「桜色」（白に近い淡紅色）とはかなり異なる。

1）アメリカの首都ワシントンのポトマック（Potomac）川の河畔にはりっぱな桜並木がある。この桜は 1912 年 3 月に当時の東京市長・尾崎行雄らの計らいで日本から贈られたもので、今では春になると 3000 本以上の桜が一斉に開花する。それに合わせて、「全米桜祭り」（National Cherry Blossom Festival）が 2 週間にわたって開催され、多くの地元民や観光客を集めている。

2）桜については、アメリカの初代大統領ワシントン（George Washington；1732 〜 99）のエピソードがよく知られている。ワシントンは少年時代、借りた斧の切れ味を試してみたくなり、父が大事に育てていた桜の木を切り倒してしまった。父がこのことを知れば怒るだろうとワシントンは悩んだが、「ぼくがやりました」と正直に告白した。するとワシントンの父は、「おまえの正直さは千本の桜の木より価値がある」と言い、許してくれたという。このエピソードは「うそをついてはいけない」という教訓のために作られた作り話だという説もある。

全米桜祭り

cherry は色としてはサクランボの色（紫に近い鮮紅色）を指す。

clover
クローバー

＜プロフィール＞

牧草・緑肥用に植えられるマメ科の多年草。葉はふつう3枚の小葉から成る。（シロ）ツメクサとも言う。ヨーロッパ原産。

1）ほかの牧草に混じって生育するせいもあって、四つ葉のクローバー（four-leaf clover）を見つけるのは難しい。それで、古くからこれを見つけた者には幸運がもたらされると信じられるようになった。これは、四つ葉のクローバーが十字架（cross）に似ていることにもよる。

2）クローバーの仲間の三つ葉の草に shamrock（シャムロック）がある。アイルランドの至る所に自生していて、アイルランドの国花となっている。なお、アイルランドの守護聖人は St. Patrick（聖パトリック）であるが、彼は伝道のためアイルランドを訪れたとき、キリスト教の「三位一体」（the Trinity）の教義を説明するのに、この三枚葉の shamrock を使ったとされる。

3）クローバーのように3枚の葉から成る植物を trefoil とも言う。trefoil は建築用語では「三つ葉模様」「三つ葉飾り」を指し、教会建築の装飾などにも用いられる。

4）クローバーの生える所は地味が肥えているしるしなので、clover は一般に「豊穣」を意味する。そこから、be [live] in clover（安楽に暮らす、ぜいたくな生活をする）という言い方が生まれた。

＜参考＞

①クローバーのことを日本語で「シロツメクサ」などとも言うが、この「ツメクサ」は「詰め草」から来ている。昔、オランダから日本へガラス器などを送る際、すき間にクローバーなどの干し草を詰めたことに由来するという。
②高速道路のインターチェンジで、形が四つ葉のクローバーに似ているものを cloverleaf という。

clover（シロツメクサ）

アイルランドラグビー協会の旗

corn
トウモロコシ（玉蜀黍）

＜プロフィール＞
corn は本来は「穀粒」の意で、その地方の主要な穀物（grain）を指す。現在、corn はアメリカ、カナダ、オーストラリアなどではトウモロコシを指すが、イングランドでは小麦（wheat）を、アイルランドやスコットランドではカラスムギ（oats）を指す。トウモロコシは小麦や米とともに世界3大穀物の1つである。なお、イギリスではトウモロコシを maize、穀物全般を corn と言う。

1）トウモロコシの原産地はメキシコで、先住民によって先史時代から栽培されてきたが、コロンブス一行が持ち帰るまでヨーロッパでは知られていなかった。初期のアメリカ植民者たちは先住民からトウモロコシの栽培法を教わり、生き延びることができた。アメリカの祝日である Thanksgiving Day（感謝祭）にトウモロコシを飾るのは先住民への感謝の気持ちからだという。

2）トウモロコシは家畜の飼料として栽培されることが多く、アメリカは世界最大の産出国である。アメリカの中西部にはトウモロコシ畑が見渡す限り続いていて、the Corn Belt（コーンベルト）と呼ばれる（p.352 の地図参照）。

3）食用に使われるトウモロコシには sweet corn がある（sugar corn とも言う）。ゆでたり焼いたりした穂軸（cob）付きのトウモロコシは corn on the cob と呼ばれる。そのほかに次のような食べ方がある。
corn bread　コーンブレッド
トウモロコシの粉で作ったパン。
corn dog　コーンドッグ
フランクフルトソーセージを串に刺し、cornmeal（ヒキワリトウモロコシ）の衣をつけて揚げたもの。日本では「アメリカンドッグ」とも言う。
cornflakes　コーンフレーク
トウモロコシのひき割りを薄片状に押しつぶして乾燥させたシリアル食品。牛乳・砂糖などをかけて朝食に食べることが多い。Kellogg(ケロッグ)社や Nabisco(ナビスコ)社のものが世界的に有名。なお、複数扱いであることに注意。

4）トウモロコシを主原料にしたウィスキーを corn whisky と言い、最も有名なのが bourbon（バーボン）である。もともとケンタッキー州のバーボン郡（Bourbon County）で作られたことからこの名がある。

5）だれもが知っている「ポップコーン」は popcorn という爆裂種のトウモロ

コシで作る。先住民はこの実を煎るとはぜることを発見し、早くから食用にしていた。アメリカの映画館や遊園地などでは popcorn が付き物である。

6）トウモロコシの穂軸（芯）は corncob（略して cob）といい、皮は cornhusk という。corncob はいろいろな用途に使われるが、最もよく知られているのは corncob pipe（コーンパイプ）である。第二次世界大戦が終了し、アメリカのマッカーサー元帥が厚木基地に降り立ったときくわえていたのがこのパイプである。漫画のポパイ（Popeye）が口にくわえているのもこのパイプで、コーンパイプはアメリカ独特のもの。→ **Popeye〈第8章〉**

7）トウモロコシの皮をむくことを cornhusking という。また、トウモロコシ農家の隣人たちが手伝いに集まって皮むきをするが、これは husking bee（皮むき会）と呼ばれる。作業が終わったあとはダンスパーティーをしたりする。

8）corn には「粒」「粒子」という意味がある。また、動詞として「塩漬けにする」という意味にもなる。corn(ed) beef（コーンビーフ）は「塩漬けにした牛肉」という意味で、トウモロコシとは無関係。なお、cornstarch（コーンスターチ）はトウモロコシのでんぷんで、スープなどに用いる。

9）トウモロコシはありふれた穀物で値段も安いので、corn という語は軽蔑的な意味でも用いられる。たとえば、The movie was just corn. は「その映画は（陳腐で）つまらなかった」の意である。また、形容詞形の corny は口語で「古臭い」「ダサい」という意味になる。

＜参考＞
トウモロコシが日本に入ったのは 1579 年（天正 7 年）。ポルトガル人によって中国経由でもたらされた。トウモロコシは漢字では「玉蜀黍」と書くが、中国語の表記をそのまま持ち込んだもので、「トウモロコシ」という音とは対応していない。「トウモロコシ」という語も、「トウ（唐、すなわち中国）」と「モロコシ」（唐土）を結び付けただけのものである。

dent corn
世界で最も栽培量の多いトウモロコシ。主に家畜用飼料になる。

flint corn
先住民が栽培していた種の１つ。堅いので粉にしてコーンブレッドにして食べる。

the Corn Belt

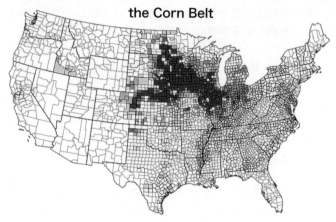

アメリカ中西部のトウモロコシ地帯（the Corn Belt）
およそ、以下の州を含む地帯を指す。
アイオワ州、イリノイ州、ネブラスカ州、ミネソタ州、インディアナ州、ミシガン州、オハイオ州、カンザス州、ミズーリ州、サウスダコタ州、ノースダコタ州、ウィスコンシン州

見渡す限り続くトウモロコシ畑（アメリカ）

daffodil
ラッパズイセン（らっぱ水仙）

<プロフィール>

ヒガンバナ科のスイセン（narcissus）の一品種。らっぱ（trumpet）状の花をつけるので、trumpet narcissus とも呼ばれる。イギリスの春の到来を告げる黄色い花で、ウェールズの国花でもある。原産地は地中海沿岸地域で、中国を経て日本へ渡ったとされる。「水仙」は中国語を音読したもの。

1）narcissus はスイセンの総称だが、daffodil と区別して poet's narcissus（クチベニスイセン）を指すこともある。こちらは白い花を咲かせるスイセンで、詩人たちに特に愛された。narcissus という語はギリシャ神話に登場する美青年 Narcissus（ナルキッソス）に由来する。彼は泉に映った自分の姿に恋い焦がれたが、思いがかなわず泉に身を投げ、溺れてスイセンの花に化したと言う。この神話から narcissism（自己陶酔、ナルシズム）という語が生まれた。narcissist（自己陶酔する人、ナルシスト）はその派生形である。

2）イギリスの詩人ワーズワース（William Wordsworth；1770〜1850）は妹と散歩している途中、daffodil の群生を見て、次の詩を書いた（1804年）。この詩はほとんどのイギリス人が知っているという。

The Daffodils

I wander'd lonely as a cloud
That floats on high o'er vales and hills,
When all at once I saw a crowd,
A host of golden daffodils,
Beside the lake, beneath the trees,
Fluttering and dancing in the breeze.
（前半のみ）

水仙

私は独りさみしくさまよっていた
谷を越え山を越えて、ただよう一片の雲のように
すると突然、目の前に花の群れが現れた
おびただしい水仙の群れが黄金色に輝いていた
湖の岸辺に樹々の下に、そよ風に吹かれて、
ゆらゆらと踊っていたのだ
（筆者訳）

daffodil（ラッパズイセン）

poet's narcissus（クチベニスイセン）

353

daisy
デイジー、ヒナギク

＜プロフィール＞

ヨーロッパ原産のキク科の多年草。歴史は古く、古代エジプトですでに知られていた。原種の English daisy は、イギリスなどでは芝生の雑草扱いされている。花も小さく、派手さはない。日本には明治初期に伝わり、さまざまな色・形の花に改良された。和名はヒナギク（雛菊）である。なお、アメリカで daisy といえば「フランスギク」（oxeye daisy）を指すことが多い。

１）ありふれた野の花だが、素朴な美しさがあり、イギリスでは多くの文学者に愛されてきた。たとえばチョーサーは「花の女王にして、花の中の花」（the empress and flowers of flowers all）と述べている。また、バーンズ、シェイクスピア、ミルトンなどもこの花を愛でているが、この花を最も愛したのはワーズワースで、3篇の「ヒナギクに寄せる詩」（To the Daisy）を残している。

２）daisy の名は、太陽を指す古英語の day's eye（日の目）から来ている。day's は sun's の意味で、花の形が太陽に似ていて、朝花が開き、夕方に花を閉じることによる。なお、daisy は昔から innocence（無邪気、純真）の象徴とされる。

３）デイジーの花びらを使った女の子の遊びに次のような恋占いがある。デイジーの花びらを1枚ずつちぎりながら、He loves me. ／He loves me not…と交互に繰り返して言い、最後に残った花びらがどちらの文句に当たるかで、自分の好きな人の気持ちを占おうとするものである。

＜関連表現＞

(as) fresh as a daisy　元気はつらつで

be pushing up (the) daisies 死んで埋葬されている　▶「（墓地の）デイジーを押し上げている」の意から。under the daisies とも言う。おどけた言い方。

daisy chain デイジーの花輪　▶子どもが首飾りや髪飾りに用いる。

daisy（デイジー）

dandelion
タンポポ

＜プロフィール＞

キク科の多年草。dandelion という名前はギザギザの切れ込みのある葉の形から、フランス語で *dent de lion*（ライオンの歯）と呼ばれたことに由来する。

1）タンポポは日本ではかわいい雑草として愛されているが、西洋では芝を荒らす花として嫌われることが多い。ただし、フランスなどではタンポポを食用に改良した品種をサラダ菜として使うことがある。また、乾燥させた根をせんじて dandelion coffee（タンポポコーヒー）という飲み物を作ったりする。

2）イギリスではタンポポの白い綿毛の球を俗に dandelion clock（タンポポ時計）と呼ぶ。子どもたちはこれを吹いて何回で全部の綿毛を吹き飛ばすかで、その時の時間を当てるという遊びをすることがある。また、タンポポを使ってデイジー（daisy）と同じような恋占いをしたりもする。→ **daisy**

3）日本には、タンポポの仲間は 20 種以上あるが、近年は外来種に押されっぱなしのようだ。かつて都市部でよく見られたセイヨウタンポポも、現在ではその後渡来したアカミ（赤実）タンポポに押されているという。

セイヨウタンポポ

grape
ブドウ（葡萄）

＜プロフィール＞

ブドウ科のつる性落葉低木、およびその果実。世界で最も多く栽培されている果実の１つで、歴史的にもリンゴやオリーブとともに非常に古い。神話や伝説にもひんぱんに登場する。日本では生で食べることが多いが、世界的にはブドウの大半はワイン作りに使われる。→ **wine**〈第６章〉

１）ブドウは房になっているので、通例 grapes の形で用いる。単数形は１粒のブドウを指す。また、「１房のブドウ」は a bunch [cluster] of grapes と言う。「ブドウの木［つる］」は grapevine と言うが、この語は「秘密の情報ルート」「口コミ」「うわさ」という意味で用いることがある。たとえば、I heard it on [through] the grapevine. は「それは人づてに聞いたんだ」という意味である。なお、grapevine は単に vine とも言う。

２）ブドウの木はローマ神話のブドウとブドウ酒の神であるバッカス (Bacchus) と縁が深い。バッカスはブドウの木を発見し、ブドウ酒の製法を知ったといわれている。また、ブドウは「豊穣」「快楽」「子だくさん」などを連想させる。

３）イソップ物語のキツネとブドウの話 (The Fox and the Grapes) はよく知られている。キツネはブドウがあまりに高い所にあって手が届かないと知ると、「どうせあのブドウは酸っぱいのさ」とつぶやきながら去って行く。この話から、sour grapes（酸っぱいブドウ）は「（ほしい物が手に入らなかったときの）負け惜しみ」の意味で用いられる。右ページの挿絵参照。

４）the grapes of wrath（怒りのぶどう）という聖書に由来する表現がある。この句は神の怒りの象徴として聖書にたびたび登場する。また、アメリカの作家スタインベック(John Steinbeck；1902 ～ 68) は *The Grapes of Wrath* という同名の小説を書き、1940 年には映画化もされた。1930 年代のオクラホマ州の農民一家を中心に、砂あらしによって土地を追われカリフォルニア州に新天地を求めて移住する主人公 Tom Joad（トム・ジョード）らの悲惨な姿を描いたものである。

1484 年に出版された『イソップ寓話』の挿絵

grass
草、牧草、芝生

＜プロフィール＞

grass は「草」の意味の最も一般的な語だが、日本語の「草」と異なり、良いイメージの語。反対に、農作物などの害になる「雑草」は weed という。grass はまた「芝生」の意味にもなる。なお俗語で、幻覚物質のマリファナ（marijuana）のことを grass と言うことがある。

1）grass が「芝生」の意味になるのは、緯度の高いヨーロッパではモンスーン（季節風）地帯の日本と異なり、森などでも下草や雑草はあまりはびこらず、柔らかい草地はそのまま牧場になり、刈り込めば芝生になるからである。刈り込んだ芝生は lawn ／ ローン ／ とも言い、lawn を植え込んだ庭は英米人の住宅の理想の場所とされる。なお、grass court といえばテニスの「芝生のコート」のことである（反対は clay court, hard court）。

2）社会の権力者層や指導者層に対して、「一般大衆」を grass roots（草の根）と言うことがある。grass-roots movement [campaign] はいわゆる「草の根運動」である。また、grass-roots democracy（草の根民主主義）という言い方があるが、これは一般市民の一人ひとりが積極的に政治に参加することを指す。いわゆる「市民運動」などもその 1 つである。

＜関連表現＞

(as) green as grass（草のように）青々とした；（人）が未熟な、「青い」
The grass is (always) greener (on the other side of the fence).
《ことわざ》隣の芝生は青い　▶「他人のものは（いつも）良く見える」の意。
of the fence は省略することもある。また、単に The grass is greener. とも言う。
not let the grass grow under your feet ぐずぐずしない、さっさとやる
put A out to grass（高齢などの理由で）A（人）に仕事をやめさせる

iris
アイリス

＜プロフィール＞

アヤメ科の植物で、アヤメ、ハナショウブ、カキツバタなどの類を言う。日本や中国のほか、ヨーロッパや北アメリカなど、世界中の温帯に分布するが、熱帯には見られない。

1）iris の名はギリシャ神話の虹の女神イーリス（Iris）と関係がある。イーリスは天と地を結ぶ神々の使者として虹の橋をかけて空の道とし、神々と人間の間を取り持った。そのイーリスが地上に降りて姿を変えたのがアイリスだという。また、この花が虹のように美しいからだという説もある。

2）欧米ではアイリスの品種改良が進んでおり、中でもジャーマン・アイリス（German iris）は花の色も多彩で、「虹の花」と呼ばれる。日本のハナショウブ（花菖蒲）も江戸時代から改良が重ねられ、アイリスの中でも最も優美な花の1つとして、Japanese iris と呼ばれる。

3）iris は眼球の中にある「虹彩（こうさい）」や、カメラなどの「虹彩絞り」（iris diaphragm）を指すこともある。いずれも虹の女神 Iris に由来する。

＜参考＞

フランスのブルボン王家の紋章 fleur-de-lis（フラー・ド・リー）はユリ（lily）　の形をしているが、アイリスをかたどったものとされる。

iris（アイリス）

fleur-de-lis（フランス、ブルボン王家の紋章）

ivy
ツタ（蔦）

＜プロフィール＞

吸盤のある巻きひげで木や岩にからみつく蔓（つる）性植物。北米や日本のツタは Boston ivy とか Japanese ivy と呼ばれるブドウ科の落葉植物だが、英語の ivy は common ivy とか English ivy と呼ばれるウコギ科の「セイヨウキヅタ」を指すことが多い。

１）セイヨウキヅタは常緑で、ヨーロッパから中東にかけて自生している。永遠の生命を表す常緑のシンボルとして教会や家庭で好まれるが、繁殖力が強いため厄介者扱いされることも多い。

２）アメリカ東部から中部にかけて分布するツタの一種に Virginia creeper（アメリカヅタ）がある。American ivy とも言う。creeper とは「はう植物」の意である。

＜参考＞

日本語の「ツタ」という名は、岩や崖に「つたって」伸びる性質から来ている。なお、「つる」は vine といい、ツタのようによじ登る植物は climber とか climbing plant と呼ばれる。

COLUMN

the Ivy League について

アメリカ北東部にある歴史と伝統を誇る名門私立大学を the Ivy League（アイビーリーグ）と呼ぶ。具体的には、次の８大学を指す。また、この８大学から成る競技連盟も指す。ハーバード（Harvard）／プリンストン（Princeton）／イェール（Yale）／コロンビア（Columbia）／ダートマス（Dartmouth）／コーネル（Cornell）／ペンシルベニア（Pennsylvania）／ブラウン（Brown）

Ivy League という呼称の由来は、「ツタのからまるレンガ造りの古い大学」の意味で、1930 年代にある新聞記者が使ったのが最初とされる。これらの大学の学生や卒業生を指して、時には冷笑的に Ivy Leaguer（アイビーリーガー）と呼ぶことがある。なお、Ivy には「洗練されている」というイメージと同時に、「保守的」というイメージもある。

laurel
ゲッケイジュ（月桂樹）

＜プロフィール＞
地中海沿岸原産のクスノキ科の常緑高木。葉や果実に芳香があるので、香水やスパイスとして利用される。また、ギリシャやギリシャ神話との結びつきが強い。「勝利」や「栄冠」のシンボルでもある。

1）古代ギリシャでは、太陽神アポロン（Apollo）の祭りとして、ピューティア祭（Pythian Games）という全民族的な競技祭が４年ごとに行われた。この競技祭で、マラソンの勝者に月桂樹の葉で作った冠をかぶせたことから、月桂樹は「勝利」「栄冠」「栄誉」のしるしとなった。

2）ギリシャ神話では、アポロンとダフネ（Daphne）の話が有名。ダフネはアポロンに求愛されたがそれを受け入れず、ただ逃げるばかりだったが、ついに捕らえられてしまう。彼女は父ペネイオスに助けを乞い、父はその願いを入れて彼女を月桂樹に変えたという。この神話は古代から文学・絵画・彫刻などに好んで取り上げられた。

3）laurel に由来する laureate ／ローリアット／という語は「月桂樹を頭にいただいた（人）」の意で、poet laureate はイギリスで最高の詩人に王室から授けられる称号である「桂冠詩人」を意味する。今では、大きな賞の受賞者も laureate という。（例）a Nobel peace laureate（ノーベル平和賞受賞者）

4）月桂樹は別名 bay とか bay laurel とも言う。乾燥させた月桂樹の葉（bay leaf ベイリーフ）はスパイスとして煮込み料理に広く用いられる。「ローリエ」とも言うが、これは laurel に当たるフランス語 *laurier* から。

月桂樹の花

月桂樹の冠（月桂冠）

---

lilac
ライラック、リラ

＜プロフィール＞

モクセイ科の落葉低木。16世紀の中頃にトルコからヨーロッパにもたらされたという。晩春から初夏にかけて薄紫色や白の小花が房状につき、芳香がある。この芳香は木が枯れたあとも残るという。lilacは英名で、フランス名が「リラ」(lilas)である。日本には明治中期に導入され、「ムラサキハシドイ」という和名が与えられた。

1）欧米では、春の最もふつうの花として親しまれている。イギリスでは、庭木としても栽培される。アメリカでは、紫のライラックがニューハンプシャー州の州花となっている。花ことばは、紫ライラックが「初恋のときめき」(first emotions of love)、白ライラックは「若い無心」(youthful innocence)である。

2）一方、ライラックには縁起の悪い花というイメージもある。特に白いライラックは死の予兆として、病気見舞いには禁物とされる。また、紫色のライラックは悲しみの色とされており、不吉の象徴とされる。

3）イギリスの詩人T. S. エリオット (T. S. Eliot；1888〜1965) はその代表的長詩『荒地』(*The Waste Land*) の中で、ライラックの花を取り上げ、こう詠っている。冒頭の「埋葬」(The Burial of the Dead) から。

> April is the cruellest month, breeding
> Lilacs out of the dead land, mixing
> Memory and desire, stirring
> Dull roots with spring rain.

> 四月は何とも残酷な月だ
> リラの花を死んだ大地から生み出し
> 記憶と欲望をない交ぜにしたりして
> 春の雨で、なまった草の根を立たせるのだ

(筆者訳)

lily
ユリ（百合）

<プロフィール>
ユリ科の多年草の総称。北半球の温帯に約 80 種の原種がある。そのうちの六分の一は日本に分布する。ヤマユリ、ササユリ、ヒメユリ、カノコユリ、オニユリ、テッポウユリ、クルマユリなど。

1）ユリはバラ（rose）とともに古くから人類に愛されてきた。特に白ユリは「清純」の象徴とされ、西洋では教会や聖母マリア（Madonna）との連想が強い。そのため白ユリは Madonna lily と呼ばれる。白ユリはまた、Easter（復活祭）に欠かせない花で、復活祭には今でも Easter lily を飾る。

2）聖母マリアを描いた中世の絵画のほとんどにユリの花が描かれている。ルネサンスの絵画では、大天使ガブリエルが白ユリを手にマリアに受胎を告げる絵（受胎告知）が有名である。下の絵では、大天使ガブリエル（左）の右手と顔の間に白ユリが見える。

受胎告知（レオナルド・ダ・ビンチ画）

3）旧約聖書の『雅歌』に現れる lily of the valley は「谷間のユリ」と訳されるが、これはユリではないようだ。ユリはヨーロッパには自生しなかったので、ユリに似た花（アネモネなど）にも lily が用いられた。

4）新約聖書の『マタイの福音書』（6：28）にある次の文章は有名である。Consider the lilies of the field, how they grow, they toil not neither do they spin.（野の花がどのように育つのか注意して見なさい。働きもせず、紡ぎもしない）。この文句を含む「山上の説教」（the Sermon on the Mount）で、イエスはソロモン王の栄華もこの花の美しさには及ばないと説いた。

＜参考＞
lily-white は「ユリのように白い；純白の」の意味だが、アメリカの口語では「白人中心主義の」「黒人排斥支持の」の意味で用いられることもある。

●主なユリの種類

ヤマユリ

ヒメユリ

オニユリ

テッポウユリ

mistletoe
ヤドリギ

＜プロフィール＞

ヤドリギは漢字では「宿木」または「寄生木」と書く。文字通り、他の樹木に寄生する常緑の植物である。日本では特にヤドリギに関する言い伝えなどはないようだが、ヨーロッパでは実のついたヤドリギの枝をクリスマスの飾りつけなどに用いる風習がある。なお、発音は / ミスルトウ / である。

１）ヤドリギはヨーロッパでは古くから縁起のよい植物とされ、今でもイギリスなどでは魔よけとして一年中家庭内で保存する習慣がある。これは古代ケルト民族のドルイド僧（Druid）が oak（ナラ、カシ、カシワなど）の木に寄生したヤドリギを尊崇したなごりとされる。→ **oak**

２）また、古くからクリスマスにヤドリギの小枝を天井や戸口につるす風習がある。男性はこのヤドリギの下にいる少女にキスをしてもいいということになっており、これを the kissing under the mistletoe（ヤドリギの下でのキス）という。女性はこれを拒んではいけないという。

COLUMN

Druid（ドルイド）について

Druid とは、キリスト教伝来以前にヨーロッパ西部、ブリテン島、アイルランドなどにいた古代ケルト人の僧［神官］のこと。祭司、預言者、詩人、裁判官などを兼ねていたとされる。ローマの博物学者プリニウス（Pliny the Elder）によると、彼らはヤドリギを神聖視し、２頭の牝牛を犠牲にした後、半円形の金の鎌でヤドリギを刈り取ったという。Druid という語は、古ケルト語で oak（オーク）を意味する *drus* と、「知る」を意味する *wid* から成り、「オークを崇拝する者」の意である。

Druid（ドルイド僧）

mistletoe（ヤドリギ）

nut
木の実、ナッツ

＜プロフィール＞
果肉の柔らかい果実（ベリー）に対して、堅い殻に包まれた木の実（堅果）一般を nut という。ナッツは昔から世界各地で食用にされたり、油を採るのに用いられてきた。ケーキやアイスクリーム材料にもなる。→ **berry**

1）ナッツの種類としては次のようなものがある。（アルファベット順）
acorn（ドングリ）オーク（oak）の木の実。
almond（アーモンド）種子の中の仁（じん）が食用になる。扁桃（へんとう）、巴旦杏（はたんきょう）とも言う。
cashew nut（カシューナッツ）熱帯アメリカ原産。
chestnut（クリ）マロングラッセの材料になる。
coconut（ココナッツ）ココヤシ（coconut palm）の実。coco とも言い、直径約30㎝。
hazelnut（ヘーゼルナッツ）セイヨウハシバミの実。実や用途はクルミ（walnut）に似る。
horse chestnut（セイヨウトチノキ）
有名なパリの「マロニエ」はこの木のこと。
macadamia nut（マカダミアナッツ）
ハワイで広く栽培されている macadamia の木の実。発見者であるオーストラリアの化学者 John Macadam の名から。
peanut（ピーナッツ）「落花生」「ナンキンマメ」とも言う。
pecan（ペカン、ピーカン）アメリカ固有のクルミ科の高木の実。アメリカで特に好まれる。
pistachio（ピスタチオ）南欧に多いウルシ科の落葉樹で、実は殻付きのままあぶって食べたり、アイスクリームやシャーベットの材料として利用される。なお、pistachio green は薄黄緑色を指す。
walnut（クルミ）全世界の温暖地方で広く栽培されている。日本には主にオニグルミとヒメグルミが自生する。用途は非常に広い。

2）堅いクルミの殻を割るのに用いる道具を nutcracker（クルミ割り）という。チャイコフスキー作曲のバレエ曲『くるみ割り人形』は英語で *The Nutcracker* という。また、a hard [tough] nut (to crack)（割りにくい木の実）という言い方があり、比喩的に「解決困難な問題」「付き合いにくいやつ」の意味で用いる。

●主な nut の種類

almond

cashew nut

chestnut

horse chestnut

hazelnut

coconut

macadamia nut

pecan

peanut

pistachio

walnut

nutcracker（クルミ割り）

oak
オーク

＜プロフィール＞

ナラ（楢）、カシワ（柏）、カシ（樫）、クヌギ（椚）などのブナ科の樹木の総称だが、イギリスの oak は English oak（オウシュウナラ）と呼ばれる落葉樹で、ふつう 20m を超す大木に成長する。そして、20 年くらいたってドングリ（acorn）を実らせる。oak は材質が硬く、強じんで弾力性もあるので、家具材や船材として欠かせない。

1）イギリスには樹齢何百年にもなるオークの木（oak tree）がある。イギリスの木として真っ先に名前が上がるのが oak である。ロビン・フッド（Robin Hood）の伝説で知られるノッティンガム州のシャーウッドの森（Sherwood Forest）には樹齢 1500 年ともいわれる巨木が実在する。ロビン・フッドはこの古木の枝の間に隠れたとも伝えられる。

2）oak の別名は the monarch of the forest（森の王者）である。そのたくましさから剛健なイギリス精神の象徴とされる。また、苦難を耐え忍ぶキリスト教徒のシンボルともされる。

3）oak は古代ケルト民族のドルイド僧（Druid）にとっても神聖な木だった。彼らは oak の茂る森で神事を行い、oak の木に宿るヤドリギを神聖視したという。
→ **mistletoe**

＜参考＞

代表的な oak は落葉樹だが、同じ仲間である日本のカシ（樫）は常緑樹なので、（Japanese ）evergreen oak と訳すのが正確であるとされる。

acorn（ドングリ）

oak tree（オークの木）

367

olive
オリーブ

<プロフィール>
モクセイ科の常緑高木、およびその実。有史以前から栽培され、古代ヘブライ人にとってきわめて重要な植物の 1 つだった。現在、オリーブの生産国の 98％以上は地中海沿岸諸国で、特にスペイン、イタリア、ギリシャ、トルコなどが多い。

1 ）オリーブの実から採れるオリーブ油（olive oil）は古代地中海貿易の主要商品の 1 つで、特にギリシャの都市国家アテナイ（現在のアテネ）はオリーブ油の交易によって大いに栄えた。ギリシャが芸術やスポーツの分野で光彩を放ち、さらには民主主義を開花させたのはオリーブ油のおかげとされる。オリーブ油は儀式の際の油として、また清めの聖油や香料としても広く用いられた。ちなみに、Christ（キリスト）という語は「儀式で聖油を注がれた者（救世主）」という意味のギリシャ語から来ている。

2 ）旧約聖書の『創世記』に、有名な「ノアの箱舟（Noah's Ark）」の話がある。ノアが洪水が収まったことを知ったのは、ハトがオリーブの葉（のついた枝）をくわえて帰ってきたからであった。この故事から、オリーブの枝（olive branch）はハト（dove）とともに平和や和解の象徴とされる。offer [hold out] an olive branch（和平を申し出る）という表現もこの故事に由来する。ちなみに、国連旗の図案は地球をオリーブの枝が囲んでいる。

3 ）olive には「オリーブ色」の意味もあり、熟していないオリーブの実の色（濃い黄緑）を指す。olive green ともいう。また、若い女性などの肌について「オリーブ色の肌」（olive skin）ということがあるが、これは黄味がかった褐色を指す。

オリーブの木

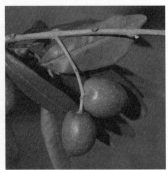

オリーブの実

orange
オレンジ

＜プロフィール＞

ミカン科の常緑高木、およびその果実の総称。非常に多くの品種があり、世界各地で広く栽培されている（ただし、寒いイギリスでは育たない）。アメリカでは、カリフォルニア州とフロリダ州が主産地。品種としては、皮のむきやすい mandarin orange（マンダリン）や、赤みの強い tangerine orange（タンジェリン）が多い。

１）日本で主流の「温州（うんしゅう）ミカン」は satsuma orange とか、単に satsuma の名で輸出されている。satsuma とは鹿児島県西部の旧名「薩摩」のことだが、このミカンが鹿児島原産というわけではなく、18 世紀に中国の温州から帰国した僧侶が、持ち帰った柑橘（かんきつ）の種子を鹿児島にまいたところ、たまたま質の良いミカンが生じたのがもとだと言われる。

２）日本語で「ネーブル（オレンジ）」と呼ばれる navel (orange) もオレンジの１品種。navel は「へそ」の意で、頂部にへそ状の突起があることからこう呼ばれる。多汁で甘みが強い。カリフォルニア州が主産地。

３）orange は多くの実をつけるので、「多産」や「繁栄」を象徴する。また、オレンジの白い花（orange blossom）は「純潔」の象徴で、花嫁はその花を髪に飾ったり、身につけたりする。

４）　日本語で「オレンジ色」と言うと、たいていオレンジの皮のような明るいだいだい色を思い浮かべるが、英語の orange (color) はもっと意味の範囲が広く、茶色（brown）に近い色にも用いる。たとえば、orange cat は「オレンジ色の猫」ではなく茶色の猫を、orange pants は茶系統のズボンを指す。

＜参考＞

「オレンジジュース」は orange juice だが、果汁 100％のものをいう。単にオレンジ風味の飲み物は orange drink とか orange pop（炭酸入り）という。また、orangeade（オレンジエード）という清涼飲料もある。

navel orange（ネーブル）

palm
ヤシ、シュロ

＜プロフィール＞

熱帯から亜熱帯に分布するヤシ科の常緑樹の総称で、「ヤシ」にも「シュロ」にも相当する。種類は 2500 種にも及ぶとされる。葉の形が手のひら（palm）に似ているところから palm と呼ばれる。実を採るために栽培される coconut palm（ココヤシ）と date palm（ナツメヤシ）が代表的。なお、ヤシの木は palm tree と言う。

１）coconut palm は熱帯地方の代表的なヤシで、木の高さは 25m にも達する。また、その果実である coconut（ココナッツ）はフットボール状で、直径約 30 ㎝。若い果実の中にある液状の胚乳を coconut milk（ココナッツミルク）と言い、飲料になるほか、さまざまな用途がある。

２）date palm は特に北アフリカや中東地域に多く見られるヤシ。だ円形の果実（date）は食用になる。date palm は中東では数千年前から生育されてきて、特にパレスチナの象徴的存在だったが、今ではほとんど姿を消したと言う。

３）ナツメヤシの葉や枝はギリシャ・ローマ時代から「勝利」の象徴として用いられた。古代オリンピックでは、ヤシの葉が勝利者に与えられた。また、イエスが十字架の死の前の日曜日にエルサレムに入ったとき、民衆はナツメヤシの枝や葉を道に敷いて迎えに出たという（『ヨハネの福音書』12：13）。このことから、palm は「殉教」のシンボルともなった。なお、これにちなんで、復活祭（Easter）直前の日曜日は Palm Sunday（シュロの日曜日）と呼ばれる。

＜参考＞

シュロ（棕櫚）は南九州原産とされ、高さは約 6m。初夏に黄色い小花をたくさんつけ、球状の実を結ぶ。幹の繊維をロープ、ほうき、たわしなどの材料にする。

coconut palm（ココヤシ）

date palm（ナツメヤシ）

poppy
ケシ（芥子）、ポピー

＜プロフィール＞

ケシ科の越年草。西アジア・東南ヨーロッパ原産。一般には麻薬を採る opium poppy（アヘンゲシ）を指すが、広い意味では観賞用のヒナゲシ（corn poppy）やオニゲシ（Oriental poppy）なども含む。ヒナゲシはイギリスの麦畑によく見られる野の花である。

１）ケシの花の散った後の球形の実（「けし坊主」という）から麻薬の催眠効果のある白い乳液が採れ、これがアヘン（opium）やモルヒネ（morphine）、さらには製造・所持・使用のすべてが厳禁されているヘロイン（heroin）の原料となる。アヘンはエジプトでは７〜８世紀ごろにはすでに採取されていたというが、19世紀になると麻酔薬として用いられる一方、麻薬としても一般化し、多くの人を廃人にする原因となった。19世紀イギリスの文学者コールリッジ(S. T. Coleridge) やディケンズ（Charles Dickens）、シェリー（P. B. Shelley）などもアヘンを使っていたという。ド・クインシー（De Quincey）には "Confessions of an English Opium Eater"（『阿片服用者の告白』; 1822）という小説もある。

２）第１次世界大戦の激戦地であったフランダース（Flanders）ではヒナゲシの花がいたる所に咲き乱れたという。これがきっかけとなり、Poppy Day（ケシの日）という戦死者を悼む日が生まれた。イギリスでは11月11日にいちばん近い日曜日を Remembrance Sunday（戦没者記念日）とし、この日は赤い造花のヒナゲシを身につけて第１次・第２次世界大戦の戦死者を追悼する。なおアメリカでは、5月の最終月曜日の Memorial Day（戦没者追悼記念日）を Poppy Day とし、大部分の州では公休日としている。

poppy（ケシの花）

potato
ジャガイモ

<プロフィール>

ナス科の多年生作物。南アメリカのアンデス原産。ヨーロッパに伝えられたのは16世紀になってから。日本語では、根や地下茎が大きくなった植物を「イモ(芋)」と総称するが、英語には「イモ」に相当する単語はない。

1) potato という語はスペイン語の batata (サツマイモ) から来ていて、アメリカでは今でも potato を「サツマイモ」の意味で用いることがある。しかし、混同を避ける必要があるときは、サツマイモは sweet potato、ジャガイモは white potato または Irish potato と呼んで区別している。なお、サツマイモも中南米原産である。

2) ジャガイモの原産地は南米のペルーあたりの高地とされるが、ごく狭い地域で食べられていた食物だったらしい。トウモロコシ (corn) とともに長い間インカ文明の重要な食物だった。ヨーロッパへは、インカ帝国を滅ぼしたスペイン人の征服者によって16世紀にもたらされたが、奇異な塊茎のため、食べ物としての普及には時間がかかったらしい。現在では、約130か国で栽培され、世界で最も重要な作物の1つとなっている。

3) 16世紀にヨーロッパに伝えられたジャガイモは、またたく間に広まったが、特にアイルランドでは完全に主食となった。しかし、これがアイルランドに大きな災いをもたらした。1845〜49年、葉枯病によるジャガイモの不作はジャガイモに頼り切っていたアイルランドに大飢饉をもたらし、5年間に100万人以上が餓死し、結局150万人が海外 (主にアメリカ) に移住する結果となった。この大飢饉は the Potato Famine (ジャガイモ大飢饉) と呼ばれる。

4) 日本へは、1598年に長崎に来たオランダ人によって、ジャワのジャカトラ (今のジャカルタ) から伝わったとされる (1601年という説もある)。出港地のジャカトラにちなんで、最初は「ジャガタライモ」と呼ばれていたが、しだいに「ジャガイモ」と呼ばれるようになった。栽培が本格化するのは明治初年になってからで、北海道が主産地。なお、アメリカではアイダホ (Idaho) 州が全米一の生産量を誇り、大ぶりな Idaho potato はジャガイモの代表選手とされる。

5) ジャガイモには数多くの料理法があるが、基本になるのは boiled potato (ゆでたジャガイモ) である。ほかに baked potatoes (焼きジャガイモ)、mashed potatoes (つぶしたジャガイモ、マッシュポテト)、油で揚げたフライドポテト

（French fries）が代表的。また、千切りにしたジャガイモの表面を焼いた hash（ed）browns（ハッシュブラウン）という料理もある。アメリカでは、朝食の卵料理に添えることが多い。

French fries（フライドポテト）

potato chips（ポテトチップ）

COLUMN

「ポテトチップ」について

　ジャガイモをごく薄く切り油で揚げたものを日本では「ポテトチップ」と呼んでいるが、英語では potato chips である（イギリスでは、これを potato crisps という）。一方、ジャガイモを細長く切って油で揚げたいわゆる「フライドポテト」のことをイギリスでは potato chips といい、アメリカでは French fries とか French fried potato(es) という。

＜関連表現＞

hot potatoes（だれも扱いたがらない）やっかいな問題　▶焼きたてのジャガイモは熱くて処理に困ることから。

small potatoes　くだらない人［物］　▶複数形だが、1 人［1 つ］にも用いる。

Irish Potato Famine Memorial
アイルランドのジャガイモ飢饉の記念碑
▶ダブリンのリフィー川沿いの遊歩道に、1997 年に設置されたブロンズの群像。作者はローワン・ギレスピー（Rowan Gillespie）で、大飢饉からの難民が到着したカナダのトロントにも同テーマの彼の作品がある。

pumpkin
カボチャ（南瓜）

＜プロフィール＞
ウリ科の植物。原産地は南米のペルーとされる。日本には 16 世紀にポルトガル船によってカンボジアから伝来したので「カボチャ」と呼ばれるようになった。なお、発音は / パンプキン /、または / パンキン / である。

1）pumpkin はアメリカでは Thanksgiving Day（感謝祭）に付き物である。10 月 31 日のハロウィーン（Halloween）に、子どもたちはこの大きなカボチャの中身をくり抜いて、皮に目や鼻や口をあけ、jack-o'-lantern と呼ばれる「かぼちゃちょうちん」を作る。また、この日は pumpkin pie（カボチャパイ）も欠かせない。

2）pumpkin の仲間に squash（スクワッシュ）や zucchini（ズッキーニ）がある。squash は「生のまま食べる野菜」という意味の先住民のことば *askutasquash* を短くして作った語。zucchini も 20 世紀になって知られるようになった比較的新しい野菜である。なお、メロン（melon）、スイカ（watermelon）、ヒョウタン（gourd）なども pumpkin の同類である。

● **pumpkin とその仲間**

pumpkin（カボチャ）

squash（スクワッシュ）

zucchini（ズッキーニ）

jack-o'-lantern
（かぼちゃちょうちん）

rice
米

＜プロフィール＞

米は小麦（wheat）とともに世界で最も重要な作物で、現在100以上の国で栽培されている。アメリカでは、アーカンソー州などミシシッピ川流域が米の大産地である。日本語では、「米」「稲」「もみ」などと細かく区別するが、英語では特に必要のない限りすべて rice でよい。なお、「玄米」は brown rice、「（精米された）白米」は polished rice と言う。

1）日本、中国、東南アジアなどでは米は主食だが、ヨーロッパやアメリカではオリーブ油やバターなどでいためて肉料理の付け合わせにしたり、プディング（pudding）やケーキの材料にすることが多い。特にイギリスでは、rice pudding（ライスプディング）がデザートとして好まれる。これは米に砂糖と牛乳などを加えて加熱したものである。→ **pudding 〈第6章〉**

2）世界の米料理としては、ほかに次のようなものがある。

risotto（リゾット）
オリーブ油やバターでいためた米にスープを加え、魚介や肉を加えて煮込んだイタリア料理。

paella（パエーリャ）
米に魚介・鶏肉・野菜などを加え、サフランなどで色と香りをつけて平鍋で炊き上げたスペイン料理。パエリアとも言う。

pilaf（ピラフ）
オリーブ油やバターでいためた米にタマネギ・肉・魚介などを加えて炊き上げた中近東起源の料理。

jambalaya（ジャンバラヤ）
いためた米に野菜・肉・エビ・ハムなどの具をスパイスとともに加えて作ったアメリカ南部ルイジアナ州の炊き込みごはん。スペイン料理のパエーリャ（paella）が起源とされる。

3）結婚式を終えた新郎新婦に参列者が門出を祝って米を振りかける rice-throwing という習慣がある。インド起源の習慣とされる。ちなみに、インドのヒンズー教では、米は豊穣と多産の象徴である。

＜参考＞

米を稲の種類から分けると、次の2つになる。
①インディカ米（粒が細長く、粘り気が少ない。世界の米の生産量の約8割を占める）
②ジャポニカ米（粒が丸みを帯びている。主に日本やアメリカなどで生産される）

rose
バラ（薔薇）

＜プロフィール＞
バラ科の観賞用植物の総称。野生種を交配改良した園芸品種がきわめて多い。美しいだけでなく、薬効があり香りも良いため、ユリ（lily）と並んで花の代表とされる。

1）バラはイギリスを代表する花で、イングランドの国花となっている。イギリス人はことのほかバラを愛し、特に 6 月には各地の公園や郊外の住宅にバラの花が咲き乱れる。また、アメリカでは、ジョージア、アイオワ、ニューヨーク州などの州花でもある。

2）イギリス人はバラといえば「ばら戦争」（the Wars of the Roses ; p.16）を思い出す。これは、1455 年から 85 年まで続いた王位継承権をめぐる内乱。赤バラを紋章とするランカスター（Lancaster）家と白バラを紋章とするヨーク（York）家が 30 年にわたって争ったが、最終的には結婚によって両家は結ばれ、チューダー（Tudor）家が生まれた。その結果、2 色のバラを重ねた Tudor Rose と呼ばれる紋章ができた。

3）バラは文学ともかかわりが深く、シェイクスピアを始め、キーツやシェリーも詩にうたっている。特に、シェイクスピアの作品には 70 回以上登場するが、多くは「はかなさ」や「短命」の象徴として扱われている。当時のバラは一季咲きで、夏に咲き、すぐ散ってしまう花だった。

4）キリスト教ではバラは聖母マリアの象徴である。また、白いバラは「純潔」、赤いバラは「情熱」や「殉教」を表す。花ことばは「愛（love）」である。

＜関連表現＞
a bed of roses　「バラを敷きつめたベッド」の意から、「安楽な身分［暮らし］」の意味で用いる。
a blue rose　あり得ないもの、「できない相談」
青いバラは長い間不可能とされていた。
A rose by any other name would smell as sweet.　（引用句）「バラはどんな名前で呼ばれようともかぐわしい」が直訳で、「重要なのは名前ではなく実体だ」「実体は変わらない」の意味で用いる。シェイクスピアの悲劇 *Romeo and Juliet*（ロメオとジュリエット）から。
A rose is a rose is a rose.　（引用句）「バラはバラ（それ以上でも、それ以

下でもない）」。アメリカの詩人ガルトルード・スタイン（Gertrude Stein）の詩から。「物事の本質は変わらない」の意味で、いろいろ変型して使われる。

be not all roses　（仕事などが）いいことばかりではない。

There is no rose without a thorn.　《ことわざ》「とげのないバラはない」が直訳で、「世の中に完全な幸福はない」の意。Every rose has its thorn. とも言う。

バラを壁にはわせたイギリスの家

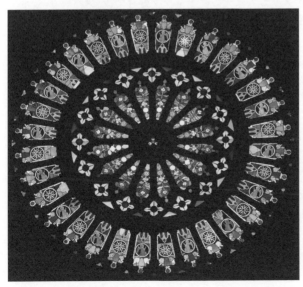

rose window　フランスのノートルダム大聖堂のばら窓

tomato
トマト

＜プロフィール＞

ナス科の植物。世界で最もよく食べられている野菜だが、栽培が始まったのは比較的新しく、西暦 1000 年頃とされる。ヨーロッパへ伝わったのは 16 世紀、日本に渡来したのは 18 世紀の初めである。発音は／タメイトウ／または／タマートゥ／。

１）トマトの原種は南米アンデス山脈のペルー、ボリビアあたりの狭い海岸地域とされるが、中米のメキシコではアステカ人が早くから改良品種を作り出していた。tomato という語は古代アステカ語で「ふくらんだ実」を意味する *tomatl*（トマトル）に由来するとされる。アステカ人は好んで「ふくらんだ実」であるホオズキを食用にしていたと言う。

２）トマトは 16 世紀初めにスペイン人の征服者コルテス（アステカ帝国を滅ぼした人物）によってヨーロッパに伝えられたが、当時のトマトは臭みが強く、色も原色の赤や黄色だったため、有毒の植物とみなされ、当初は観賞用にのみ栽培されていた。長い間日陰の存在だったトマトが品種改良され、野菜として脚光を浴びたのはやっと 19 世紀になってからのことである。

３）日本ではトマトは生で食べることが多いが、世界的には缶詰やケチャップ (ketchup)、ソース (sauce)、ペースト (paste)、ジュース (juice) などに加工することが多い。特にアメリカ人は大のケチャップ好きで、ハンバーガー、ホットドッグを始め、何にでもトマトケチャップをかけて食べると言われる。

＜参考＞

①日本でも人気のある「ミニトマト」は英語では cherry tomato と言う。大きさが cherry（サクランボ）に似ているからである。
②アメリカの俗語では、魅力的で成熟した女性を tomato と呼ぶ。

tulip
チューリップ

＜プロフィール＞
ユリ科の球根植物。中央アジア原産。オランダなどで品種改良が重ねられ、多くの園芸品種がある。

1）tulip という語は、トルコ語のターバン（turban）を意味する語から来ている（ターバンというのは、インド人やイスラム教徒などの男性が頭に巻くスカーフ状の長い布）。これについてはおもしろい話がある。16世紀、トルコに派遣されていたオーストリアの大使ド・ブスベックは国内を旅行中、ターバンにチューリップを差し込んでいた農夫に花の名を聞いたところ、農夫はターバンのことを聞かれたと思い、tülbend（チュルバン：トルコ語で「ターバン」の意）と答えた。大使はそれを花の名と思い込んでヨーロッパに紹介したというのである。また、花の形がターバンに似ているから、という説もある。

2）チューリップといえばオランダのトレードマークで、今でも毎年春になると満開のチューリップ畑を見るために多くの観光客が集まるという。有名な話だが、17世紀の半ばにオランダで「チューリップ熱」が起こった。金持ちから貧乏人まで、チューリップの球根の投機にうつつを抜かし、巨万の富を得た人や、一文なしになった人が続出した。中には、球根を寒さから守るために自分の毛布で花壇をおおい、本人は凍死するという悲劇もあったという。この「チューリップ熱」を tulipomania という。

3）北米産の高木に tulip tree（ユリノキ）がある。これは春に黄緑色のチューリップに似た花をつけることからこう呼ばれる。アメリカでは街路樹や庭木として栽培される。

オランダのチューリップ畑

wheat
小麦

＜プロフィール＞

日本語では小麦・大麦・ライ麦・エン麦をひっくるめて「麦」と総称するが、英語には「麦」の総称はない。ただし、イングランドでは集合的に「穀物」を表す corn が特に「小麦」を指すことが多い。なお、corn はアメリカ・カナダ・オーストラリアでは「トウモロコシ」を指すことに注意。→ **corn**

1）wheat は麦の中で最も重要な作物で、世界の農作物の中でいちばん生産量が多い。barley（大麦）も数千年以上前から栽培されている。ほかに、rye（ライ麦）、oats（エン麦）などがある。

2）小麦の粒はエジプトの最古の墓からも発見されたといわれる。小麦はブドウとともに、農業・豊穣・肥沃の象徴である。聖書でも、小麦は最も主要な穀物として 70 回以上登場するという。

3）小麦はそのほとんどが「小麦粉」（flour）にして、パンや菓子作りに利用される。flour は「小麦の中で（花のような）最良の部分」という意味で、flower（花）と同語源。発音も同じである。

4）アメリカで小麦がとれる地帯は the Wheat Belt（小麦地帯）と呼ばれる。ほとんどの州で栽培されているが、特にカンザス、ノースダコタ、オクラホマ、モンタナ、テキサスなどの州の生産量が多い。なお、breadbasket（原義は「（食卓用の）パンかご」）という語があり、比喩的に「（小麦を栽培する）穀倉地帯」という意味でも用いられる。

5）barley（大麦）も wheat に劣らず重要な穀物で、栽培の歴史も古いが、小麦に比べ貧しい人々の食物というイメージが強い。馬やロバの食糧にもされる。また、大麦を発芽させたものが「麦芽」（malt）で、これを発酵させてビールやウィスキーの醸造に用いる。特に、スコットランド名物のモルトウィスキー(malt whisky）は大麦の麦芽のみを用いて作るウィスキーである。
→ **whisky〈第 6 章〉**

6）rye(ライ麦)は耐寒性が強いので、北欧やロシアなどの寒い地域で栽培される。ライ麦パン（黒パン）やウィスキーなどの原料となる。oats（オート麦、エン麦)はオートミール（oatmeal）として食用にしたり、馬の飼料にしたりする。

＜関連表現＞

separate the wheat from the chaff 良い［役に立つ］ものとそうでないもの
をえり分ける　▶「麦ともみがらを選別する」の意から。

●麦の種類

wheat　　　barley　　　rye　　　oats

アメリカの広大な小麦畑

grain elevator 大穀物倉庫（ニューヨーク州バッファ
ロー）　▶ビルの中の「昇降機」ではなく、穀物を揚げる
「揚穀機」である。アメリカに多い。

yew
イチイ（一位）

＜プロフィール＞

イチイ科の常緑樹。世界各地の深山に自生するが、イギリスではセイヨウイチイ
（English yew）がイングランド地方に多い。霊魂不滅の象徴として、しばしば
墓地に植えられる。「悲しみ」（sorrow）の象徴にもなる。なお、yew の発音は
you と同じで / ユー / である。

1）イングランド北西部には、樹齢 5000 年を超す老大樹があるという。イチイ材
は硬くて弾力性があるので、中世にはこれで弓を作っていたが、今は家具材として
の用途が多い。ちなみに、北海道に住むアイヌもイチイを狩猟用の弓を作るのに用
いていたといわれ、イチイのアイヌ語「クネニ」は「弓になる木」の意である。

２）イチイはイギリスでは墓地に植えられることが多いので、しばしば死者を連想させ、不吉なイメージがある。そのため、イギリスの詩にはイチイと墓地を結びつけたものが多い。たとえば、トマス・グレイ（Thomas Gray; 1716 〜 71）の *Elegy written in a Country Churchyard*（『墓畔の哀歌』）は有名である。

Dark yew, that graspest at the stones and
dippest towards the dreamless head

沈鬱なイチイ、墓石をつかむかのように枝を伸ばし、
夢を忘れたどくろに根をからませる

３）ヨーロッパの大きな庭園では、イチイなどを幾何学模様や動物の姿などに刈り込んだトピアリー（topiary）と呼ばれる一種の花壇が見られる。

イチイの葉と実

著者紹介

大井 光隆（おおい・みつたか）

1941 年、岐阜県本巣市生まれ。
東京外国語大学卒業。
学習研究社にて、一貫して英和辞典、和英辞典、学習参考書などの編集に従事。定年退職後も、各社の英和辞典編集に参画。
著書に、『65 歳 イタリア遊学記』（自費出版）、『英語の常識力 チェック & チャレンジ 1800 問』（ベレ出版）がある。

● ── カバー・本文デザイン　　神谷 利男、發知 明日香
● ── DTP・本文図版　　　　　發知 明日香、坂本 成志
● ── 本文イラスト　　　　　　發知 明日香
● ── 校正　　　　　　　　　　林 千根 / ネイティブによるチェック済み

えい ご きょうよう えいべい ぶん か はいけい えい ご はくぶつ し
英語の教養 英米の文化と背景がわかるビジュアル英語博物誌

2021 年 2 月 25 日　　初版発行

著者	おおい みつたか **大井 光隆**
発行者	**内田 真介**
発行・発売	**ベレ出版** 〒162-0832　東京都新宿区岩戸町12 レベッカビル TEL.03-5225-4790 FAX.03-5225-4795 ホームページ　https://www.beret.co.jp/
印刷	**モリモト印刷株式会社**
製本	**根本製本株式会社**

ISBN 978-4-86064-645-5 C2082　　　　　　　　　　　　編集担当　綿引ゆか

英語の常識力
チェック & チャレンジ 1800 問

大井光隆 著
四六変型／本体価格 1500 円（税別）320 頁
ISBN978-4-86064-418-5 C2082

電子書籍版もあります

知識と情報の宝庫である英語辞典をずっと作り続けて40年の著者が、その莫大な量と時間をかけた仕事の蓄積をまとめた本です。学校英語はもちろん、学校英語では習わなかったが大人なら最低限知っておきたい聖書や神話、文化的な内容など幅広い分野の知識について、テスト形式で確認していきます。問題を解くことで知識の穴をみつけ、何を学べばいいのか、どんなことを補えばいいのかを認識し、これからの学習の足掛かりにしていくことができます。辞書のおもしろさも再発見できる一冊。